国际经济与贸易专业应用型人才"十二五"规划教材

进出口业务实训

张晓明 刘文广 编著

清华大学出版社
北京

内 容 简 介

本书以两套国际货物贸易范例为载体,以业务工作流程为主线,以指导和仿真实训的结合为表现方法,全程模拟和练习进出口业务。学习内容涉及交易的准备、发盘、还盘、深度谈判、签订合同、开证、改证、备货、装运、制单结汇、处理问题单据、付汇、提货、出口退税等,具有知识与训练的融合性、体系结构的协调性和业务内容的可操作性等特点。

本书可作为"国际贸易实训"课程和"国际贸易实务"课程的主教材,可供各高等院校相关专业和培训机构的师生使用。本书提供配套电子教案。

本书封面贴有清华大学出版社防伪标签,无标签者不得销售。
版权所有,侵权必究。举报:010-62782989,beiqinquan@tup.tsinghua.edu.cn。

图书在版编目(CIP)数据

进出口业务实训/张晓明,刘文广 编著. —北京:清华大学出版社,2019(2024.7重印)
ISBN 978-7-302-53566-9

Ⅰ.①进⋯ Ⅱ.①张⋯②刘⋯ Ⅲ.①进出口业务—教材 Ⅳ.①F740.4

中国版本图书馆 CIP 数据核字(2019)第 179917 号

责任编辑:施 猛
封面设计:常雪影
版式设计:方加青
责任校对:牛艳敏
责任印制:刘 菲

出版发行:清华大学出版社
    网 址:https://www.tup.com.cn,https://www.wqxuetang.com
    地 址:北京清华大学学研大厦 A 座 邮 编:100084
    社 总 机:010-83470000 邮 购:010-62786544
    投稿与读者服务:010-62776969,c-service@tup.tsinghua.edu.cn
    质 量 反 馈:010-62772015,zhiliang@tup.tsinghua.edu.cn
印 装 者:三河市君旺印务有限公司
经 销:全国新华书店
开 本:185mm×260mm 印 张:18.25 字 数:421 千字
版 次:2019 年 9 月第 1 版 印 次:2024 年 7 月第 4 次印刷
定 价:59.00 元

产品编号:077627-02

前　言

　　教学具有无形性、难以理解性、难以记忆性、学生差异性和教学一体性的特点，这就使应用性课程的教学面临很多困难。进出口业务的实践性极强，如何加深学生对进出口业务的理解是"进出口业务实训"课程建设需破解的重要难题。

　　本教材以理论与实践相贯通、知识转化与内化相结合、教学要素与业务特点相对接为原则，以两套国际货物贸易范例为载体，以业务工作流程为主线，以指导和仿真实训的结合为表现方法，全程、全环节模拟进出口业务，涉及交易前的准备与询盘、发盘、还盘、接受、签订合同、履行合同直至出口退税等业务步骤，使知识与训练的融合性、体系结构的协调性和业务内容的可操作性等特点得到了较好体现，具体反映在以下几个方面。

　　(1) 以进出口业务为中心，通过两笔进出口业务的范例展现进出口业务的全部过程与内容，将典型的业务背景、仿真的操作场景和对应的理论知识融合到教材之中，既有对贸易实务的感性认识和真切感受，又有循规律性提示而产生的理性认识，有助于实现动脑与动手相结合、理论与实际相融合的实训目的。

　　(2) 在一笔交易中同时反映出口与进口的操作内容、操作技能与操作方法，打破了进口、出口分别表述的传统方法和人为分割的体系模式。国际货物买卖是进口业务与出口业务的统一，进口和出口是一笔业务的两个方面，通过两个典型案例的全流程演练，避免了思维的逻辑错位和操作程序上的混乱。另外，进口部分案例的操作方法采用我国的通关模式，目的是为了让学生掌握我国进口通关的操作方法。(文中涉及的人名、机构名称、地址和联系方式均为虚构，如有雷同，请予以谅解)

　　(3) 国际贸易是典型的单据买卖业务，相对于实物交割来说，更适合纸上作业和网上无纸化运行，因而纸质模拟和无纸化网络模拟具有得天独厚的优势。本教材属于纸上作业，能获得国际贸易一体化软件、电子教案、国际贸易实务网络课程及其他教学资源的支持，同时增加了对通识化网络模拟的指导。

　　(4) 随着关检融合的机构改革和贸易便利化措施的推进，本书新增了国际贸易单一窗口报关相关内容，介绍了新版报关单的使用方法，停用纸质通关单，改为电子底账号码录入，将海关纸质盖章放行改为电子签章放行，取消了出口报关单退税联，实现了教材与最新贸易实际的全面吻合。

　　《进出口业务实训》是普通高等教育"十一五"国家级规划教材《国际贸易实务与

操作》的配套教材，由张晓明、刘文广教授编著，共12章，包括交易前的沟通、发盘与还盘、核算与还盘、深度谈判、签订销售合同、进出口商履约、备货、装运、制单结汇、处理单据、进口商付汇提货、出口退税。本教材配套的电子教案和课中训练指导，有助于教师教学，获取网址：http://47.104.110.40:9004。

  本教材在写作过程中得到了清华大学出版社、吉林省商务厅、吉林省添裕服饰有限公司、吉林协成进出口贸易有限公司、长春海关、吉林省拓维科技贸易有限公司、长春光大银行、大地保险公司等单位的大力支持，其中施猛先生、刘晓迪女士、高博先生、孙慧萍女士、迟淑娟女士、罗微女士、董芳女士、于慧女士、赵瑞涛先生、陈早女士、冯会武先生、刘亭亭女士、严冬先生、程霄霄先生、尤稼琦女士、王鹏先生提供了大量的行业数据，同时还得到了有关院校老师的鼎力支持，其中王素玉女士、刘研女士、丛文君女士、王美玲女士、丁卓越先生、孙畅女士做了翻译或数据收集工作，在此一并表示真诚的谢意！

张晓明 刘文广
2019年2月于长春

目 录

第一章 交易前的沟通 ·· 1
 第一节 课前阅读——建立业务关系 ······························· 1
    一、工贸商相互建立业务联系 ······································ 1
    二、进口商情况反馈 ·· 4
 第二节 理论指导 ·· 6
    一、对外贸易经营者备案登记 ······································ 6
    二、办理登记备案认定注册手续 ·································· 7
    三、中国电子口岸及入网手续 ······································ 8
    四、与工厂交往 ·· 9
    五、与进口商交往 ·· 10
    六、商品相关信息查询 ·· 13
    七、交易会的准备工作 ·· 13
    八、进口交易的准备 ·· 13
 第三节 课中训练 ·· 15
    一、出口商向供货商询价 ·· 15
    二、出口商与客商建立业务关系 ································ 16
    三、进口商询盘 ·· 16
 课后作业 ·· 18

第二章 发盘与还盘 ·· 21
 第一节 课前阅读——发盘与比价还盘 ··································· 21
    一、出口成本核算与发盘 ·· 21
    二、进口成本核算与比价 ·· 27
    三、递盘 ·· 31
 第二节 理论指导 ·· 32
    一、出口业务指导 ·· 32
    二、进口业务指导 ·· 37
 第三节 课中训练 ·· 39

　　　　　　　一、出口商核算 ………………………………………………………… 39
　　　　　　　二、出口商发盘 ………………………………………………………… 42
　　　　　　　三、进口商还盘(递价) ………………………………………………… 43
　　　课后作业 …………………………………………………………………………… 45
第三章　核算与还盘 …………………………………………………………………… 47
　　第一节　课前阅读——讨价还价 ………………………………………………… 47
　　　　　　　一、核算资料 …………………………………………………………… 47
　　　　　　　二、按照还价核算利润 ………………………………………………… 47
　　　　　　　三、整理增加数量后的成本资料 ……………………………………… 48
　　　　　　　四、按照保留5%的利润核算报价 …………………………………… 49
　　　　　　　五、出口商还盘 ………………………………………………………… 49
　　第二节　理论指导 ………………………………………………………………… 50
　　　　　　　一、出口业务指导 ……………………………………………………… 50
　　　　　　　二、进口业务指导 ……………………………………………………… 51
　　第三节　课中训练 ………………………………………………………………… 52
　　　　　　　一、出口商还价核算 …………………………………………………… 52
　　　　　　　二、增加数量的还价预算 ……………………………………………… 53
　　　　　　　三、出口商再度还盘 …………………………………………………… 54
　　　课后作业 …………………………………………………………………………… 54
第四章　深度谈判 ……………………………………………………………………… 56
　　第一节　课前阅读——双方再次还盘 …………………………………………… 56
　　　　　　　一、进口还价核算 ……………………………………………………… 56
　　　　　　　二、进口商还盘 ………………………………………………………… 57
　　　　　　　三、出口商还价核算 …………………………………………………… 58
　　　　　　　四、与工厂讨论价格 …………………………………………………… 60
　　　　　　　五、出口商接受价格 …………………………………………………… 61
　　　　　　　六、进口商再度还盘 …………………………………………………… 62
　　第二节　理论指导 ………………………………………………………………… 63
　　　　　　　一、讨价还价的方法 …………………………………………………… 63
　　　　　　　二、交易函件回复技巧 ………………………………………………… 64
　　第三节　课中训练 ………………………………………………………………… 65
　　　　　　　一、进口商还盘 ………………………………………………………… 65
　　　　　　　二、出口商再还盘 ……………………………………………………… 66
　　　课后作业 …………………………………………………………………………… 68
第五章　签订销售合同 ………………………………………………………………… 69
　　第一节　课前阅读——接受与签约 ……………………………………………… 69
　　　　　　　一、出口商去函接受 …………………………………………………… 69

二、进口商确认并下订单 ····· 70
　　三、出口商草拟合同并做成交核算 ····· 71
第二节　理论指导 ····· 77
　　一、接受与签约 ····· 77
　　二、进口签约指导 ····· 83
第三节　课中训练 ····· 84
　　一、进口商还价 ····· 84
　　二、出口商接受并签约 ····· 85
　　三、出口商成交测算 ····· 87
课后作业 ····· 88

第六章　进出口商履约 ····· 95
第一节　课前阅读——进口商汇款和落实信用证 ····· 95
　　一、进口商填写汇款申请书 ····· 95
　　二、出口商申请银行保函和进口商预付货款 ····· 96
　　三、进口商申请开证 ····· 96
　　四、银行开出信用证 ····· 99
　　五、出口商收到信用证 ····· 99
　　六、出口商提出改证 ····· 104
　　七、进口商向银行申请改证 ····· 105
　　八、银行发出改证通知 ····· 106
第二节　理论指导 ····· 107
　　一、出口业务指导 ····· 107
　　二、进口业务指导 ····· 113
第三节　课中训练 ····· 114
　　一、进口开证 ····· 114
　　二、出口商提出改证 ····· 117
课后作业 ····· 118

第七章　备货 ····· 126
第一节　课前阅读——备货报检 ····· 126
　　一、落实备货资金 ····· 126
　　二、下排产单备货 ····· 127
　　三、各部门的业务协调 ····· 128
　　四、工厂开立发票 ····· 128
　　五、出口报检 ····· 129
第二节　理论指导 ····· 132
　　一、进口改证指导 ····· 132
　　二、出口备货报检指导 ····· 132
第三节　课中训练 ····· 134

一、进口商改证 …………………………………………………………………… 134
二、出口商筹备货物资金 ………………………………………………………… 136
三、出口商安排生产 ……………………………………………………………… 136
四、工厂开立发票 ………………………………………………………………… 138
五、出口商报检 …………………………………………………………………… 139
课后作业 ……………………………………………………………………………… 140

第八章 装运 142

第一节 课前阅读——托运装船 …………………………………………………… 142
  一、提交订舱单证 ………………………………………………………………… 142
  二、通知货物进港待运 …………………………………………………………… 146
  三、报关 …………………………………………………………………………… 147
  四、投保 …………………………………………………………………………… 150
第二节 理论指导 …………………………………………………………………… 151
  一、出口装运指导 ………………………………………………………………… 151
  二、进口装运指导 ………………………………………………………………… 155
第三节 课中训练 …………………………………………………………………… 157
  一、填写订舱委托书 ……………………………………………………………… 157
  二、缮制发票箱单 ………………………………………………………………… 160
  三、出口报关 ……………………………………………………………………… 162
  四、出口投保 ……………………………………………………………………… 164
课后作业 ……………………………………………………………………………… 166

第九章 制单结汇 174

第一节 课前阅读——制单审单 …………………………………………………… 174
  一、发送装运通知 ………………………………………………………………… 174
  二、缮制结汇单据 ………………………………………………………………… 175
  三、审单议付 ……………………………………………………………………… 184
第二节 理论指导 …………………………………………………………………… 185
  一、装运与结汇方式 ……………………………………………………………… 185
  二、缮制结汇单据 ………………………………………………………………… 186
  三、审单常见问题 ………………………………………………………………… 191
第三节 课中训练 …………………………………………………………………… 191
  一、出口商发送装运通知 ………………………………………………………… 191
  二、出口商缮制结汇单据 ………………………………………………………… 192
  三、出口商审单并交单议付 ……………………………………………………… 203
课后作业 ……………………………………………………………………………… 203

第十章 处理单据 213

第一节 课前阅读——处理单据不符点 …………………………………………… 213
  一、议付行发现不符点 …………………………………………………………… 213

　　　　二、开证行提出拒付 ·· 214
　　　　三、买卖双方处理不符点单据 ······································· 215
　第二节　理论指导 ··· 219
　　　　一、出口商处理不符点单据 ·· 219
　　　　二、进口方面审核处理单据 ·· 219
　　　　三、电放提单做法 ··· 220
　第三节　课中训练 ··· 220
　　　　一、开证行审单 ·· 220
　　　　二、进口商让步付款 ·· 221
　　　　三、出口商向进口商致谢 ··· 222
　课后作业 ·· 222

第十一章　进口商付汇提货 223

　第一节　课前阅读——付汇提货 ······································ 223
　　　　一、报关提货 ·· 223
　　　　二、进口付汇 ·· 228
　第二节　理论指导 ··· 228
　　　　一、办理付汇 ·· 228
　　　　二、办理提货 ·· 228
　　　　三、进口索赔 ·· 229
　第三节　课中训练 ··· 235
　　　　一、进口付汇报关 ··· 235
　　　　二、办理提货手续 ··· 239
　课后作业 ·· 240

第十二章　出口退税 243

　第一节　课前阅读——出口退税 ······································ 243
　　　　一、收到出口收汇凭证 ··· 243
　　　　二、出口退税 ·· 244
　第二节　理论指导 ··· 246
　　　　一、出口退税所需凭证 ··· 247
　　　　二、外管局事后监管 ·· 247
　第三节　课中训练 ··· 247
　　　　一、备齐单据 ·· 247
　　　　二、办理出口退税 ··· 249
　课后作业 ·· 249

附录　国际贸易综合技能实训操作指南 250

　第一部分　操作页面简介 ··· 250
　　　　一、首页 ·· 250
　　　　二、My World(世界地图) ··· 250

三、My City(城市地图) ········· 251
四、My Business(业务中心) ········· 252
五、My Finance(财务中心) ········· 257
六、My Stock(库存中心) ········· 257
七、My B2B(跨境电商平台) ········· 258
八、仲裁 ········· 259
九、消息 ········· 259
十、百科 ········· 259

第二部分　B2B跨境电商平台 ········· 260
一、B2B跨境电商平台介绍 ········· 260
二、采购需求 ········· 261
三、发布产品 ········· 263
四、我的店铺 ········· 266

第三部分　操作示例 ········· 267
一、交易准备阶段 ········· 267
二、交易磋商阶段 ········· 268
三、签订合同阶段 ········· 273
四、履行合同阶段 ········· 274

参考文献 ········· 279

第一章
交易前的沟通

实训任务：向供货商咨询生产信息，运用基本的沟通方法与外商交流，掌握通信内容并熟练撰写。

第一节　课前阅读——建立业务关系

一、工贸商相互建立业务联系

(一) 出口商向工厂索样询价

龙源进出口公司创建于20××年，是一家私营企业，主要商品为陶瓷制品、玩具、木制品、文具、玻璃器皿等，产品销往欧洲、美国、东南亚、中东等国家和地区。

杨子墨先生是该公司一名业务员，他做事认真、胆大心细，善于学习和总结业务经验，虽然只做了三年业务，却有比较丰富的洽谈经验。他的业务是向欧洲地区推广陶瓷器具，为了进一步拓展市场，挖掘已有工厂(供应商)的潜力，他决定向供货商数据库中的星火陶瓷厂发出传真，询问陶瓷器具生产销售情况。给工厂发函如示例1-1所示。

示例1-1　向工厂发函

龙源进出口公司

LONGYUAN IMPORT & EXPORT CORPORATION

B98 QIANJIN STREET, CHANGYANG DISTRICT, JILIN, CHINA.
TEL.(0432-6565××××)　　　Telefax: 0432-6632××××
E-MAIL:LONGY@WEN.NET.CN

致：星火陶瓷厂
王厂长：

　　您好！经省商务厅李慧玲女士介绍，得知贵厂近来增加不少陶瓷制品，款式新颖，产品畅销国内外，我们对贵厂取得的成绩表示钦佩，同时也希望能与贵厂建立稳定的业务关系。

欣然告知我们将参加上海陶瓷博览会，根据公司计划，我们将携带部分日用陶瓷制品参展。届时将有许多国外陶瓷专营商(包括我们的老客户)光顾展厅。我们希望贵厂能够提供产品目录及一些样品并请附上出厂价格单(不含税)，同时注明包装方式、交货时间和地点、付款方式及最低起订量等细节。

盼复！

此致

敬礼

杨子墨
20××年2月19日

(二) 工厂报价寄样

接到杨子墨的询价(样)函之后，星火陶瓷厂王诗坤厂长于20××年2月23日回复杨子墨，就有关陶瓷器皿的生产、销售及样品提供等事宜进行了系统的介绍并报出价格。报价回函如示例1-2所示。

示例1-2　工厂报价回函

星火陶瓷厂
吉林市牡丹街119号
电话：0432-6546××××
传真：0432-6595××××

杨子墨先生：

您好！接到您的传真之后，我立即召集厂里负责设计、供应、生产和销售的同志开会研究，并对原材料的供应和陶瓷器具的销售情况做了深入了解。对于下列产品国外不少客商询问、订货，近来市场销量不错，希望能有合作机会并取得良好的结果。现就有关情况介绍如下。

1.品名：24头餐具
货号：JTCJ24
包装：2套/纸箱(五层瓦楞纸板)
规格：55×30×38(厘米)=0.0627立方米
每箱毛/净重：26千克/22千克
出厂价(不含税)：528元/套

2.品名：条纹碗
货号：JMWB028
包装：36只/纸箱(五层瓦楞纸板)
规格：50×48×32(厘米)=0.0768立方米
每箱毛/净重：28千克/24千克
出厂价(不含税)：12元/只

3.品名：四季杯
货号：JHBDW039
包装：24只/纸箱(五层瓦楞纸板)
规格：42×40×28(厘米)=0.047立方米
每箱毛/净重：21千克/17千克
出厂价(不含税)：18元/只

陶瓷餐饮器具的生产周期为月产2000套和月产10000只，最低起订数量为200套、5000只；交货期限：接到订单后3个月内工厂交货；支付方式为电汇预付80%～90%货款，交货后10日内支付余款。上述陶瓷餐饮器具样品各两套7日内交到贵司。
如有什么问题，请随时来电垂询，我们将全力配合。

此致

敬礼

王诗坤
20××年2月23日

(三) 出口商向外商寄送产品目录

20××年5月，业务员杨子墨去上海参加陶瓷博览会，其间结识了一位意大利客商波尔森先生，据该客户介绍，他经营的店铺遍及意大利各大城市，经营的品种也比较丰富，仅陶瓷餐具每年的销售额就可达几百万美元，可见其还是有一定实力的。结合这一客商情况分析，杨子墨又对国际市场状况进行了一番调查：目前亚洲生产陶瓷的厂商竞争激烈，同时受到金融危机后期的影响，各国经济正在缓慢复苏，加上各国贸易保护趋势渐强，市场潜力需要加大气力挖掘。但是，只要产品品质好、价格适中还是可以打入市场的。基于这些调查结果，杨子墨于20××年5月24日向波尔森先生发了一封电子邮件，表示了与其建立业务关系的愿望。给意大利客商去函如示例1-3所示。

示例1-3　给意大利客商去函

主　题：	Inquiry
发件人：	LONGY@ WEN.NET.CN
日　期：	20××-05-24 16:32:01
收件人：	PERLSEN@HTPN.IT
发送状态：	发送成功

To: BLACKTHORN LTD.
Attn: Mr. Poulsen Valdemar

Dear Sirs,
　　We are very glad to have met you at the Shanghai Ceramics Fair on 16 May 20×× and have learned that you are in the market for porcelain ware. As one of the leading Chinese exporters of porcelain ware in Jilin, northeastern China, we deal in a rich variety of goods. Our porcelain ware, sewing machines and parts, stationery, glassware, wood products enjoy worldwide popularity.

Enclosed are our latest catalogue for your reference. Should you desire, we would be pleased to send our export prices together with estimated shipping costs for these items.

Your early reply would be very much appreciated.

Yours truly,
Export department
Zimo Yang

致：波尔森先生

敬启者，

很高兴于20××年5月16日在上海陶瓷博览会上见到您，得知您正在采购陶瓷制品。我公司是中国东北地区吉林市主要的一家出口商，经营的产品种类极为丰富，其中瓷器、缝纫机及其配件、文具、玻璃器皿、木制品等享誉世界。

随函附上我方最新目录，供您参考，如果贵方有所需要，我们很乐意将我们的出口价格连同这些产品的预估运费一并寄上。

如蒙早日答复，将不胜感激。

此致

敬礼

出口部
杨子墨

二、进口商情况反馈

(一) 进口需求明细

波尔森先生根据当地需求以及国际市场的调研情况，认为亚洲国家生产的陶瓷质量良好，价格比较低廉，遂决定从亚洲国家采购一批陶瓷器具，具体要求如下。

1. 品名：陶瓷餐具(24头)

包装：2套/纸箱(五层瓦楞纸板)

价格：意大利国内拟售价为118欧元/套(含税)

数量：2000套

2. 品名：条纹碗

价格：意大利国内拟售价为2.50欧元/只(含税)

数量：10000只

3. 品名：四季碗

数量：30000只

价格：意大利国内售价为3.5欧元/只(含税)

交货期限：20××年12月之前

(二) 进口商询盘

波尔森先生收到杨子墨的电子邮件后,仔细查看了寄来的陶瓷器皿目录及照片(如图1-1所示),结合陶瓷餐具需求状况,20××年5月27日通过电子邮件向杨子墨发出询盘。询盘回复如示例1-4所示。

图1-1　陶瓷餐具图片

示例1-4　意大利客商询盘回复

主　题：	Reply for inquiry
发件人：	PERLSEN@HTPN.IT
日　期：	20××-05-27 10:05:11
收件人：	LONGY@WEN.NET.CN
发送状态：	发送成功

To: Longyuan Import & Export Corporation
Attn: Mr. Zimo Yang
Our Ref. No. Jly102301

Dear Sirs,

We are pleased to receive your E-mail of your catalogue on 24 May 20××.

We are one of the largest importers of porcelain ware in Italy and wish to expand our present range with more excellent potteries. We believe there is growing demand here for moderately priced Chinese products.

After studying your products on your catalogue, we are particularly interested in the following items: 24-piece dinnerware Art. No. JTCJ24 and stripe bowl Art. No. JMWB028. Please quote us on CIF Genova (20' FCL). It would be helpful if you could supply relevant samples, please advise the cost including postage so that we could remit to you.

We hope to hear from you soon.

Yours sincerely,

Poulsen Valdemar

敬启者，

很高兴在20××年5月24日收到贵方目录的电子邮件。

我们是意大利最大的瓷器进口商之一，希望用更优质的瓷器来扩大我们目前的销售范围。我们相信，意大利对价格公道的中国瓷器产品的需求正在增长。

在研究了贵公司产品目录之后，我们对以下产品特别感兴趣：货号JTCJ24——24头餐具和货号JMWB028——条纹碗。请报我方热那亚到岸价(20英尺整箱货)。如果贵方能提供有关样品，请告知样品费用，包括邮费，以便我们汇予贵方。

我们希望不久能收到贵司来函。

谨上

波尔森·瓦尔德马

第二节　理论指导

一、对外贸易经营者备案登记

对外贸易经营者是指依照《中华人民共和国对外贸易法》以及相关法律从事对外贸易经营活动的法人和其他组织。企业要想获得进出口经营权，就必须进行对外贸易经营者备案登记，具体办理程序如下。

1. 填写提交"对外贸易经营者备案登记表"(参见二维码)

登录商务部政府网站(http://www.mofcom.gov.cn)，点击进入商务部业务系统统一平台企业端，再进入空白表下载，点击"备案登记"，弹出新页面，在"所属城市"下拉框中选择当地省份或城市名称，在"备案登记机关"下拉框中选择当地备案登记机关，点击"提交"进入"登记表"页面，确保填写事项真实，完毕后点击"提交备案登记"，完成备案申请。企业进行备案的同时可获取统一平台账号。

2. 在线申请备案登记申请表流程

可网上提交营业执照复印件、法人签字盖章的对外贸易经营者备案登记申请表原件、身份证件等申请材料扫描件。在办理完备案登记后可凭"对外贸易经营者备案登记表"到海关、税务、外汇等部门办理开展对外贸易业务所需的有关手续。具体流程如图1-2所示。

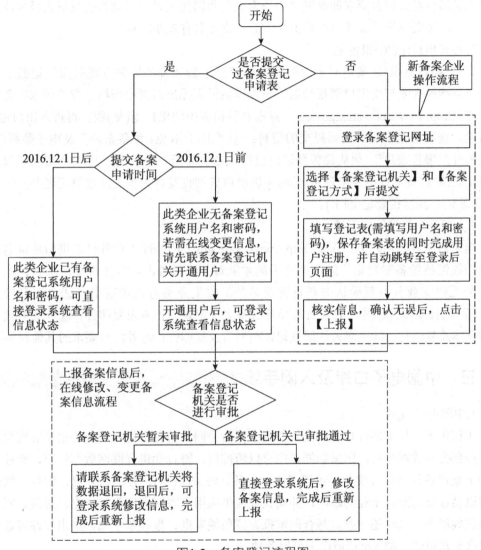

图1-2　备案登记流程图

二、办理登记备案认定注册手续

1. 办理海关(商检)注册登记

企业可以通过中国国际贸易单一窗口标准版(网址：http://www.singlewindow.cn/)

企业资质子系统填写相关信息,并向海关提交申请,进行海关进出口货物收发货人备案,企业备案后同时取得报关和报检资质。提交成功后可以到其所在地海关任一业务现场提交申请材料。具体提交的材料如下:①企业法人营业执照副本;②"对外贸易经营者备案登记表"或"中华人民共和国外商投资企业批准证书";③企业法人(责任人)及经办人身份证复印件;④"注册登记申请""报关单位情况登记表"等海关所需文件。注册地海关进行网上资料核对,符合要求即核发"中华人民共和国海关进出口货物收发货人报关注册登记证书",报关单位凭该证书办理报关业务。该证书有效期限3年。

2. 办理出口退(免)税备案

出口退税(免税)备案是对企业拥有进出口权之后到税务机关办理书面登记的一个规定。一般纳税人才享受出口退税待遇,小规模纳税人无出口退税资格。登录国家税务总局网站首页http://www.chinatax.gov.cn/,点击办税指南中的出口退(免)税,再进入出口退(免)税备案,查看备案说明。需要提交的资料:①"出口退(免)税备案表"及电子数据(其中"退税开户银行账户"须从税务登记的银行账号中选择一个填报);②对外贸易经营者备案登记表(加盖备案登记专用章);③海关进出口货物收发货人报关注册登记证书;④工商执照(副本);⑤国税登记(副本)。

3. 办理外汇管理注册手续

电子口岸入网后,到外汇局(http://www.safe.gov.cn/)办理"对外付汇进口单位名录"或出口收汇核销备案登记手续,办完手续才能对外收付外汇。需要提交的资料:①货物贸易外汇收支业务办理确认书和货物贸易外汇收支业务办理申请书;②"工商营业执照"(副本)及复印件;③"对外贸易经营者备案登记表"正本及复印件;④个人有效身份证明正本及复印件;⑤"海关注册登记证明书"及复印件;⑥外汇局要求的其他材料。

三、中国电子口岸及入网手续

1.中国电子口岸

中国电子口岸(China E-port)是依托国家电信公网,将各类进出口业务电子底账数据集中存放到公共数据中心,国家职能部门可以跨部门、跨行业进行联网数据核查,企业可以在网上处理各种进出口业务。实现工商、税务、海关(质检)、外汇、外贸、银行、铁路等部门以及各类进出口企业的联网,并向企业提供应用互联网办理报关、出口退税、网上支付等在线服务。同时还开办贸易合同审批、减免税审批、报关单申报、进出口许可证件、保税区台账申请、ATA单证册申请等服务项目。

2.电子口岸入网流程

①企业提出入网申请。企业到海关报关大厅企管处领取并填写"中国电子口岸企业情况登记表"和"中国电子口岸企业IC卡登记表",由企业法人签字并加盖公章。②企业信息备案。企业到所在地数据分中心或制卡代理点进行备案,根据提交资料作信息备案并生成"中国电子口岸企业入网资格审查记录表"。③企业入网资格审核。企业持上述"记录表"并携带"企业法人营业执照""税务登记证"到所在地市场监督管理局(原工商局)、税务局接受企业入网资格审核。④制作企业法人卡和操作员卡。企业到所在地数据分中心

或制卡代理点制作企业法人卡。企业持法人卡登录电子口岸身份认证系统，导入企业操作员信息并申报。数据分中心或制卡代理点在线审批后，即可制作企业操作员卡。⑤办理IC卡授权。企业持法人卡登录电子口岸认证系统，使用"数据备案"功能进行企业和IC卡信息备案。企业到所在地外贸部门、外汇部门及海关办理IC卡授权。⑥企业到数据分中心或制卡代理点缴费领取IC卡软硬件设备，同时获得电子口岸系统安装盘1张。⑦购买95199上网卡。登录电子口岸综合服务网(www.chinaport.gov.cn)购买95199包时接入卡和95199计时接入卡。企业在计算机上使用安装盘安装客户端，连接好读卡器并插入企业IC卡，即可开办业务。

办妥进出口经营权之后即可办理业务了。

四、与工厂交往

(一) 建立供货厂商数据库

通过交易会、博览会、上网查询以及下厂查访等方式，建立一个产品供应信息数据库。找到若干供货商之后，首先，从若干供货商中间挑选出3～5个比较好的进行调查，调查内容包括企业背景、商业道德、注册资本、销售能力、生产设计管理水平、质量标准等。其次，针对国外客商的需求，向供货商发函，内容包括：告知获取对方信息的来源、去函目的、我方需要的情况和对供货厂商的要求，例如：提供样品的品名、货号、规格、数量、出厂价格、包装种类及包装细数、包装箱规格、每箱的毛净重、月产量、最低起订量、交货期及交货地点、支付时间和方式、产品优势、设计及生产周期等。联系方法包括信函、电话、传真、电子邮件等。通过下试订单，考查供货厂商，如果订单成功，可以作为数据库中较为稳定的成员，当然也要定期评估考核，以确定是否更换。

(二) 解读工厂的报价

(1) 不含税出厂价。工厂报价中不含增值税，也称货价。工厂以此为基础计收13%的增值税并开立发票。

例：不含税出厂价为1000元，则增值税发票金额为1130元(不含税出厂价+增值税额=1000+1000×13%)。

(2) 含税出厂价。工厂报价中含有增值税，从出口商角度看也称进货成本。

例：工厂报价为1000元，则增值税发票金额为1000元(含税出厂价/(1+增值税率)+增值税额=1000÷(1+13%)+[1000÷(1+13%)] ×13%=884.96+115.04)。

因此，出口商对工厂的报价要明确其是否含税，以便出口商进行成本核算。也可避免因为不清楚其出厂价是否含税，遇到市场行情波动或信誉不良者，工厂就会借口价格不含增值税而趁机涨价。

(三) 选择供货厂商的原则与方法

①要求资信良好、产品质量一流、价格合理、交货及时、售后服务好；②厂址尽量靠近装运港(地)；③要直接与供货商联系，避免中介。

(四) 与供货厂商谈判

(1) 讨论价格。深入了解工厂的成本支出情况,包括原材料的采购、工人的工资水平、生产管理费用等,结合同行业的生产水平,进行综合评价,做到有的放矢。当供货商提出苛刻条件时,可以询问其原因并针对情况有理有据地提出反驳理由,表明自己的确切底价,告诉对方不能供货将会失去市场份额的严重性,说明市场动态及长期合作的重要性,适时给予让步。

(2) 讨论样品。确定工厂需要提供的样品式样、所用材料、提交的时间和数量、费用如何支付等问题。

(3) 讨论支付方式。确定是托收还是电汇支付,电汇是预付还是到付及确定预付比例。

(4) 讨论交货期。结合生产周期和客户的要求合理安排,不要过长,也不要为了争取订单而强求工厂在过短时间内交货。

五、与进口商交往

(一) 寻找客户的方法

寻找客户可以通过银行、商会、企业名录、驻外使馆商务参赞处、销售代理、展销会、报纸、杂志、电视广告、贸易团体互访、互联网等渠道进行。

通过展销会途径与客户接触时,要识别进口商的性质,参展的客商有买方、批发商、零售商、连锁百货商店等不同类型,可根据需要进行取舍。进入展会与客户初次见面时,要面带笑容,双手递交名片,对其询问耐心解答,决不放过一个潜在的客户,同时把客户的询问问题记在名片上,以便会后向客户发送产品目录或报价单。

在互联网上发布供货信息时,主题要清晰,货品描述准确无误,展示的样品图文并茂,这样要货的客商会以询价单、发送留言等形式与你洽谈,但一般进口商都使用公司网站的邮箱,而不是免费电子邮件地址。我们还可以在买卖人聚集的贸易平台上发布供应信息,比如,在万国商业网、阿里巴巴网、印度知名贸易B2B平台——IndiaMart.com等网站上免费注册并发布供应信息和查看相关公司信息。发布信息时要简明扼要,标明产品名称和联系邮箱即可。如下贸易平台可供参考:

http://win.mofcom.gov.cn/index.asp (世界买家网)

http://www.dragon-guide.net/ (龙之向导——外贸网址之家)

http://bbs.globalimporter.net/ (跨国采购网)

http://bbs.fobshanghai.com/ (福步外贸论坛)

http://www.hscode.net/ (通关网)

http://www.shippingchina.com/ (中国国际海运网)

http://www.lygzkwl.com/ (连云港宇众国际货运代理有限公司)

(二) 建立业务关系函

与客户初次沟通的函件既是建立业务关系函,也可称之为询盘,要求语言简练、结构有序、内容完整，采用电子邮件、传真均可。

询盘主要是试探对方的诚意和了解对方的交易条件，涉及价格、规格、品质、数量、包装、交货期以及索取样品、商品目录等，多数是询问价格，所以也称询价。对于新客户，要表达建立贸易关系的愿望，因此，还应告知信息来源(如何获得对方姓名和地址)、去函目的、本公司概述、产品介绍、激励性语言和期望，达到让对方发盘的目的。询盘对双方均无法律约束力。

初次去函一般包括如下内容。

1. 如何获知客户姓名和地址的

We have obtained your name and address from the Internet.

2. 表明建立业务关系的愿望

We wish to establish friendly business relations with you to enjoy a share of mutually profitable business.

3. 本公司简介(公司性质、业务范围、优势、拟与对方合作的方式)

We are a leading company with 30 years experience in Chemical Laboratory Equipment.

4. 销售的商品及其条件(客商需求明确，则具体介绍；否则，笼统介绍)

Art. No. JD102 is our newly launched one with excellent quality, fashionable design and competitive price.

5. 介绍一下市场状况(供需情况、客户购买意向、购买力等)

Owing to the very heavy demand and orders every day, we can accept orders only for shipment during April/May.

6. 告知对方了解其信用情况的银行名称

For our business and financial standing, we may refer you to our bankers, Bank of China Hong Kong Branch.

7. 激励对方回应的结尾

We trust that your initial order will be placed with us without delay.

除了对询盘函内容的把握之外，对于客商的来函来电，还要认真及时答复，展示良好的职业素养和贸易形象。建立业务关系函示例参见二维码。

(三) 客户管理

1. 客户分类

(1) 潜在客户——询价客户，并未成交。着重探讨其对哪个产品感兴趣。

(2) 有潜力客户——对某类产品感兴趣，有一定倾向性。特别是在博览会上，对那些来过展位几次的客户更要重视，优先回复该类客户。

(3) 成交客户——已下订单客户。随时保持联系。

(4) 较稳定客户——多次下订单的客户。定期回访。

2. 客户档案管理

对初次交往的客户群体要进行资信调查，掌握信用额度，以便控制交易数量；同时选定信用良好的客户，确保安全。一般来说，保持客户的成本比发展新客户的成本要低，而维持老客户关系的重要工作之一就是建立客户档案，其内容包括：客户编号、客户名称、地址、电话、传真、网址、开户行、账号、资信情况等。通过建立客户档案，掌握客户群信息，择优弃劣，保持客户的稳定性和流动性的统一。

3. 客户文件管理

发给客户的邮件要有确切的主题，这样利用邮箱的查找功能容易找到相关的客户邮件；电脑上的文件夹要有主题和日期，形成电子档案，利于保存；要谨慎收藏客户的名片，纸质文件夹可按国别排序，子栏目按公司名称开头字母排序，第二年，将其装订成册归档备查。

4. 客户样品管理

(1) 客户来样。对于来样我们首先要按照其款式、材料做出备份，也称复样(duplicate sample)或对等样品，然后寄交客户一份确认，自留一份。寄出时编制货号，注明客商名称和寄送日期，以便客户提出改进意见时，知道所寄样品是哪个厂家的货样，同时也便于据此备货。

(2) 我方寄样。如果客户向我方索要样品，也要各留一份，寄出时的做法如上所述，要妥善保管留存的样品，必要时交公证机构封存。对于客户索要样品是否寄送，可以根据价值高低、开发难度、保密等因素决定。价值较高的样品，可要求对方支付费用或双方各付一半，如果成交，样品费用可在货款中扣除；对于一般样品也可以采取"样品免费，邮费到付"的办法。样品寄出后，做好详细记录，以便跟踪业务进展。对于开发难度高的、关乎技术秘密的产品一般不寄样品。

链接：客户参观了我们工厂之后，我们如何跟进保持有效联系？

(1) 回忆和整理客户参观工厂时的所有对话，甚至精确到所有细微的表情和肢体语言。请所有参与人员讨论当时双方谈论的技术问题、价格问题、交货问题及其他话题。

(2) 根据大家的理解和分析，分别列出：什么是你们的强项？什么是你们的弱项？对方最看重的是什么(价格、品质、款式、服务等)？对方对你们的评价怎样？潜在的问题是什么？你们怎么能超越竞争对手？

(3) 经过上述分析，可以扬长避短地起草追踪性的去函，精确瞄准对方的心理需求，有针对性地作进一步的联系。

资料来源：编委会. 外贸实用工具手册[M]. 北京：中国海关出版社，2009.

六、商品相关信息查询

(一) 商品编码查询

进出口商品都有一个对应的商品编码,这一编码是进出口货品的身份证。商品对应的编码可以根据品名登录网站https://www.hsbianma.com/(HS编码查询) 或http://www.hscode.net (通关网)查询,同时还可以查到该商品的增值税率、出口退税率、进出口关税率、消费税率、海关监管条件、申报要素(报关需要)等。例如,军靴:登录http://www.hscode.net查得商品编码为:6403400090,增值税率为13%,出口退税率为13%,出口关税率为0,进口优惠关税率为14%,消费税率为0,监管条件显示无,即无须做进出口通关检验,申报要素显示8项。

(二) 汇率查询

登录外汇管理局网站http://www.safe.gov.cn/可以查到人民币汇率中间价(当日外汇牌价)。例如,查询2019年3月25日人民币与美元的汇率中间价为100美元=670.98元。

作为进出口商,事前应当对有关商品信息有所把握,以便做好相应的核算。

七、交易会的准备工作

我国广州进出口商品交易会每年举办两届,分春秋两季进行,现就广交会的参展情况作简要介绍如下。

(1) 参展前1个月着手进行展位装修,展位标准3米×3米,大会配备一张桌子,两把椅子和一个电源插座。

(2) 订好行程,排好食宿,通知客户参展时间、展位号,确认客人来访时间。

(3) 根据分工准备好与客人要洽谈的问题,如介绍新款、以往业务问题的解决、客商验厂、双方互访等。

(4) 制作参展明细单(品名、货号、规格、装箱系数、包装箱体积、月供产量、最低起订量、出厂价(含税)、FOB价、海运费运价表、保险费率表、供货商联系电话)备用。

(5) 印好个人名片并将其钉在公司宣传册上,准备空白笔记本(装订客商名片并写上评价和现场洽谈的事情)、订书机、计算器、目录册、相机、糖果、茶叶等。

(6) 选择国内工厂信息,对比挑选其中较好者保持联系。

八、进口交易的准备

(一) 进行市场调研

进口国外商品之前,首先要对国内市场需求进行调研,包括国内所需产品的质量、规格、技术含量要求、外观包装、拟采购数量、到货时间、国内拟售价格等。如果是工业品,要落实好使用单位并与其签订购销合同,收取定金。其次,还要对国外供应商进行调研,包括工厂规模、供货品质、出售动机、价格走势、售后服务、资信状况、地理位置等。根据国内需要,适时安排订购时间和选择交易对象。

(二) 了解国内进口管理

我国企业在取得进口经营权并在海关注册后,方可做进口交易。进口付汇前,持货物贸易外汇收支业务办理确认书和货物贸易外汇收支业务办理申请书、商务部对外贸易经营者备案登记表、营业执照到外汇管理局办理列入"对外付汇进口单位名录",以确定进口付汇权。

进口货物管理分为禁止进口、限制进口和自由进口三类。对于限制进口的商品实行配额(数量配额或关税配额)和许可证管理,对于有数量限制的商品实行配额管理,对于其他限制进口的货物实行进口许可证管理,由商务部及其授权发证机构发放许可证件,许可证逾期失效,海关不予放行。

做好上述工作后,再确定订购对象,做好成本估算,选择时机并制定具体的进口方案。

(三) 选择国外供货商

选择国外供货商关系到所供货物的质量高低、售后服务的好坏、业务关系是否长久等问题。因此,应格外重视。选择时要注重考虑:①货物品质的稳定性;②价格的准确性;③交货的及时性;④售后服务的保障性;⑤资信的可靠性。确定选择标准之后,我们还可以通过贸易网站、国内外银行、驻外商务机构、商会、行业协会、各种展会等渠道与之沟通,取得业务联系。例如,通过互联网登录行业展会网站,可以看到展商列表,将其名字复制粘贴到谷歌,就可以找到企业的联系方式,并与之进一步磋商交流。

(四) 进口商询盘注意事项

进口商询盘就是询问出口商的交易条件,可以主动发出,也可收到对方来函后进行。对初次建交的信函,可以按照"信息来源—致函目的—公司介绍—合作意愿"的顺序撰写。询盘时应注意以下问题。

(1) 询盘函要标明函件的编号,以便归档,方便调阅和复电。

(2) 询盘应简单、清楚和切题,以引起对方注意。

(3) 询盘可列明所需数量、交货期等,但不要过早透露数量、价格等。

(4) 区别不同货物的询盘方法。对于常见货物可以同时向不同国家或地区的出口商询盘,争取最佳条件;对于规格复杂的货物,不仅询问价格,还要询问规格、数量等;对于垄断货物,应提出较多品种,要求其逐一报价,防止对方趁机抬价。

(5) 不宜在同一地区多头询盘,特别是向中间商询盘。因为他们可能会分别将同一询盘转到同一家供货商,造成市场虚假繁荣,厂商借机抬价,不利于货比三家。

(6) 避免只有询盘而无购买诚意的做法。

询盘示例参见二维码。

第三节　课中训练

一、出口商向供货商询价

中吉五金矿产进出口公司(Zhongji Metals and Minerals Import and Export Corporation)主要经营砂轮机、液压模锻锤、离心泵、电焊条、铣床等，其产品主要销往韩国、印度、马来西亚等国家。20××年9月18日该公司业务员肖红就准备参加东北亚最大规模机械类展览——韩国机械展(KOMAF)向红星机械厂沙厂长发去传真，询问商品的综合情况，如砂轮机的月产量、起订量、包装方式、交货期、交货地点、价格、产品优势、竞争对手情况等，并索要砂轮机样品。请在函件1-1中完成练习。

函件1-1　向工厂发函[①]

中吉五金矿产进出口公司
Zhongji Metals and Minerals Import and Export Corporation
C101 FEIYUE ROAD,SHUANGYANG DISTRICT,CHANGCHUN,CHINA.
TEL.(0431-8567××××)　　Telefax.0431-8568××××　　E-MAIL: ZHJWJ@GERN.NET.CN

致：红星机械厂
沙厂长：
　　您好！

---

① 本书每章都有课中训练，请学生根据每一个表框前的信息完成相关练习。

二、出口商与客商建立业务关系

业务员肖红在韩国机械展结识了一位韩国客商柳惠卿女士,由于韩国客户当时事务繁忙,仅留下名片,让肖红日后再与她联系。肖红返回长春后,于20××年10月2日向柳惠卿女士发去电子邮件,表示与其建立业务关系的良好愿望,介绍了公司的产品经营销售情况,并寄去公司的最新商品目录,希望对方能在当地市场积极推销其产品。请在函件1-2中完成练习。

函件1-2 向韩国客商发函

主　　题:	Establishment of Business Relations
发件人:	ZJKC@KEN.NET.CN(中吉五金矿产进出口公司)
日　　期:	20××-10-02 12:20:28
收件人:	HGJZ@PEM.NET.KOR(韩国机械制造公司)
发送状态:	

To: South Korea Machinery Manufacturing Company

Attn: Mr. Huiqing Liu

三、进口商询盘

韩国机械制造公司(进口商)准备从亚洲进口一批砂轮机,具体要求如下。

品名:台式砂轮机

砂轮片尺寸:150×32×20(毫米)

包装：木箱

价格：在韩国国内拟售价格每台不超过246500韩国元

数量：1个40英尺货柜

交货期：20××年2月底之前

　　柳惠卿女士收到肖红的邮件后，于20××年10月4日复电，询盘中感谢肖红去电，从寄来的商品目录中选中货号SIST-150这一款台式砂轮机(type diamond grinder)准备进口，请其报出该产品 CIFC5%釜山最优惠价格、最早交货期并寄样品。请在函件1-3中完成写作。

函件1-3　韩客商询盘函

主　题：	Inquiry
发件人：	HGJZ@PEM.NET.KOR(韩国机械制造公司)
日　期：	20××-10-04 11:10:20
收件人：	ZJKC@KEN.NET.CN(中吉五金矿产进出口公司)
发送状态：	

To: Zhongji Metals and Minerals Import and Export Corporation
Attn: Mrs.Hong Xiao
DEAR SIRS,

课后作业

1. 取得进出口经营权

每三人分成一组，拟写公司名称，办理工商营业执照，登录商务部网站(https://ecomp.mofcom.gov.cn/loginCorp.html)业务系统统一平台企业端，下载并填写外贸经营者备案登记表之后上交课程网站。

2. 上网查询商品情况(每人一种商品)，填入表1-1。

表1-1 商品情况表

商品名称	商品编码	增值税率	出口退税率	进口关税率	当日汇率

3. 请在网上查询一种产品，据此填写供货商信息数据表。如表1-2所示。

表1-2 供应商信息数据表

制表人：　　　制表日期：

供应商名称地址	
供应商电子邮箱	
厂长姓名及电话	
生产负责人及电话	
技术负责人及传真	
开户行及账号	
纳税人识别号	
企业经营性质及范围	
货物名称	
货号	
规格	
出厂价(含税)	
出口退税率	
包装种类	
内包装数量	
包装箱体积	
毛重/净重	
月产量	
最低起订量	
交货期限	

(续表)

交货地点	
支付方式及付款时间	
样品提交时间	
产品优势	
需要改进的地方	
主销地区	
竞争对手	
最初下订单时间	
备注： 是否需要预付货款 产品质量等级 交货期是否准时	

4. 纽约海外贸易有限公司(The Overseas Trading Co.,Ltd. New York. P.O.Box 348 New York U.S.A)长期与我公司合作，最初向我司订货在2008年7月，其在美国有30余家店铺，每年销售额约50万美金，产品包括陶瓷餐具、书包、电池、地板等，占当地市场该类产品销售总额的3成以上，其注册资金为1000万美元，在美国银行(Bank of America NA, Charlotte, USA)开户，账号为000088938959985，该客户信誉卓著，从不毁约。其主要竞争对手是来自西欧的客户。前不久又向我公司下了6000个书包的订单，编号为10YREM05901，金额为32000美元，规格为16英寸，由白城市箱包厂组织生产。我们经常与该公司的罗德里格斯先生联系业务事宜，其联系电话为001-23876522，传真：001-78654733，电子邮箱：OVSTC @ GMAIL.COM。请根据上述信息填写客户档案明细表。如表1-3所示。

表1-3 客户档案明细表

客户编号	
国别	
客户名称	
地址	
电话	
传真	
网址	
联系人名称	
开户行	
账号	
初次联系时间	
订单编号	

(续表)

产品规格	
采购工厂	
成交价	
成交金额	
资信状况	
经营业绩	
市场占有率	
竞争对手状况	
备注	

5. 请每位同学寻找5个展会，选择一种产品制作参展明细单。如表1-4所示。

表1-4 参展明细单

品名			
货号			
规格			
装箱系数			
包装箱体积			
20英尺货柜所装箱数			
40英尺货柜所装箱数			
月供产量			
最低起订量			
出厂价(含税)			
销售单位			
国内费用率			
FOB装运港			
CFR目的港			
CIF目的港			
工厂联系电话			
出口退税率		增值税率	13%
海运费20英尺货柜	2100美元	保险费	按110%投保，保险费率1%
利润率	0%（按出厂价）	汇率	1美元：6.496元

6. 查找我国禁止进口和限制进口的商品各2个。

第二章 发盘与还盘

第一节 课前阅读——发盘与比价还盘

实训任务：根据价格术语核算成本、费用和利润并准确报价；根据客户反馈意见和自己的经营意图，对外作还价核算。

一、出口成本核算与发盘

(一) 供货商提供进货资料

接到波尔森先生5月27日回电之后，杨子墨经过市场调查了解到：韩国、新加坡等国同类产品与国内有着激烈的竞争，加上金融危机带来的后期影响，市场需求不是很稳定，价格偏低。鉴于此，应当突出本公司产品的亮点所在，避开对方的锋芒，谨慎报价。星火陶瓷厂提供的进货数据资料如表2-1所示。

表2-1　出口商进货资料表

1. 品名：24头餐具 货号：JTCJ48 包装：2套/纸箱(五层瓦楞纸板) 规格：55×30×38(厘米)= 0.0627立方米 每箱毛/净重：26千克/22千克 出厂价(不含税)：528元/套	2. 品名：条纹碗 货号：JMWB028 包装：36只/纸箱(五层瓦楞纸板) 规格：50×48×32(厘米)= 0.0768立方米 每箱毛/净重：28千克/24千克 出厂价(不含税)：12元/只
增值税率：17%；出口退税率：5%；生产周期：月产2000套，10000只；交货期：收到订单后3个月工厂交货；支付方式和交货地点：生产前预付80%～90%，交货后10日内支付余款	

(二) 核算成本、费用和利润

杨子墨登陆HS编码网https://www.hsbianma.com/，输入商品名称瓷餐具，得知商品HS编码(税号)为6911101900，增值税率为17%(税改以前)，后登录国税总局网站http://www.chinatax.gov.cn/，选择纳税服务栏目项下出口退税率查询，输入商品名称瓷餐具，查得该产品的出口退税率为5%(税改以前)，根据意大利客商的要求，结合工厂提供的信息，杨子墨做单价成本核算如下。

1. 核算实际成本

1) 24头餐具实际成本

增值税额=出厂价×增值税率
　　　　=528×17%=89.76(元/套)

出口商进货成本=出厂价+增值税额
　　　　　　=528+89.76=617.76(元/套)

退税金额=出厂价×退税率
　　　　=528×5%=26.4(元/套)

实际成本=进货成本−退税金额
　　　　=617.76−26.4=591.36(元/套)

2) 条纹碗实际成本

增值税额=出厂价×增值税率=12×17%=2.04(元/只)

出口商进货成本=出厂价+增值税额
　　　　　　=12+2.04=14.04(元/只)

退税金额=出厂价×退税率
　　　　=12×5%
　　　　=0.6(元/只)

实际成本=进货成本−退税金额
　　　　=14.04−0.6
　　　　=13.44(元/只)

2. 核算费用

1) 确定报价数量基础

根据工厂提供的信息，餐具为轻泡货，用体积衡量装箱数量和运费。20英尺货柜最少可装25立方米，故一个20英尺货柜可装箱数=货柜体积÷包装箱体积。

(1) 根据客户要求，核算一个20英尺货柜可装24头陶瓷餐具数量。

可装箱数=25立方米÷0.0627立方米
　　　　≈398.72箱≈400箱

每箱装2套，则最少可装400箱×2套/箱=800套。

(2) 根据客户要求，核算一个20英尺货柜可装条纹碗数量。

可装数量=货柜体积÷包装箱体积
　　　　=25立方米÷0.0768立方米
　　　　≈325.52箱≈326箱

每箱装36个，最少可装326箱×36个/箱=11736只。

2) 核算国内费用

根据货物特点及所订数量，结合具体情况，初步估算国内费用开支(费用相加法)如表2-1所示。

表2-1　24头餐具和条纹碗国内费用一览表

24头餐具	条纹碗
包装费：6元/套×800套=4800元	包装费：1元/只×11736只=11736元
运杂费：3000元	运杂费：3200元
出口手续费：800元	出口手续费：800元
银行利息费用：6301.15元(3个月)(年率5.1%)	银行利息费用：2100.86元(3个月)(年率5.1%)
业务费用：3000元	业务费用：2600元
合计：17901.15元	合计：20436.86元

3) 核算海运费

意大利属于地中海航线，根据客户询价，货物从大连港运往热那亚港，从表2-2中查出24头餐具和条纹碗的运费费率，再计算运费。

表2-2　地中海航线集装箱费率表　　　　　　　　USD

基本港：Marseille(马赛)、Barcelona(巴塞罗那)、Genova(热那亚)、Alexandria(亚历山大)、Athens(雅典)、Venice(威尼斯)			
等级	LCL(W/M)	FCL (20'/40')	
		上海	其他港口
1～7	109.00		2900/4700
8～13	111.00		3052/4895
14～20	125.00		2300/5047
1～20 (FAK)		2800/4300	
冷冻货			4908/8280
一般化工品	108.00	2900/4500	3052/4896
危险品			3600/5940
下列港口加收集装箱支线附加费:大连、新港、青岛USD70/20' USD120/40' USD9.00/FT(LCL)			

陶瓷餐具适用8级运费，查：24头餐具(整箱)从大连运往热那亚港一个20英尺货柜包箱费率为3052美元，支线附加费70美元。合计一个20英尺货柜海运费为3122美元，每套餐具海运费：3122÷800=3.9025(美元)；每只条纹碗运费：3122÷11736≈0.266(美元)。

4) 核算保险费

根据出口货运保险普通货物费率表2-3查出24头餐具和条纹碗的保险费率，进而计算保险费。

表2-3 出口货运保险普通货物费率表（海运）　　　　　　%

洲别	国家和地区	险别		
		平安险FPA	水渍险WA	一切险AR
亚洲	中国香港、澳门和台湾地区，日本，韩国，朝鲜	0.06	0.08	0.10
	新加坡、韩国、泰国、斯里兰卡	0.06	0.09	0.10
	阿联酋、沙特、巴林、卡塔尔、科威特、土耳其、以色列、伊朗、约旦、阿曼	0.08	0.10	0.12
	蒙古、菲律宾、越南、柬埔寨、老挝、马尔代夫、文莱、缅甸	0.08	0.10	0.13
	印度、巴基斯坦、印度尼西亚、黎巴嫩、叙利亚、塞浦路斯	0.08	0.10	0.12
	塔吉克斯坦、乌兹别克斯坦、吉尔吉斯斯坦、土库曼斯坦、哈萨克斯坦、格鲁吉亚、阿塞拜疆	0.10	0.12	0.15
	尼泊尔、孟加拉、不丹	0.13	0.18	0.2
	阿富汗、伊拉克、巴勒斯坦	0.45	0.70	1.00
欧洲	希腊、阿尔巴尼亚、马其顿、捷克、保加利亚、波兰、罗马尼亚、匈牙利、斯洛文尼亚、克罗地亚、波黑、爱沙尼亚、立陶宛、摩尔多瓦	0.08	0.10	0.12
	俄罗斯、白俄罗斯、乌克兰	0.08	0.10	0.12
	其他国家或地区	0.08	0.10	0.12
北美洲	美国、加拿大	0.06	0.08	0.10
	墨西哥	0.08	0.10	0.12
	其他国家或地区	0.08	0.10	0.12
南美洲	巴西、阿根廷、智利	0.8	0.10	0.12
	其他国家或地区	0.1	0.12	0.15
大洋洲	澳大利亚、新西兰	0.08	0.10	0.12
	其他国家或地区	0.10	0.12	0.15
非洲	南非、摩洛哥、埃及、喀麦隆、利比亚、突尼斯、科特迪瓦	0.08	0.10	0.12
	埃塞俄比亚、安哥拉、阿尔及利亚、加纳、纳米比亚、坦桑尼亚、赞比亚、贝宁、刚果、佛得角、莫桑比克	0.10	0.12	0.15
	加那利群岛、毛里塔尼亚、冈比亚、塞内加尔、尼日利亚、利比里亚、几内亚、乌干达、布隆迪、卢旺达、苏丹、索马里、塞拉利昂、毛里求斯、多哥	0.12	0.15	0.20
	其他国家或地区	0.15	0.2	0.5

战争险费率：0.3%

大连——热那亚，一切险费率为0.12%，战争险费率为0.3%，共计：0.42%；保险费=报价×(1+保险加成率)×保险费率=报价×(1+10%)×0.42%。

3.核算利润

根据客户经销情况，杨子墨决定按照报价的10%核算利润。设报价为X，则利润=10%X。

(三) 综合运算

(1) 整理24头餐具和条纹碗成本费用利润预算表，然后具体运算。具体如表2-4所示。

表2-4　24头餐具和条纹碗预算表

24头餐具：800套	条纹碗：11736只
每套实际成本：591.36元	每只实际成本：13.44元
每套国内费用：17901.15÷800=22.3764(元)	每只国内费用=20436.86÷11736≈1.7414(元)
海运费：3122美元/20' 按照当时牌价1美元=6.8288元 折成人民币：3122×6.8288 　　　　　=21319.5136(元) 每套24头餐具海运费：21319.5136÷800≈26.6494(元)	海运费：3122美元/20' 按照当时牌价1美元=6.8288元 折成人民币：3122×6.8288 　　　　　=21319.5136元 每个条纹碗海运费：21319.5136÷11736≈1.8166元
保险费：CIF报价×(1+10%)×0.42%	
利润：CIF报价×10%	

(2) CIF报价运算。

① 24头餐具。

　　CIF报价=实际成本+国内费用+海运费+保险费+利润
　　　　　=591.36+22.3764+26.6494+CIF报价×[(1+10%)×0.42%]+CIF报价×10%
　　　　　=640.3858+CIF报价×[(1+10%)×0.42%+10%]

　则，CIF报价= 640.3858÷(1-110%×0.42%-10%)

　　　　　≈ 640.3858÷0.8954

　　　　　≈715.1952(元/套)

　折成美元：715.1952÷6.8288≈104.73(美元/套)

　对外可报：每套105美元

② 条纹碗。

　　CIF报价=实际成本+国内费用+海运费+保险费+利润
　　　　　= 13.44+1.7414+1.8166+CIF报价×[(1+10%)×0.42%]+CIF报价×10%
　　　　　=16.998+CIF报价×[(1+10%)×0.42%+10%]

　则，CIF报价=16.998÷(1-110%×0.42%-10%)

　　　　　≈16.998÷0.8954

　　　　　≈18.9837(元/只)

　折成美元：18.9837÷6.8288≈2.7799(美元/只)

　对外可报：每只2.78美元

(四) 对外发盘

杨子墨让工厂制作24头餐具和条纹碗样品各两份，寄给客户一份，自己留一份备存，并在寄出和留样上分别标注货号(JTCJ24和JMWB028)、寄送日期(June 4 20××)、客户名称(BLACKTHORN LTD.)等，方便日后联系。

根据事前调研获知，波尔森先生是意大利在热那亚最大的进口商之一，他直接将货物卖给百货公司，减少了许多中间环节，同时他还做一些转口生意，有较强的销售能力，市场占有率较高。鉴于此，根据客户要求及核算结果，杨子墨于20××年6月4日向意大利客户发盘，具体发盘如示例2-1所示。

示例2-1　向意客商发盘

主　题：	Offer
发件人：	LONGY@WEN.NET.CN
日　期：	20××-06-04 10:23:09
收件人：	PERLSEN@HTPN.IT
发送状态：	发送成功

To：BLACKTHORN LTD.
Attn：Mr. Poulsen

Dear sirs,

We are in receipt of your inquiry dated May 27, 20×× and hear you are interested in our 24-piece dinnerware (JTCJ24) and stripe bowl (JMWB028). In order to start a concrete transaction between us we take pleasure in making you a special offer as follows:

Commodity: 24-piece dinnerware
Art. No.：JTCJ24
Packing: 2 sets/carton
Quantity: about 800 sets (20' FCL)
Price: USD105/set CIF Genoa
Commodity: stripe bowl
Art. No.: JMWB028
Packing: 36 pieces/carton (in white box)
Quantity: about 11736 pieces (20' FCL)
Price: USD2.78/piece CIF Genoa
Shipment: to be effected within 60 days after receipt of the relevant L/C.
Payment: by sight L/C.
Insurance: for 110% invoice value covering all risks and war risk.

This offer is firm subject to your immediate reply which should reach us not later than the end of this month. There is little likelihood of the goods remaining unsold once this particular offer has lapsed.

Regarding the samples of pocelain ware, because the sample is not cheap, we suggest each party to pay half of the cost of the samples(USD54.00), if you place an order with us the cost of the samples will be deducted from the invoice. You may remit the cost to our A/C No.5689322214587963. After receipt of the amount remitted we will send you the sample immediately, we hope the sample will help you in making your selection.

You may rest assured that our goods is in excellent quality and in right price.

Your early reply would be highly appreciated.

Yours truly,
Zimo Yang

致：波尔森先生

敬启者：

　　我们收到贵方20××年5月27日的询价，获知贵方对我方24头餐具(JTCJ24)和条纹碗(JMWB028)很感兴趣。为了我们之间展开具体的交易，我们很愿意向贵方提供如下优惠条件：

　　商品：24头餐具

　　货号：JTCJ24

　　包装：每箱装2套

　　数量：约800套(20英尺整柜)

　　价格：105美元/套(CIF热那亚)

　　商品：条纹碗

　　货号：JMWB028

　　包装：每箱36个

　　数量：约11736个(20英尺整柜)

　　价格：2.78美元/个(CIF热那亚)

　　装运：收到有关信用证后60天内交货

　　付款方式：即期信用证

　　保险：按发票价值的110%作为保险金额，投保一切险和战争险

　　此报盘以你方立即答复为准，该答复应不迟于本月底送达。一旦这个报盘失效，货物就不太可能保留。

　　关于样品一事，由于该样品并不便宜，我们建议双方各支付一半样品费(54美元)，如果贵司订货，样品费用将从发票中扣除。贵方可将费用汇至我方568932214587963账号项下。收到汇款后，我们将立即把样品寄送贵司，希望样品能帮助您做出选择。

　　贵司尽可放心，我们的货物质量上乘，价格公道。

　　如蒙早日答复，将不胜感激。

　　此致

杨子墨

二、进口成本核算与比价

(一) 进口核算

　　收到杨子墨的报价之后，波尔森先后向海关、商检、码头、货运、银行等有关部门了解情况，取得进口税费的若干资料，详细数据如表2-5所示。

表2-5　意大利进口税费情况表

卸货驳船费：190欧元
码头建设费：180欧元
查柜停车费：240欧元
码头仓租费：240欧元
报检公证费：150欧元
报关提货费：160欧元
货运代理费：170欧元
意大利国内运输费及仓租费：300欧元

(续表)

进口费用合计：190+180+240+240+150+160+170+300=1630(欧元)
24头餐具国内运费及仓租费：1630÷800=2.0375(欧元/套)
条纹碗国内运费及仓租费：1630÷11736≈0.1389(欧元/只)
增值税率：17%
进口关税率：7%
汇率：1欧元=1.2174美元，即1美元=0.8214欧元
银行费用：成交价的0.125% 24头餐具：105×0.8214×0.125%×800=86.247(欧元) 条纹碗：2.78×0.8214×0.125%×11736≈33.4988(欧元)
贷款利息：成交价的7.4%(2个月) 24头餐具：105×0.8214×7.4%÷12×2×800=850.9704(欧元) 条纹碗：2.78×0.8214×7.4%÷12×2×11736≈330.5218(欧元)
预期利润：到岸价的20% 24头餐具：105×0.8214×20%×800=13799.52(欧元) 条纹碗：2.78×0.8214×20%×11736≈5359.8124(欧元)

为了准确估算进口成本，根据调查所得数据，结合出口商杨子墨的报价，波尔森做了详细的核算，具体核算过程如示例2-2和示例2-3所示。

1. 24头餐具：按照卖方USD105/set CIF Genova 的报价计算

示例2-2　进口客商核算过程(24头餐具)

完税价格	CIF价×外汇牌价=105×0.8214=86.247(欧元/套)≈86(欧元/套)(四舍五入)
关税	完税价格×进口关税率=86×7%=6.02(欧元/套)
增值税	(完税价格+关税)×增值税率=(86+6.02)×17%=15.6434(欧元/套)(此为进项税额，海关代征，销售时可以抵扣)
银行费用	86.247÷800≈0.1078(欧元/套)
贷款利息	850.9704÷800≈1.0637(欧元/套)
进口税费	关税+增值税+银行费用+贷款利息+国内运费及仓租费=6.02+15.6434+0.1078+1.0637+2.0375=24.8724(欧元/套)
进口成本	进口完税价格+进口税费及利息=86+24.8724=110.8724(欧元/套)
预期利润	到岸价×20%=86.247×20%=17.2494(欧元/套)
进口国内销售价格(含税)	进口成本+利润=110.8724+17.2494=128.1218(欧元/套)

24头餐具意大利国内可接受价格为118欧元/套，核算出来的价格为128.1218欧元/套，平均每套高于国内售价10.1218欧元。

2. 条纹碗：按照卖方USD2.78/piece CIF Genova 的报价计算

示例2-3　进口客商核算过程(条纹碗)

完税价格	CIF价×外汇牌价=2.78×0.8214≈2.2835(欧元/只)≈2(欧元/只)(四舍五入)
关税	完税价格×进口关税率=2×7%=0.14(欧元/只)
增值税	(完税价格+关税)×增值税率=(2+0.14)×17%=0.3638(欧元/只)(此为进项税额，海关代征，销售时可以抵扣)

(续表)

银行费用	33.4988÷11736≈0.0029(欧元/只)
贷款利息	330.5218÷11736≈0.0282(欧元/只)
进口税费	关税+增值税+银行费用+贷款利息+国内运费及仓租费=0.14+0.3638+0.0029+0.0282+0.1389=0.6738(欧元/只)
进口成本	进口完税价格+进口税费及利息=2+0.6738=2.6738(欧元/只)
预期利润	成交价的20%=2.2835×20%=0.4567(欧元/只)
进口国内销售价格(含税)	进口成本+利润=2.6738+0.4567=3.1305(欧元/只)

条纹碗意大利国内可接受价格为2.5欧元/只，核算出来的价格为3.1305欧元/只，平均每只高于国内售价0.6305欧元。

两款价格均超过意大利国内售价，针对这一核算结果，波尔森决定分别再向其他国外客户征询报价，比较一下再作决定。同时同意支付给杨子墨一半样品费用并于翌日汇出样品费用(54.00美元)。

(二) 比价

波尔森先后向韩国和新加坡客商发去询盘，数日后，陆续收到他们的报价。韩国和新加坡报价分别如示例2-4和示例2-5所示。

1. 20××年6月10日韩国报价

示例2-4　韩国报价

主　题：	Offer
发件人：	HANGUO@ BEN.NET.KR
日　期：	20××-06-10 13:21:19
收件人：	PERLSEN@HTPN.IT
发送状态：	发送成功

To: BLACKTHORN LTD.

Attn: Mr. Poulsen

DATE: JUNE 10 20××

DEAR SIRS,

THANK YOU FOR YOUR E-MAIL OF JUN. 5 20××. PLEASE ACKNOWLEDGE RECEIPT OF OUR SAMPLE. WE HEREBY QUOTE YOU OUR FAVOURABLE PRICE AS FOLLOWS:

DINNERWARE (24): ART. NO.HG100610 CIF GENOVA USD120/SET

2 SETS PACKED IN A CARTON.

STRIPE BOWL: ART. NO.YNTC095602 CIF GENOVA USD3.20/PC

40 PIECES TO A CARTON.

SHIPMENT BEFORE THE 20 DEC. 20××.

PAYMENT BY SIGHT L/C.

LOOKING FORWARD TO YOUR EARLY REPLY.

YOURS FAITHFULLY,

Cangzhe Han

致：波尔森先生
日期：20××年6月10日
敬启者：
感谢贵司20××年6月5日邮件。请确认收到我们的样品。兹报优惠价格如下：
24头餐具
货号：HG100610
CIF 热那亚 每套120美元，每箱装2套
条纹碗
货号：YNTC095602
CIF 热那亚 每个3.20美元，每个纸箱装40个
20××年12月20日之前装运。
即期信用证付款。
期盼早日得到贵司答复。
谨上
韩苍哲

2. 20××年6月13日新加坡报价

示例2-5　新加坡报价

主　题：	Offer
发件人：	XINJIAPO@THEN.SG
日　期：	20××-06-13 08:41:29
收件人：	PERLSEN@HTPN.IT
发送状态：	发送成功

To: BLACKTHORN LTD
Attn: Mr. Poulsen
Date: JUNE 13 20××

DEAR SIRS,
　　THANK YOU FOR YOUR E-MAIL OF JUNE 5 20××.WE WOULD LIKE TO KNOW WHETHER YOU HAVE RECEIVED OUR SAMPLES.WE NOW OFFER YOU AS FOLLOWS:
　　DINNERWARE(24): ART. NO. HG100610 CIF GENOVA USD100/SET 2 SETS PACKED IN A CARTON.
　　STRIPE BOWL: ART. NO.YNTC095602 CIF GENOVA USD2.40/PC
　　36 PIECES TO A CARTON.
　　SHIPMENT IS EFFECTED BY THE END OF JAN 20××.
　　PAYMENT BY SIGHT L/C.
　　WE ARE LOOKING FORWARD TO YOUR SOONEST REPLY.

　　YOURS TRULY,
　　Shubin Liang

敬启者：
　　感谢您20××年6月5日的邮件。我们想知道贵司是否收到我方样品。
　　24头餐具
　　货号：HG100610
　　CIF 热那亚100美元/套，每箱装2套。
　　条纹碗
　　货号：YNTC095602
　　CIF 热那亚2.40美元/个，每箱装36个
　　货物将于20××年1月底前装运。
　　即期信用证付款。
　　我们期待贵方尽快答复。
　　此致
　　　　　　　　　　　　　　　　　　　　　　　　　　梁树彬

　　波尔森先生对韩国和新加坡两国的报价来函仔细进行了研究，根据样品的检测分析，得出如下结论：
　　韩国同类产品品质优秀；价格偏高，包装不符合要求；资信一般；地理位置不错。
　　新加坡同类产品长期要货可以供应，但做工品质不能保证；资信情况尚可；地理位置不错；目的是低价倾销。
　　中国同类产品品质优良；价格合理；保证正常供应；售后服务良好；资信尤佳；地理位置欠佳；通过公平竞争，获取合理利润。

三、递盘

　　综合上述比价情况，波尔森先生考虑到金融危机后期对市场的影响，认为可以进一步与中国公司进行洽谈，从价格和支付条款入手，要求其给予更优惠的条件，争取好的成交结果。因此，他于20××年6月15日向杨子墨递盘。递盘内容如示例2-6所示。

示例2-6　向出口商递盘

主　题：	Our Bid
发件人：	PERLSEN@HTPN.IT
日　期：	20××-06-15 11:13:19
收件人：	LONGY@ WEN.NET.CN
发送状态：	发送成功

To: Longyuan Import & Export Corporation
Attn: Zimo Yang

Our Ref. No.Jly102302
Dear Sirs,
　　We acknowledge receipt of your E-mail and samples. We immediately contacted our customers and they showed a great interest because there is a growing demand for pottery.
　　However, the prices you quoted are found too much on the high side, information here indicates that

the prices from other sources in your country are about 10% lower than yours. We really appreciate the good workmanship and excellent designs of your products, but the price is out of line with the prevailing market level, such being the case, it is impossible for us to accept it.

If you could reduce the price to USD94.00 CIF GENOVA for 24-pieces dinnerware and to USD 2.49 CIF GENOVA for stripe bowl. We might come to terms.

As the market is keen competition, we only accept T/T payment after shipment. Expecting your early positive reply to proceed with our first deal.

Yours sincerely,
Poulsen

敬启者，

我们确认收到了贵司的邮件和样品。我们马上联系了我们的客户，他们表现出了极大的兴趣，因为对陶器的需求日益增长。

然而，你们所报的价格太高了，这里的信息表明，你们国家其他来源的价格比贵公司报价低10%左右。我们非常欣赏你们产品的做工和优良的设计，但价格与目前的市场水平不符，因此我们很难接受。如果贵方能将24头餐具的价格降低到CIF热那亚每套94美元，条纹碗降低到CIF热那亚每个2.49美元，我们可能成交。但由于市场竞争激烈，我们只接受装运后电汇付款。希望贵方早日给出肯定答复，然后进行我们的第一笔交易。

谨上

波尔森

第二节　理论指导

一、出口业务指导

(一) 确定交易条件——发盘

出口交易磋商是指出口商为了出口某项商品，就有关交易条件与对方协商以及达成交易的过程。磋商包括品质、数量、包装、价格、装运、保险、支付、商检、不可抗力、索赔、仲裁、所需单据等项内容。磋商过程包含询盘、发盘、还盘、接受四个环节，其中发盘和接受不可缺少。

发盘是一方向另一方提出交易条件并愿意按此条件订立合同的一种肯定表示。双方均可做出，具体包括购货发盘(buying offer)或递盘(bid)和售货发盘(selling offer)。发盘包括品名、货号、规格、数量、包装、价格、装运、支付等项内容。发盘时，要注明有效期及约束条件 (畅销货的有效期较短，反之较长)，鼓励对方订货并保证供货质量。发盘示例参见二维码。

现在大多采用电子邮件发盘，一旦发出即不可收回。因此，要有业务复核，避免出错，必要时可以标明"以我方最后确认为准"，争取主动。

(二) 出口价格构成及表述方法

1.出口价格构成

出口价格由成本+费用+利润构成。详细构成如表2-6所示。

表2-6 价格构成表

成 本	进货成本——出口商向供货商购货的价格，也称出厂价
费 用	1. 包装费(packing charges)：通常由出口商支付
	2. 仓储费(warehousing charges)：购货后存储的费用
	3. 国内运输费(inland transport charges)：装货前发生的内陆运输费用如卡车运输费、内河运输费、路桥费、过境费及装卸费等
	4. 认证费(certification charges)：出口商办理出口许可、配额、产地证以及其他证明而支付的费用
	5. 港区港杂费(port charges)：装运前在港区码头支付的各种费用
	6. 商检费(inspection charges)：商检机构检货费用
	7. 捐税(duties and taxes)：国家对出口商品征收、代收或退还的有关税费，如出口关税、增值税等
	8. 垫款利息(interest)：出口商因垫付资金支付的利息
	9. 业务费用(operating charges)：出口经营费用，如通信费、交通费、交际费、邮费等
	10. 银行费用(banking charges)：出口商委托银行向国外客户收取货款、进行资信调查或改证的费用
	11. 出口运费(freight charges)：支付的海、陆、空运及多式联运费用
	12. 保险费(insurance premium)：出口商购买货运或信用保险的费用
	13. 佣金(commission)：出口商向中间商支付的报酬
利 润	预期利润(estimated profit)：出口商所得

2.表述方法

出口单价由四个要素组成：计价货币+单价金额+计价单位+贸易术语，例如：USD95.00/SET CIF NEWYORK。

其中的计价货币必须是自由兑换的货币，常用的计价货币如表2-7所示。

表2-7 常用计价货币

货币名称	货币符号	货币代码
英镑	£	GBP
美元	US$	USD
港元	HK$	HKD
瑞士法郎	SF	CHF
加拿大元	CA$	CAD
新加坡元	SG$	SGD
日元	JP¥	JPY
欧元	€	EUR

其中的贸易术语用以说明价格的构成及在交接货物过程中买卖双方各自的风险、责任和费用的划分。常用贸易术语有FOB装运港、CIF目的港、CFR目的港(用于水上运输)、FCA装运地、CPT目的地、CIP目的地(用于多种运输)。

(三) 出口报价核算

1. 核算成本

进货成本中通常含有增值税，我们核算的出口成本是将进货成本(含税出厂价)中的增值税按照出口退税比率予以扣除(退税金额)得出的实际成本，以此为基础成本计算对外报价。具体核算公式如表2-8所示。

表2-8 成本核算公式

退税金额=进货成本÷(1+增值税率)×出口退税率 　　　　=货价(不含税)×出口退税率
实际成本=进货成本×(1+增值税率-出口退税率)÷(1+增值税率) 　　　　=进货成本-退税金额
进货成本=实际成本×(1+增值税率)÷(1+增值税率-出口退税率)
增值税额=货价(不含税)×增值税率
货价(不含税)=进货成本(含税)÷(1+增值税率)

国内采购价格一般都是含税价，扣除退税后的成本才是真正的出口成本。每种商品的退税率是不同的，具体可以根据品名登录网址：http://hd.chinatax.gov.cn/fagui/action/InitChukou.do(税务总局官网)、https://www.hsbianma.com/(HS编码查询)或http://www.hscode.net (通关网)查询。

实际业务中，出口商有时先支付工厂货价款(不含税款)，税款待退税后另行支付。

2. 核算费用

费用核算有两种方法：一是费用相加法，即把可能发生的费用一一相加；二是以进货成本为基数计算的一个费用定额率，通常在3%～10%，可根据企业经营状况及销售意图具体确定。

(1) 国内费用。包括包装费、商检费、仓储费、报关费、国内运输费、认证费、港区港杂费、国内银行利息及费用、业务费用等。

(2) 国外银行费用。此类费用主要包括来证要求受益人支付的改证费用或不符点费用支出。

(3) 海运费。出口货物运输一般采用海运方式，且多使用班轮运输。等级运价表中的班轮运费等级共有20个，最高级别20级，最低1级。班轮运输中根据货物是否装入集装箱，分为件杂货和集装箱货两种。具体核算方法与公式如表2-9所示。

表2-9 海运费核算方法与公式

件杂货	件杂货运费=基本运费+附加费 运费计费标准：按重量、体积、价格、件数等计收
	例如：按体积计收——M——105美元/立方米 按重量计收——W——58美元/吨 按重量或体积较高者计收——W/M——85美元/运费吨(F/T)
	采用体积还是重量计收，可以根据积载因数来定。积载因数是每吨货物正常堆装所占的容积，单位为立方米/吨。它是确定货物是轻货还是重货的标准。轻货按体积收费，重货按重量收费。 积载因数=体积÷重量 结果大于1为轻货，小于1为重货。两者之间船公司选取较大数者收取运费
	总运费=(基本费率+附加运费)×货运量 总运费=基本运费×单件包装尺寸(体积)×总件数 总运费=基本运费×单件包装毛重(重量)×总件数
	附加运费表示方法： (1) 按每吨或每立方米收取附加费 (2) 按照基本运费的一定比率收取附加费
集装箱货	20英尺货柜内径体积：238×235×590(厘米) 重量至少可装17.5吨，最多20吨；体积至少25立方米，最多31立方米 40英尺货柜内径体积：238×235×1203(厘米) 重量至少24.5吨，最多30吨；体积至少55立方米，最多67立方米 40英尺高柜内径体积：269×234×1206(厘米)68～72立方米 一般集装箱整箱货可以按照其总载重量或总容积的80%安排装货
	整箱货运费=包箱费率+附加费 拼箱货运费=基本运费+附加费 集装箱包箱费率有三种方式： (1) FCS包箱费率(Freight for Class)，按照不同货物种类和等级制定的包箱费率。 (2) FAK包箱费率(Freight for All Kinds)，对每一集装箱统一收取的费率。适合短程运输。 (3) FCB包箱费率(Freight for Class & Basis)，既按等级，又按计算标准制定的费率。即使同种类货物，当以重量吨或尺码吨为计算标准时，其费率也是不一样的。如8～10级，CY/CY交接方式，20英尺集装箱货运费如按重量计是1500美元，如按尺码计则为1450美元

(4) 保险费。业务中通常以发票金额的110%作为保险金额投保，保险加成率一般是10%。具体核算公式如表2-10所示。

表2-10 保险费核算公式

保险金额=CIF货价(或发票金额)×(1+保险加成率)
保险费=保险金额×保险费率
CIF= CFR÷[1-(1+保险加成率)×保险费率]

(5) 佣金。佣金是支付给中间商的酬金。它可以是暗佣，也可以是明佣，通常为合同价的2%～5%。计佣基础通常是出口报价。佣金在货款收回后汇给中间商，但也可在发票中直接扣除。具体计算公式如表2-11所示。

表2-11 佣金核算公式

含佣价=净价÷(1-佣金率)
净价=含佣价-佣金
佣金=含佣价×佣金率

3. 核算利润

利润是考查出口商经营状况好坏的重要指标,是出口商的实际所得。利润的核算可以用具体数额表示,也可以用百分率来表示,利润率的计算基础可以是出口成本,也可以是销售价格。具体核算公式如表2-12所示。

表2-12 利润核算公式

利润=出口成本×利润率
利润=销售价格×利润率

4. 报价验算

报价验算就是用报价减去费用和利润,看看是否等于成本。

(1) 报价验算公式:报价=实际成本+所有费用+利润。成交之后,报价即为销售收入,即,销售收入-费用和利润=实际成本。

(2) 验算实例:如示例2-7所示。

示例2-7 验算实例

吉信公司的FOB包含3%佣金的报价为每双12.80美元;进货成本:75元/双;增值税率13%;出口退税率:13%;国内费用:6.6833元/双;银行手续费:报价的0.5%;利润:报价的10%;汇率:1美元: 6.67元人民币。

销售收入=12.8×6.67=85.376(元/双)
费用=国内费用+银行手续费+客户佣金
　　=6.6833+85.376×0.5%+85.376×3%
　　≈6.6833+0.4269+2.5613
　　=9.6715(元/双)
利润=85.376×10%=8.5376(元/双)
实际成本=销售收入-费用-利润
　　　　=85.376-9.6715-8.5376=67.1669(元/双)
进货成本=实际成本÷(1+增值税率-出口退税率)×(1+增值税率)
　　　　=67.1669÷(1+13%-13%)×(1+13%)
　　　　=67.1669÷1×1.13
　　　　≈75.8986(元/双)
由背景材料得知每双军靴的进货成本为75元人民币,因此该报价合理

5. 核算注意事项

(1) 不同货币表示的金额,先换算成同一种货币再一同相加;单价金额和总价金额禁止一同相加;计算出来的各项数据,逐项相加,避免漏项。

(2) 注意各种比率的计算基数。例如,银行费用、远期收款利息、佣金、保险费一般以出口报价为基数计算,垫款利息、费用定额以含税出厂价为基数计算。

(3) 尽量保证货柜内装箱数量的准确。它直接影响着运价的高低和国内费用的多寡。

(4) 确定报价核算方法。报价核算分为总价核算和单价核算，前者由总数量乘以单价得出，比较精确，但要折成单价对外报出；后者将所有计算数额均变为单位数据，直接求出报价，计算时需保留多位小数(最好4位)，以保证报价准确。

(5) 采用逆算法验算。报价产生后，用报价减去费用和利润等于成本的方法来核算报价的准确性。

6. 目标市场价格测算

国际商品流通环节多、渠道长，出口国的最初价格与进口国的最终价格之间的差额比较大，这主要受运费、关税、分销渠道、中间人的活动范围和汇率变动的影响，最终价格的高低制约着产品的销路，出口商应当掌握这一信息，便于更好地对外报价。

一般来说，最终价格构成主要体现在如下几个方面：

出厂价格——运费、保险费——CIF价格——CIF的20%关税——进口商成本——进口商的销售利润(25%)——批发商成本——批发商利润(33%)——零售商成本——零售商利润(50%)——最终价格

这里的关税、利润率只是一个大致的估算，要根据各国情况及商人的身份来具体确定。

二、进口业务指导

(一) 进口磋商环节与合同签订

进口磋商是指进口商为了进口某种商品，就有关交易条件与对方协商并达成交易的过程。磋商内容与出口相同，磋商过程包括询盘、比价、还盘、接受四个环节。

1. 询盘

询盘是指买方为了购买某种货物向卖方询问交易条件并邀请对方发盘的表示。询盘可以笼统地询问对方能否供货，也可以就货物的品名、规格、数量、价格、交货期等条件要求对方发盘。询盘一般采取"货比三家"的办法，即一票货，向多家卖主询盘，以达到多方向自己发盘的目的。询盘不宜在同一地区多头进行，特别是订购数量大且向中间商发出的询盘，商家更不宜太多。

2. 比价

比价是对各国多个发盘对比展开分析、货比三家的环节。把该轮发盘与过去的售价做纵向比较，再把该轮发盘各家条件的利弊做横向比较，最后结合购买意图，选择还盘对象。具体来说应当：①对条件相同的发盘做价格比较，对条件不同的发盘做综合比较；②将过去的售价与现在的售价进行纵向比较；③对不同品质、不同数量、不同季节的发盘进行差价比较。

3. 还盘

还盘是磋商的实质阶段，要综合全部交易条件讨价还价，不能仅纠缠价格。可以降低无关紧要的条件迫使卖方让价或在价格不降的情况下增加对方的义务。

4. 接受

接受意味着成交，此时双方就交易条件已达成共识，可以签订合同。因此应在最有利

于本方条件出现时在有效期内表示出来。

5. 签订合同

进口合同与出口合同区别不大,只是关注点不同。合同的法律条款要完备,商业条款要准确、完整。面谈成交时由双方共同签署;函电成交时由我方签署,然后由出口商会签。双方各执一份作为履约依据。

进口合同的形式有购货合同(purchase contract)、购货确认书(purchase confirmation)等,购货合同用于大宗业务,购货确认书主要用于小批量业务。

(二) 进口核算

1. 进口成本的构成

进口成本是指买方进货花费的成本,由进口完税价和进口税费构成,公式为

进口成本=进口完税价格+各项税费

=进口完税价格+关税+增值税+口岸费用+银行费用+其他费用

进口完税价格是指为了缴纳进口关税而由海关审定的价格,通常以货物运达我国输入地点的到岸价格为完税价格。一般按照CIF价格计算,如果采用FOB和CFR价格术语成交,必须换算为CIF价再进行计算。其换算公式为

完税价格=(FOB + 国外运费)÷(1-保险费率)

完税价格= CFR ÷(1-保险费率)

以外币计价的,按照当日人民币汇率中间价(http://www.safe.gov.cn/外管局首页)折成人民币计征关税。金额计算到元,元以下四舍五入。

2. 进口税费的构成

不同贸易术语所含有的进口税费是不一样的,以FOB术语为例,其包含了10项费用,如表2-13所示。

表2-13 进口税费构成

(1) 运费。国外装运港(地)到我国目的港(地)
(2) 保险费。装运港到目的港 进口多使用预约保险合同(open cover),使用特约费率规定的平均费率计算,保险金额按CIF货值计算,不另加减。 保险金额计算公式如下: CFR价进口:保险金额=CFR价÷(1-平均保险费率) FOB价进口:保险金额=[FOB价× (1+平均保险费率)]÷(1-平均保险费率) CIF价进口:保险金额=CIF价
(3) 目的港(地)口岸费用。卸货费、驳船费、码头建设费、码头仓租费等
(4) 进口海关税费。主要包括进口关税、增值税、消费税以及海关监管手续费等,我国进口多数按从价税计征。 进口关税=完税价格×进口关税税率(从价税) 增值税=(进口完税价+关税)×增值税率 消费税=[(进口完税价+关税)/(1-消费税率)]× 消费税率 监管手续费是海关对减、免、保税货物提供服务征收的手续费。费率为到岸价的0.1%~0.3%

(续表)

(5) 银行费用。开证费、修改费、远期开证利息、贴现利息、借款利息、售汇手续费等	
(6) 进口货物检验费和其他公证费	
(7) 报关提货费	
(8) 国内运输费及仓租费	
(9) 进口代理费，国外中间商的佣金	
(10) 其他费用	

　　进口成交价是指买方为进口货物向卖方实付、应付的价格，包括直接支付和间接支付的价款，正式签约前是一种估价。

　　国内销售拟卖价(含税)是指买方进口货物后再转卖其他用户的价格。由进口成本和销售环节费用及利润构成，如表2-14所示。

表2-14　进口商品价格构成(以FOB成交价为例)

(1) 进口成本	进口成交价
	运费
	保险费
	到港口岸费用
	进口海关税费
	银行费用
	检验公证费
	报关提货费
	国内运输仓租费
	进口代理佣金费
	其他费用
(2) 销售环节费用及利润	销售环节费用及利润一般为到岸价的20%左右，根据具体交易而定。进口货物运至仓库后，仓储费用根据货物实际售出的日期来确定

第三节　课中训练

一、出口商核算

(一) 核算成本

　　红星机械厂沙厂长收到肖红的邮件后，发来商品资料的回函及砂轮机图片。详情如函电2-1和图2-1所示。

函电2-1　工厂来函

红星机械厂
辽阳市永春四路117号 电话：2583×××

肖红：

　　你好！收到来函，获悉贵司所需产品正是我厂生产的主要产品，现将有关产品情况告知如下，如有什么问题请发电子邮件或电话联系，我们将全力配合。

品名：砂轮机
货号：SIST-150
砂轮片尺寸：150×32×20(毫米)
包装：木箱装，每箱装一台
包装尺寸：42厘米×26厘米×29厘米＝0.0317立方米
毛重：14kg/箱，净重：12.5kg/箱
出厂价：980元/台(含17%增值税率)，出口退税率：17%
商品编码：8460901000
生产周期：月产1000台
交货期和交货地点：收到订单后45天在工厂交货
最低起订量：100台
砂轮机样品7日内寄出。

　　顺致
商祺！

沙鸥
20××年9月20日

图2-1　砂轮机图片

根据工厂提供的进货资料，肖红核算每台砂轮机的实际成本如下：

退税金额=

实际成本=

(二) 核算费用

一个20英尺货柜可以装31立方米货物，保守来算可以装25立方米货物，取中间值，按照28立方米计算可装：28÷0.0317≈883.28箱≈884箱，1台/箱，一共884台。

肖红向运输、仓储、银行、保险等部门了解国内费用及海运费和保险费情况。具体请在表2-15中进行操作，集装箱运价表如表2-16所示，出口货运保险普通货物费率表(海运)如表2-17所示。

表2-15　出口费用支出表

项目	金额
包装费	10元/箱×884箱=8840元
内陆交通费	3800元
港区港杂费	1020元
仓储费	750元
商检、报关费	400元
业务费用	2500元
银行利息(年率5.1%)(期限3个月)	
费用合计	
海运费(大连—釜山)20'(见表2-16)	
保险费率(大连—釜山)(见表2-17)	
客户佣金为报价的5%	
利润为报价的10%	
外汇汇率	1美元：6.6502元

表2-16　集装箱运价表

	DEST. PORT	20'($)	40'($)
日韩	神　户	1575	2100
	大　阪	1575	2100
	名古屋	1728	2400
	横　滨	1728	2400
	东　京	1728	2400
	苫小牧	1584	2200
	新　泻	1584	2200
	玉　岛	1584	2200
	釜　山	1800	2400
	仁　川	1800	2400

表2-17 出口货运保险普通货物费率表（海运）

目的地	保险险别及费率/%			
	平安险	水渍险	一切险	战争险
港、澳、台地区及日本、韩国	0.08	0.12	0.25	0.30
约旦、黎巴嫩、意大利、阿拉伯联合酋长国、菲律宾	0.15	0.20	1.00	0.30
尼泊尔、阿富汗、也门	0.15	0.20	1.50	0.30
泰国、新加坡等其他国家	0.15	0.20	0.60	0.30

(三) 核算对外报价

根据上述成本、费用和利润资料的统计核算，现对外核算报价如下：
CIFC5%BUSAN (釜山)

每台实际成本＝

每台国内费用＝

每台海运费＝

每台保险费＝

每台佣金＝

每台利润＝

每台对外报价＝

二、出口商发盘

根据柳惠卿女士的要求，结合公司的具体状况，肖红于20××年10月8日向其发盘。

品名：砂轮机；数量：一个20英尺货柜(884台/箱)；包装：木箱；价格：CIFC5%釜山；装运期：20××年3月20日以前；保险：投保一切险加战争险；支付：即期信用证；肖红15日之内寄出样品并希望柳惠卿将样品费150美元汇至肖红公司账户，如果柳惠卿公司下了订单，样品费用可在货款中扣除，肖红将向银行申请开立保函给柳惠卿，如果届时没有收到样品肖红方银行负责偿还样品费用。根据上述信息请在函电2-2中进行操作。

函电2-2　向韩国客商发盘

主　题：	Make an Offer
发件人：	ZJKC@KEN.NET.CN(中吉五金矿产进出口公司)
日　期：	20××-10-08　12:45:09
收件人：	HGJZ@PEM.NET.KOR(韩国机械制造公司)
发送状态：	

To：Korea Machinery Manufacturing Company
Attn：Mrs. Huiqing Liu

DEAR SIRS,

三、进口商还盘(递价)

接到出口商肖红的发盘之后，进口商柳惠卿女士根据肖红的报价及其税费情况进行核算，还盘核算请在表2-18中进行操作。

表2-18　韩客商还价核算表

数量：1×20' /884台	汇率：1美元=1136.786韩元
出口商报价：158美元/台	银行费用：成交价的0.25%
港口港杂费：230000.00韩元	增值税率：17%
码头仓租费：102525.00韩元	进口关税率：7%
销售费用及利润：到岸价的20%	

(续表)

每台完税价格=
每台关税=
每台增值税=
银行费用=
每台港口码头费用=
每台进口成本=
每台进口商品价格=
与进口国内拟销售价格进行比较：

　　柳惠卿女士就肖红的报价情况与泰国、中国台湾、印度三地报价进行了对比，分析结果：泰国报价偏高；中国台湾报价尚可，但质量不能保证；印度报价及质量有些逊色。中国公司的产品质量，可以满足韩国需求，虽然韩国市场仍没有摆脱金融危机的影响，但市场还有一定需要，价格可以进一步磋商，很有成交希望。

　　柳惠卿女士于20××年10月30日进一步阐明韩国市场激烈竞争的状况，同时告知肖红砂轮机样品已经收到，质量可以，但是价格偏高，高出15%左右，如果能够达到递盘价格，可以成交。遂向出口商肖红递盘每套134美元，详细递盘内容在函电2-3中进行操作。

函电2-3　韩客商递盘

主　题：	Bid
发件人：	HGJZ@PEM.NET.KOR(韩国机械制造公司)
日　期：	20××-10-30 20:05:11
收件人：	ZJKC@KEN.NET.CN(中吉五金矿产进出口公司)
发送状态：	

To： Zhongji Metals and Minerals Import and Export Corporation
Attn: Ms. Hong Xiao
DEAR SIRS,

课后作业

1. 我公司从宁波港出运货物，按CFR SYDNEY价格条件成交手套5200打，纸箱包装，每箱装20打。包装箱尺寸33×39×28(厘米)。请根据澳大利亚航线集装箱费率，计算该批货物的海运费，如表2-19所示。

表2-19　澳大利亚航线集装箱费率表

基本港：BRISBANE, MELBOURNE, SYDNEY, FREMANTLE				
等级	计算标准	20' FCL	40' FCL	LCL(F/T)
1～7	W/M	1700	3230	90
8～13	W/M	1800	3420	95
14～20	W/M	1900	3610	100
一般化工品		1800	3420	95
危险品		2600	4940	
以上费率需加支线附加费：				
大连、新港、 青岛、秦皇岛：		USD200/20'	USD360/40'	USD10/FT
南京、张家港、 南通、武汉、宁波：		USD50/20'	USD100/40'	USD6/FT
福州、厦门、湛江、黄埔、 北海、海口、汕头：		USD50/20'	USD90/40'	USD3/FT

2. 吉林化工公司(Jilin Chemical Co.)与孟加拉国客户商洽出口1个20英尺集装箱洗衣粉到孟加拉国吉大港。每箱装10包，纸箱尺码为36×27.5×28(厘米)，毛重12.5千克，净重10.8千克。

洗衣粉出厂价每包24元(含17%增值税)，出口退税率16%，吉林化工公司出口一个20英尺集装箱洗衣粉的国内包干费用为8400元，40英尺集装箱国内包干费为9800元；公司经营管理费用为出厂价的5%。如果外商出价CIF Chittagong USD3.20/包，试计算：

(1) 按照外商出价，计算出口一个20英尺货柜能否获利？(汇率：1美元兑换6.52元人民币)

(2) 若公司坚持5%的销售利润率，CIF Chittagong价格应报多少美元？

(3) 如汇率为1美元：6.40元人民币，吉林化工公司按照外商出价成交能否获利？

(4) 如果汇率及外商出价不变，外商订货一个40英尺整柜，在出口退税率上调至17%的情况下，计算出口商的盈亏情况。

(5) 若出口商5%的利润率不变，在题(4)条件下，吉林化工公司应向外商还价为多少美元一包？

运价：20英尺货柜为2280美元，40英尺货柜为4380美元；投保：按CIF报价的110%投保，费率0.96%。

3. 南岳公司向博雅公司购买一批投影仪，进口合同总价格为30万美元，价格条款为CIF上海。百兴公司的进口代理费为完税价的1%，进口关税率20%，增值税率17%，港区港杂费500元人民币，当日美元外汇汇率为1美元：6.52元人民币。试计算南岳公司进口该批货物的总成本是多少？

4. 某公司进口钢板500公吨，进口合同单价FOB 神户USD300.00/公吨，进口关税率8%，增值税率16%，汇率：卖出价1美元：6.40元人民币，神户到大连的运保费USD90.00/公吨，大连港口费用160元/公吨，利息加其他费用200元/公吨，求进口成本是多少？

第三章 核算与还盘

实训任务：运用还价核算诸要素，测算盈亏；分析还盘要素，组织好还盘。

第一节 课前阅读——讨价还价

一、核算资料

根据波尔森提出的价格，杨子墨又分别整理了一下24头陶瓷餐具和条纹碗的核算资料。具体核算资料如表3-1和表3-2所示。

表3-1 核算资料(24头陶瓷餐具)

出口商报价总额	105×800 = 84000(美元)(CIF Genova)
进口商还价总额	94×800 = 75200(美元)(CIF Genova)
进货总额	617.76×800=494208(元) (含17%的增值税)
实际成本	591.36×800=473088(元)
国内费用	17901.15元

表3-2 核算资料(条形碗)

出口商报价总额	2.78×11736=32626.08(美元)(CIF Genova)
进口商还价总额	2.49×11736 = 29222.64(美元)(CIF Genova)
进货总额	14.04×11736=164773.44(元) (含17%的增值税)
实际成本	13.44×11736=157731.84(元)
国内费用	20436.86元
海运费	3122美元
保险费率	0.42%
汇率	1美元=6.8288元人民币

二、按照还价核算利润

杨子墨根据核算资料，对24头陶瓷餐具和条形碗的利润做进一步的核算。具体利润核算如表3-3和3-4所示。

表3-3 24头陶瓷餐具利润核算

利润总额	销售收入-实际成本-国内费用-出口运费-出口保险费 =75200×6.8288-473088-17901.15-3122×6.8288-75200×6.8288×110%×0.42% ≈513525.76-490989.15-21319.5136-564878.34×0.42% =1217.0964-2372.4890 =-1155.3926(元)

表3-4 条纹碗利润核算

利润总额	销售收入-实际成本-国内费用-出口运费-出口保险费 =29222.64×6.8288-157731.84-20436.86-3122×6.8288-29222.64×6.8288×110%×0.42% =199555.56-178168.70-21319.5136-921.9467 =-854.60(元)

核算结果表明：24头餐具亏损1155元左右，亏损率为销售收入的0.22%；条纹碗亏损855元左右，亏损率为销售收入的0.43%。杨子墨又对市场进行了多方考察，市场调查显示，由于金融危机后期的影响，欧洲国家的经济普遍回升缓慢，价格低迷，供过于求，韩国、新加坡等竞争者的生产情况也不理想，特别是新加坡有可能以更低廉的价格参与竞争，导致市场价格进一步下浮。

考虑到波尔森先生在意大利市场有着比较稳定的销售渠道，且推销实力较强；但作为新客户，支付方式不能接受电汇，尽量采用信用证结汇。为了试探对方的购买诚意，杨子墨决定要求客户增加采购数量至每个货号2个20英尺货柜，一共4个货柜，同时降低利润率，保留5%的利润对外报价，争取达成交易。

三、整理增加数量后的成本资料

杨子墨整理数量增加到4个货柜之后各项成本和费用的统计资料。具体核算资料如表3-5所示。

表3-5 增加数量后的核算资料表

品名	24头餐具	条纹碗
还价数量	20'×2 800×2=1600(套)	20'×2 11736×2=23472(只)
实际成本	473088×2=946176(元)	157731.84×2=315463.68(元)
包装费	6×1600=9600(元)	1×23472=23472(元)
运杂费	3000×2=6000(元)	3200×2=6400(元)
出口手续费	800×2=1600(元)	800×2=1600(元)
银行利息	6301.15×2=12602.30(元)	2100.86×2=4201.72(元)
业务费用	3000×2=6000(元)	2600×2=5200(元)
费用合计	35802.3(元)	40873.72(元)

海运费：3122×2×6.8288=42639.0272(元)
保险费：CIF报价×(1+10%)×0.42%

四、按照保留5%的利润核算报价

根据统计出来的核算资料，保留5%利润对陶瓷餐具和条纹碗分别对外核算CIF 热那亚价。具体核算过程如表3-6和表3-7所示。

表3-6 对外CIF报价核算(24头餐具)

报价	=实际成本+国内费用+海运费+保险费+利润 =946176+35802.3+42639.0272+报价×110%×0.42%+报价×5% =1024617.3272+报价×(110%×0.42%+5%) ≈1024617.3272+报价×0.0546
	则，报价−报价×0.0546=1024617.3272 报价= 1024617.3272÷(1−0.0546) ≈ 1083792.3918元
折成美元	1083907.3918÷6.8288≈158709.0546美元
平均每套报价	158709.0546÷1600≈99.20美元

表3-7 对外CIF报价核算(条形碗)

CIF报价	=实际成本+国内费用+海运费+保险费+利润 =315463.68+40873.72+42639.0272+报价×110%× 0.42%+报价×5% =398976.4272+报价×(110%×0.42%+5%) =398976.4272+报价×0.0546
	则，报价−报价×0.0546=398976.4272 报价= 398976.4272÷(1−0.0546) ≈422018.6452元
折成美元	422018.6452÷6.8288≈61799.8250美元
平均每只	61799.8250÷23472≈2.63美元

五、出口商还盘

根据核算结果，杨子墨于20××年6月18日向波尔森先生还盘。具体还盘内容如示例3-1所示。

示例3-1 向意大利客商还价

主　题：	Counter offer
发件人：	LONGY@ WEN.NET.CN
日　期：	20××-06-18 09:05:12
收件人：	PERLSEN@HTPN.IT
发送状态：	发送成功

To: BLACKTHORN LTD.
Attn: Mr. Poulsen
Dear sirs，
　　We have received your E-mail of June 15, 20××. To our regret we can not accept cutting the price to the extent of 10%. Despite the very serious financial crisis, the market is still weak, but we can not lose money to do business. In order to express our sincerity we are willing to establish a stable relationship with you, if you can increase the quantity to 2×20' feet containers for each item, we could give you the special offer as follows:

> Art. No. JTCJ24　　1600 sets　　USD99.20/set　CIF Genova.
> Art. No. JMWB028　23472 piece　USD2.63/piece　CIF Genova.
> Shipment to be effected within 60 days after receipt of the relevant order.
> From Dalian to Genova via Hong Kong. Payment by sight L/C and not by T/T.
> Insurance for 110% of invoice value covering all risks and war risk.(1.1.2009)
> We believe you will accept the above terms and conditions, and place an order with us soonest.
> Looking forward to receiving your trial order.
> Yours truly,
> Zimo Yang
>
> 致：波尔森先生
> 敬启者：
> 　　我们收到了贵方20××年6月15日的邮件。很遗憾，我们不能接受降价10%这个要求。尽管金融危机非常严重，市场仍然疲软，但我们不能亏本做生意。为了表达我们的诚意，我们愿与贵方建立稳定的业务关系。如果贵方能将每个货号增加到2个20英尺货柜，我们可以给予贵司如下优惠：
> 　　货号：JTCJ24 1600套 99.20美元/套 CIF 热那亚
> 　　货号：JMWB028 23472个 2.63美元/个CIF 热那亚
> 收到有关订单后60天内付运，从大连经香港到热那亚。即期信用证付款，而不是电汇付款。
> 按发票价值的110%作为保险金额，投保一切险和战争险。(1.1.2009)
> 我们相信贵方可以接受上述条款和条件并尽快向我方订货。
> 期待收到贵司的试订单。
> 此致
>
> 　　　　　　　　　　　　　　　　　　　　　　　　　　　　　　　杨子墨

第二节　理论指导

一、出口业务指导

（一）还价核算与还盘

（1）出口报价遭到买方拒绝意味着价格要发生变化，通过还价核算可以知道降价之后对卖方利润的影响程度。分析价格中哪些因素需要调整，进而采取必要的措施。通常利用还价核算公式算出价格中各要素的变化情况。比如，要知道出口商能否获得利润，需要运用利润公式计算：利润=销售收入-实际成本-各种费用。这是能否接受还价的依据。再如，想知道工厂能否再进行调价，可以运用成本公式计算：实际成本=销售收入-各种费用-销售利润。这是供货商能否调价的依据。最后，想知道哪项费用需要缩减，可以运用费用公式计算：某项费用=销售收入-实际成本-销售利润-其他费用。这是出口商增减某项费用的依据。

（2）还盘是受盘人接到发盘后，对发盘内容不同意或不完全同意而提出修改意见的表示。还盘一经做出，原发盘即已失效，一项还盘等于一项新的发盘。还盘之前要找出对方发盘中提出的新情况、新问题及需要修改的内容，以此拟写还盘函。还盘函一般包括如下内容。

(1) 确认对方来函(感谢对方来函，简洁表明我方态度)。

Thank you for your offer of March 13 for 2000 dozen rulers at USD20.00 per dozen CIF Rotterdam.

(2) 强调原发盘(原价)的合理性并列明原因(如符合市价、品质优秀、利润降至最低、原料价上涨、工人成本提升、订单已满等)。

We believe our price is quite realistic, it is impossible that any other suppliers can under-quote if their products are as good as ours in quality.

(3) 提出我方意见并催促对方行动，还盘要有说服力，具有促销性质：如给予数量折扣，或以库存紧张激励对方早下订单，或推荐其他代用品，以求新的商机。

In order to assist you to compete with other dealers in the market, we decide to reduce 2% of the price if your order reaches 28000 sets. As you know the market is firm with an upward tendency. We hope you accept it without any delay.

还盘示例参见二维码。

(二) 还盘对策与注意事项

(1) 还盘对策。①说服买方接受原价，不做让步；②减少利润，满足降价要求；③缩减费用，达到降价目的；④降低进货成本，以达成交易。

(2) 注意事项。①考虑利润可否降低；②各项经营、运输、仓储费用可否压缩；③可否考虑降低进货价格；④给对方提出一些条件，供其参考。如：增加数量；采用对我方有利的付款方式；双方共担费用，如附加的包装费、银行费用等。

二、进口业务指导

(一) 影响价格的因素

(1) 商品规格的不同、品质保证期限宽紧、服务质量好坏。

(2) 采购数量多少、交货时间紧缓、运输远近、保险费用高低、付款条件优劣等。

(二) 审核报价单注意事项

(1) 规格或品质是否符合需要。

(2) 报价是否确定，有无不确定因素。

(3) 交货期和付款条件是否合理。

(4) 有无特别条款。

(三) 买方还盘方法

买方还盘时既要压低交易条件，又要与卖方保持进一步磋商的内在联系。

(1) 根据国际市场行情决定还盘态度。供大于求，还盘严格；供不应求，条件灵活，以利成交。

(2) 综合全部交易条件讨价还价，不仅仅纠缠价格。可以降低次要条件迫使卖方让价，或在价格不降的情况下增加对方义务。

(3) 注意还盘策略和方法。不能因为要货紧急而忽略价格的谈判，拱手让渡利润；也不能固执地坚守原定价格，丝毫不松，影响成交。

还盘函要以全面的分析和正确的判断为基础，据理力争且有说服力，主要内容包括：确认收到报盘并致谢意；表明对发盘的态度，说明要做修改的内容和理由；提出己方条件，希望对方让步。

(四) 盈亏率的测算

进口盈亏率是指商品的进口盈亏额与进口总成本的比率。进口商品盈亏额是指进口商品国内销售价格和进口总成本的差额。前者大于后者为盈，小于后者为亏。

进口商品盈亏率=(国内销售价格-进口总成本)÷进口总成本×100%

不论采用什么交易条件，都必须以CIF价格作为计算基础。

第三节　课中训练

一、出口商还价核算

出口商肖红根据韩国进口客商的递盘条件，整理还价资料并测算接受客商还价的结果。具体测算数据及运算过程请在表3-8中进行操作。

表3-8　还价资料及测算结果

包装：木箱	包装箱尺寸：42厘米×26厘米×29厘米
出口商报价：CIF C5 釜山158美元/台	进口商还价：CIF C5 釜山134美元/台
出口运费：(见表2-16)	出口保险费：(见表2-17)
进货成本：980元/台	实际成本：
客户佣金：5%	平均每台费用：
汇率：1美元：6.6502元人民币	
肖红测算按照客户还价的条件是否还有利润： 每台利润=	

按照客商还价条件测算结果显示亏损率为5%左右，第一次和该客商做业务，既要考

虑乙经方成本问题，又要为对方着想。肖红认为乙方产品在韩国市场份额尚小，需要客户大力支持，并且该进口客商有着相当好的销售业绩；从银行信息来看，该客户的信誉值得信赖。因此，肖红决定要求对方增加采购数量，以试探其购买诚意。

二、增加数量的还价预算

肖红决定要求对方再增加1个20英尺货柜的采购数量即(2×20')，在此基础上按照保留5%利润做还价预算。具体预算数据及运算过程在表3-9中进行操作。

表3-9　增加数量的还价测算

数量：2×20'货柜	884×2=1768(台)
进货成本	980×1768=1732640(元)
实际成本	837.6069×1768=1480889(元)
包装费	10×1768=17680(元)
内陆交通费	3800×2=7600(元)
港区港杂费	1020×2=2040(元)
仓储费	750×2=1500(元)
商检、报关费	400×2=800(元)
业务费用	2500×2=5000(元)
银行利息	1732640×5.1%/12×3=22091.16(元)
平均每台费用	
海运费(见表2-16):	
保险费：报价×110%×0.55%	
佣金：报价×5%	
利润：报价×5%	
每台实际成本=	
每台国内费用=	
每台海运费=	
每台对外报价(人民币)=	
折成美元报价(CIFC5%釜山)=	

三、出口商再度还盘

根据测算结果,20××年11月2日中吉公司向韩国机械制造公司还盘,如果韩国公司能够采购2个20英尺货柜的砂轮机,中吉公司将报以最优惠价格。具体还盘细节请在函电3-1中进行操作。

函电3-1　向韩客商还盘

主　题:	Establishment of Business Relations
发件人:	ZJKC@KEN.NET.CN(中吉五金矿产进出口公司)
日　期:	20××-11-02　12:05:23
收件人:	HGJZ@PEM.NET.KOR(韩国机械制造公司)
发送状态:	

To:
Attn： Mr. Huiqing Liu
DEAR SIRS,

课后作业

金陵陶瓷进出口公司和英国伦敦某客户洽谈出口1个20英尺货柜陶瓷娃娃到英国利物浦。每箱装2打,纸箱尺码为60×30×40(厘米),毛重是29千克,净重25千克。陶瓷娃娃的出厂价为每打576元人民币(含13%增值税),出口退税率是13%,金陵公司出口一个20英尺货柜的费用总计为3800元人民币(40英尺货柜费用为7000元人民币)。公司的经营管理费用占出厂价的2%。如果客户出价每打CIF利物浦43英镑，试计算：

(1) 出口一个20英尺货柜能否获利?(汇率：1英镑兑换13.4元人民币)

(2) 若公司坚持5%的销售利润率，应报CIF利物浦价格多少英镑？

(3) 如果汇率变化为1英镑兑换13.20元人民币，出口商按客户价格成交能否盈利？

(4) 如果汇率不变，进口商增订至一个40英尺整柜，在出口退税率下调至8%的情况下，计算出口商能否获利。

(5) 若出口商5%利润率不变，在题(4)条件下，金陵公司应向英国客户还价多少英镑？

注：20英尺货柜运费是2180美元，40英尺货柜运费是4032美元；投保按CIF报价的110%计算；费率1.3%。(1美元兑换6.52元人民币)

第四章

深度谈判

实训任务：运用谈判技巧实施讨价还价，恰当合理地进行多次谈判，撰写并发送磋商函件。

第一节 课前阅读——双方再次还盘

收到杨子墨要求数量增加到4个20英尺货柜的还盘之后，波尔森先生对其还价进行了认真测算。

一、进口还价核算

(一) 准备还价资料

首先波尔森先生对24头餐具和条纹碗的相关资料进行了全面的整理，对于所需费用每个货号按照2个货柜进行测算。具体还价资料如表4-1所示。

表4-1 还价资料表

24头餐具	条纹碗
出口价：USD99.20/set CIF Genova	出口价：USD2.63/set CIF Genova
数量：2×20'货柜 1600套	数量：2×20'货柜 23472只
完税价格：99.2×0.8214≈81.4829(欧元)≈82(欧元)	完税价格：2.63×0.8214≈2.1603(欧元)≈2(欧元)
关税：82×7%=5.74(欧元/套) 增值税：(完税价+关税)×17%=14.92(欧元/套) 贷款利息：成交价的7.4%(2个月) 99.2×0.8214×7.4%÷12×2≈1(欧元/套) 银行费用：成交价的0.125% 99.2×0.8214×0.125%≈0.102(欧元/套)	关税：2×7%=0.14(欧元/只) 增值税：(完税价+关税)×17%=0.3638(欧元/只) 贷款利息：成交价的7.4%(2个月) 2.63×0.8214×7.4%÷12×2≈0.03(欧元/只) 银行费用：成交价的0.125% 2.63×0.8214×0.125%≈0.003(欧元/只)
进口费用明细： 卸货驳船费：190×2=380(欧元) 码头建设费：180×2=360(欧元) 查柜停车费：240×2=480(欧元) 码头仓租费：240×2=480(欧元) 报检公证费：150×2=300(欧元)	进口费用明细： 卸货驳船费：190×2=380(欧元) 码头建设费：180×2=360(欧元) 查柜停车费：240×2=480(欧元) 码头仓租费：240×2=480(欧元) 报检公证费：150×2=300(欧元)

(续表)

24头餐具	条纹碗
报关提货费：160×2=320(欧元) 货运代理费：170×2=340(欧元) 意大利国内运输费及仓租费：300×2=600(欧元) 进口费用合计：1630×2=3260(欧元) 平均：3260÷1600≈2.04(欧元/套)	报关提货费：160×2=320(欧元) 货运代理费：170×2=340(欧元) 意大利国内运输费及仓租费：300×2=600(欧元) 进口费用合计：1630×2=3260(欧元) 平均：3260÷23472≈0.14(欧元/只)
预期利润：到岸价的20% 99.2×0.8214×20%≈16.2966(欧元/套)	预期利润：到岸价的20% 2.63×0.8214×20%≈0.4321(欧元/只)

(二) 还价测算

按照出口商报价，波尔森对进口24头餐具和条纹碗各2个货柜可以接受的价格进行了认真测算。具体测算过程及结果如表4-2和表4-3所示。

表4-2　24头餐具测算结果

进口成本=完税价+关税+增值税+进口费用及利息 　　　=82+5.74+14.92+3.142 　　　=105.802(欧元/套)
国内销售价格(含税)=进口成本+利润 　　　　　=105.802+16.2966 　　　　　≈122.10(欧元) 比意大利市场价格高出122.10−118=4.10(欧元)

表4-3　条纹碗测算结果

进口成本=完税价+关税+增值税+进口费用及利息 　　　=2+0.14+0.3638+0.173 　　　=2.6768(欧元)
国内销售价格(含税)=进口成本+利润 　　　　　=2.6768+0.4321 　　　　　=3.1089(欧元) 比意大利市场价格高出3.1089−2.5=0.6089(欧元)

二、进口商还盘

根据测算结果及该货的销售情况，波尔森先生决定同意增加采购数量，一次订货4个20英尺货柜，但是价格不能接受，同时与对方商讨支付方式，进而向其施加压力，讨价还价。鉴于此，他于20××年6月22日向杨子墨再度还盘。具体还盘内容如示例4-1所示。

示例4-1 意大利客商还盘

主　题：	Counter Offer
发件人：	PERLSEN@HTPN.IT
日　期：	20××-06-22 12:05:21
收件人：	LONGY@ WEN.NET.CN
发送状态：	发送成功

To: Longyuan Import & Export Corporation
Attn: Mr. Zimo Yang
Our Ref. No.JLY102303
Dear sirs,

　　Thank you for your E-mail of June 18, 20×× and your cooperation. We can agree increasing the quantity to 4×20' containers, but your price we can not accept. However we also have some sales channels in the local, but for your company's new products have not yet entered the local market, so our customers will not accept higher prices.We also cut our expenses to the extent we can do. Because financial crisis continues, the market downturn, we can only accept USD95.00/set and USD2.50/piece. Payment by telegraphic transfer. We pay 30% deposit in advance, the balance will be effected within 3 days upon receipt of the copy of bill of lading. Shipment would be not later than Dec.20××.

　　For 24-pieces dinnerware, please change 4 pieces of dishes to 6 pieces of dishes, 8 pieces of bowls to 6 pieces of bowls.

　　I hope we will come to terms as soon as possible.

　　Yours sincerely,
　　Poulsen

致：杨子墨先生
敬启者：
　　感谢您20××年6月18日邮件和您的合作诚意。我们可以将数量增加到4个20英尺货柜，但贵方价格我们不能接受。我们在当地也有一些销售渠道，但由于贵公司新产品尚未进入当地市场，所以客户不会接受更高的价格。
　　金融危机仍在继续，市场低迷，我们只能接受每套95美元和每个2.50美元。通过电汇支付。我们预付30%定金，余额将在收到提单副本后3天内付清。发货时间将不晚于20××年12月。
　　对于24头餐具，请将4个碟子换成6个，8个碗换成6个碗。
　　我希望我们能尽快达成协议。
　　谨启

　　　　　　　　　　　　　　　　　　　　　　　　　　　　　　　　波尔森

三、出口商还价核算

　　杨子墨收到波尔森先生的还盘之后，立刻组织讨论还盘方案。大家一致认为新客户不宜使用电汇，这样风险太大，但考虑到该客商初次订单达4个货柜，数量可观，目前市场状况不佳，客户已经做了积极的努力。为了尽快打入该市场，扩大销售渠道，决定保留2%利润率，并让储运部门进一步做合理积载，再度核算一个货柜所装箱数，最大限度装满货柜，尽量不亏吨。

(一) 合理积载后的核算

储运部门根据业务人员提供的数据做了比较周密的计算，积载更为合理，每个货柜所装数量有所增加。24头餐具每个货柜可装420箱，2个货柜840箱(1680套)；条纹碗每个货柜可装350箱，2个货柜700箱(25200只)，比较之前所装箱数大幅提升。银行利息率5.1%，贷款期限：3个月。24头餐具贷款利息：617.76×1680×5.1%/12×3=13232.4192元，条纹碗贷款利息：14.04×25200×5.1%/12×3=4511.052元。具体核算如表4-4所示。

表4-4 合理积载后的核算表(4个20英尺货柜)

品名	24头餐具	条纹碗
还价数量	20'×2(1680套)	20'×2 (25200只)
进货成本(含税)	617.76元	14.04元
实际成本	591.36元	13.44元
包装费	6×1680=10080(元)	1×25200=25200(元)
运杂费	6000÷1680≈3.5714(元)	6400÷25200≈0.254(元)
出口手续费	1600÷1680≈0.9524(元)	1600÷25200≈0.0635(元)
银行利息	13232.4192÷1680≈7.8764(元)	4511.052÷25200≈0.179(元)
业务费用	6000÷1680≈3.5714(元)	5200÷25200≈0.2063(元)
国内费用合计：	36912.4192÷1680≈21.9717(元/套)	42911.052÷25200≈1.7028(元/只)
海运费：3122×2×6.8288=42639.0272(元)			
平均：42639.0272÷1680≈25.3804(元/套)；42639.0272÷25200≈1.692(元/只)			
保险费：报价×(1+10%)×0.42%			

(二) 还价核算

根据合理积载后所装箱数，保留2%利润，对24头餐具和条纹碗分别进行测算。具体测算如表4-5和表4-6所示。

表4-5 24头餐具CIF测算结果

报价=实际成本+国内费用+海运费+保险费+利润 　　=591.36+21.9717+25.3804+报价×110%×0.42%+报价×2% 　　=638.7121+报价×(110%×0.42%+2%) 　　=638.7121+报价×0.0246 则，报价-报价×0.0246=638.7121 报价=638.7121÷0.9754≈654.8207(元) 折成美元：654.8207÷6.8288≈95.89(美元)

表4-6 条纹碗CIF测算结果

报价=实际成本+国内费用+海运费+保险费+利润 　　=13.44+1.7028+1.692+报价×110%×0.42%+报价×2% 　　=16.8348+报价×110%×0.42%+报价×2% 　　=16.8348+报价×0.0246 则，报价-报价×0.0246=16.8348 　　报价=16.8348÷0.9754≈17.2594(元) 折成美元：17.2594÷6.8288≈2.5274(美元)

四、与工厂讨论价格

杨子墨核算之后发现,即使降低利润也不能满足客户的还价要求,为了做成这笔生意,杨子墨决定和工厂重新协商出厂价格,进一步向工厂阐明目前国际市场的竞争状况,以求获得工厂的全力支持。遂于20××年6月23日给星火陶瓷厂王厂长发了一封电子邮件。具体询盘内容如示例4-2所示。

示例4-2　向工厂进一步询价

主　　题：	Re：陶瓷餐具的价格
发件人：	LONGY@WEN.NET.CN
日　　期：	20××-06-23 06:11:34
收件人：	XINGH@PEK.NET.CN
发送状态：	发送成功

王厂长：

　　您好！现就有关24头陶瓷餐具和条纹碗客商反馈意见通告一下,也顺便与您商量一下价格问题。

　　意大利客商对24头餐具的配比做了一下调整,将4个碟换成6个碟,8个碗换成6个碗。由于现在国际市场需求缩减,价格很低,我们已经将各种费用压缩到了极点。鉴于此,还望王厂长重新核算一下价格,尽快做出调整,以便拿下这个订单,为咱们的陶瓷餐具进入意大利市场做一个先期铺垫。期望得到贵厂的大力配合。

　　等候您的佳音！

杨子墨

收到杨子墨的邮件之后,王厂长和厂里的相关人员碰了碰头,统筹协商了价格,综合考虑了目前市场行情,为了抢占意大利餐具市场和提高产品的市场占有率,工厂决定将出厂价格做进一步的调整,进而以最快速度打入意大利市场。遂于20××年6月24日给杨子墨回复调价函,如示例4-3所示。

示例4-3　工厂回复调价函

主　　题：	Re：陶瓷餐具的价格
发件人：	XINGH@PEK.NET.CN
日　　期：	20××-06-24 08:15:14
收件人：	LONGY@WEN.NET.CN
发送状态：	发送成功

杨子墨：

　　您好！收到您的邮件之后,我和厂里的几位领导研究了一下,考虑到国际市场竞争如此激烈,各国都在缩减进口数量,为保证工厂良好发展,我们也做出良好的姿态,削减相关的管理费用,把成本降至最低,打入市场尤为重要。现就两种产品出厂价格重新调整如下：

　　1. 24头陶瓷餐具　517.44元/套(不含税)
　　2. 条纹碗　　　11.76元/只(不含税)

　　24头餐具中的各种配比均按照贵司客商要求制作,希望我们合作愉快！

王诗坤

五、出口商接受价格

(一) 进一步核算

根据王厂长的最新报价,杨子墨又对价格进行了再次核算并报价。具体核算资料如表4-7所示,报价结果如表4-8和表4-9所示。

表4-7 根据工厂新报价核算资料

品名	24头餐具	条纹碗
还价数量	20'×2(1680套)	20'×2 (25200只)
进货成本	517.44×1.17=605.4048(元)	11.76×1.17=13.7592(元)
退税金额	517.44×5%=25.872(元)	11.76×5%=0.588(元)
实际成本	579.5328元	13.1712元
包装费	6×1680=10080(元)	1×25200=25200(元)
运杂费	6000元	6400元
出口手续费	1600元	1600元
银行利息	605.4048×1680×5.1%÷12×3≈12967.7708(元)	13.7592×25200×5.1%÷12×3≈4420.831(元)
业务费用	6000元	5200元
费用	36647.7708÷1680≈21.8141(元/套)	42820.831÷25200=1.6992(元/只)
平均海运费:42639.0272÷1680≈25.3804(元/套);42639.0272÷25200≈1.692(元/只)	
保险费:报价×(1+10%)×0.42%	

表4-8 24头餐具CIF报价结果

报价	=实际成本+国内费用+海运费+保险费+利润 =579.5328+21.8141+25.3804+报价×110%×0.42%+报价×2% =626.7273+报价×(110%×0.42%+2%) =626.7273+报价×0.0246 报价-报价×0.0246=626.7273
报价	=626.7273÷0.9754≈642.5336元
折成美元	642.5336÷6.8288≈94.0917美元

表4-9 条纹碗CIF报价结果

报价	=实际成本+国内费用+海运费+保险费+利润 =13.1712+1.6992+1.692+报价×110%×0.42%+报价×2% =16.5624+报价×110%×0.42%+报价×2% =16.5624+报价×0.0246 报价-报价×0.0246=16.5624
报价	=16.5624÷0.9754≈16.9801(元)
折成美元	16.9801÷6.8288≈2.4865(美元)

（二）接受进口商来价

从以上核算结果来看，进口商给的价格勉强可以接受。如果再不接受，这单生意恐怕就要搁浅了，于是，杨子墨果断决定接受进口商出价，遂于20××年6月25日回函接受。具体接受函如示例4-4所示。

示例4-4　接受意大利客商价格

主　题：	Acceptance
发件人：	LONGY@ WEN.NET.CN
日　期：	20××-06-25 11:02:21
收件人：	PERLSEN@HTPN.IT
发送状态：	发送成功

To: BLACKTHORN LTD.
Attn: Mr. Poulsen

Dear sirs,
　　Thank you for your E-mail of June 22,20××.
　　Considering your quantities are larger for the initial stage, we decide to accept your price, but for T/T payment much to our regret, we usually do business on the basis of sight L/C which is our customs and practice. Please understand.
　　Please advise the exact shipment so as to enable us to rush the sales contract. We hope your order will reach us soon.
　　The confirmation samples will be sent to you in a few days.
　　Yours faithfully,
　　ZimoYang

致：波尔森先生
敬启者：
　　感谢您20××年6月22日电子邮件。考虑到贵司初次订货的数量比较大，我们决定接受贵司价格，但是很遗憾不能接受电汇支付，按照我们做生意的惯例，通常采用即期信用证支付，对于这一点请予理解。
　　请告知这批货物的准确装运时间，以便我们能草拟完成销售合同。我们希望贵司订单不久即可到达。
　　确认样品将在几日内寄出。
　　谨上

杨子墨

六、进口商再度还盘

接到杨子墨的接受函件和确认样品后，波尔森又做了仔细核算，认为支付方式需要进一步确认，遂于20××年7月4日向杨子墨发出电子邮件做进一步磋商。具体磋商函件如示例4-5所示。

示例4-5　意客商再度还盘

主　　题：	Repayment
发件人：	PERLSEN@HTPN.IT
日　　期：	20××-07-04 20:23:26
收件人：	LONGY@WEN.NET.CN
发送状态：	发送成功

To: Longyuan Import & Export Corporation
Attn: Mr. Zimo Yang
Our Ref. No.JLY102304

Dear sirs,
　　Thank you for your E-mail of June 25,20×× and confirmation sample. In view of your excellent design and workmanship the payment can be effected by T/T and by L/C partly. Shipment would be not later than Dec. 20××.
　　Awaiting your early reply.

　　Yours sincerely,
　　Poulsen

敬启者：
　　感谢贵司20××年6月25日的电子邮件和确认样品。鉴于贵司的设计和工艺都很出色，本公司可以一部分使用电汇支付，另一部分使用信用证支付。发货时间将不晚于20××年12月。
　　期待您的早日答复。

　　谨上

　　　　　　　　　　　　　　　　　　　　　　　　　　　　　　波尔森

第二节　理论指导

一、讨价还价的方法

(一) 正确认识价格的意义

　　价格的昂贵与便宜都是相对的，如果产品及其他条件能满足对方的要求，对方就会觉得价格并不昂贵；相反，如果对方对产品及交易条件很不满意，那么价格就显得很昂贵了。卖方的开盘价格往往是具有防御性的最高报价，我们应在报价方所得利益与该价被接受之间找到最佳结合点，这才是理想合适的报价。

(二) 要坚守报出的价格

报价确定之后，态度要坚定不移，即使被告知其他地区价格更低，也要毫不含糊地坚持已报价格，不要流露出信心不足，更不能有半点歉意的表示，也不要胡乱解释。因为，对方有不明之处自然会提出来。

(三) 巧妙还价

一方报价之后，另一方就要对报价做出反应，这就是还价。接到报价后应分析其主次要件，剥离出诱惑让步的筹码，确定能够满足双方要求的价格水平。如卖方以优惠的付款方式来维持高价，或以较早的交货期来争取较早的订单等。能在大问题上得到利益就不必计较次要问题。双方保持一定的弹性，这也是讨价还价得以持续进行的基础。

交易磋商的主题复杂多样，不仅局限在价格上，也涉及其他交易条件，如装运期、包装材料和方式、支付条件、检验方法、银行费用的摊派等，可以一项一项地谈，也可以交叉来谈。

在对方报价完毕之后，不要急于还价，而是要求对方对其价格的构成、报价依据、计算基础以及方式方法做出详细的诠释。探明交易条件的通融余地，倾听对方解释，找出其报价的破绽，从而打击和动摇对方报价，赢得对方让步。

(四) 委婉应对各种压力

洽谈过程中，双方都会千方百计地给对方施加压力，以让对方满足自己的需要。假如一位客户告诉你"我可以找到很多人来帮我，且他们的要价更低"时，不要太在意他的话。你的客户也和你一样面临着巨大的压力。一旦克服自己处于下风感觉的心态，你的谈判水平就会迅速提高。我们可以用委婉的语气拒绝对方要求。如，买方提出对其有利的支付方式(电汇支付)时，卖方不要直接说不了解对方的资信，电汇不能接受，可以推说公司的制度或惯例规定不允许使用该种支付方式，或者说市场竞争的因素，或者许诺日后再行变通等，也可以提供一些参考方案，让对方感受到我们在为他的利益着想。

二、交易函件回复技巧

(一) 为对方着想

要想让客户信任你，你就必须为对方着想，大家都在为对方考虑利益得失，自然就站在一条线上了，成交可能性就更大。同时通过每一封信函带给对方好的心情和更多的快乐。比如，每次洽谈交易条件时，你都首先为其考虑利弊，这样，客户在比较其他供应商时，就会被感动，宁可价格高一些也愿意从你这里采购。函件回复过程即是谈判过程，积极运用业务思维为对方着想，就会促进成交。比如对于某些应季商品，要学会计算时间，如原料购买时间、生产时间、运输时间、到达目的地后上货架销售时间，并告知客户时间的统筹合理安排，以便客户抓紧下单。

(二) 降价幅度要适当

在回复要求降价的信函时，要避免大幅降价，小幅降价并宣泄一下自己的苦水和理由，让客户理解，不能毫无说明地接受或拒绝，不能让客户一比较价格就知道你的利润空间。在要求大幅降价时，我们要尽可能向客户展示我们的产品质量、专业水准、公司形象，以减少客户过于看重单价这个因素。

(三) 回复的办法

对于一些非常棘手的邮件，如果一时找不到解决办法，就往后拖一拖，有合适的方法之前，再多的回复也无用。如果客户处于一种停滞状态，我们可以有礼貌地询问是什么原因使合作搁浅，我们应当如何做可以帮助对方，积极沟通解决问题。

第三节 课中训练

一、进口商还盘

收到中吉公司要求增加数量的还盘之后，韩客商柳惠卿女士测算了一下：2个20英尺货柜可以装56立方米，即可以装56÷0.0317≈1767(台/箱)；如果装在一个40英尺货柜里，可按58立方米来计算，这样可以装58÷0.0317≈1830(台/箱)，按照这个装箱数量，韩国机械制造公司整理了各项费用资料，以中吉公司的还价(149美元)为基础，测算了1个40英尺货柜砂轮机的进口成本，进而得出还价。具体运算请在表4-10中进行操作。

表4-10 韩客商测算还价

1×40'口岸费用 (按照2个20'货柜的85%计算) (1×20'码头仓租费和港口港杂费是102525.00+230000.00韩元=332525韩元)： 每台口岸费用：	汇率：1美元=1136.786韩元
出口商还价：CIFC5%149美元/台 每台进口完税价格：	银行费用：成交价的0.25% 每台银行费用：
进口关税率：7% 每台关税：	增值税率：17% 每台增值税：
销售利润：到岸价的20% 每台销售利润：	国内拟售价： 246500.00 韩元
国内拟销售价格= 与国内拟售价进行比较：	

柳惠卿根据测算结果进行了分析：该产品虽然在韩国市场是新货，但中吉公司的砂轮机质量与规格符合该市场要求，样品做工精良，所以，数量的增加不是问题，恐怕价格是个棘手的事情，因此，柳惠卿决定将采购数量增加到1个40英尺货柜，价格最高只能出136美元/台，并将信用证支付方式改为即期跟单托收方式，交货期为20××年2月底之前，观察对方反应，再作定夺。20××年11月10日还盘给中吉公司。具体还盘细节请在函电4-1中进行操作。

函电4-1　韩客商还盘

主　题：	Counter Offer
发件人：	HGJZ@PEM.NET.KOR(韩国机械制造公司)
日　期：	20××-11-10　23:05:51
收件人：	ZJKC@KEN.NET.CN(中吉五金矿产进出口公司)
发送状态：	

To: Zhongji Metals and Minerals Import and Export Corporation
Attn: Ms. Hong Xiao
DEAR SIRS,

二、出口商再还盘

收到韩国机械制造公司柳惠卿女士的还盘之后，考虑到首次订货1个40英尺货柜，数量可观，可见韩国客商对砂轮机这款产品很感兴趣，为了抓住客商，稳定供货，提高该产品在韩国市场的占有率，肖红决定按照2%的利润率再作预算。具体预算请在表4-11中进行操作。

表4-11　出口商再度预算还价

包装尺寸：42厘米×26厘米×29厘米	1个40英尺货柜所装数量：1830台
每台进货成本： 每台实际成本：	每台包装费用：
每台银行利息：5.1%(年率)3个月	国内运杂费用(按照2个20英尺货柜所需费用的85%计算)(2个20英尺货柜费用=16 940元)： 每台国内运杂费用：
每台海运费(大连—釜山 40' 查询运价表2-16)：	每台保险费(保险费率见保险费率表2-17)：
佣金：5%(以报价为基础核算)	利润：2%(以报价为基础核算)
汇率：1美元：6.6502元	每台国内费用：
CIFC5%釜山美元报价=	

为了协助客商推销产品，肖红决定根据预算结果报给对方最优惠价格(CIFC5%釜山143美元/台)，但托收方式不能接受，只能接受即期信用证方式支付，收到对方来证后2个月内交货。如果首次交易顺利，第二批订单可以使用托收方式结汇(D/P AT SIGHT)。遂于20××年11月14日还盘给柳惠卿女士。具体还盘细节请在函电4-2中进行操作。

函电4-2　我方再度还盘

主　题：	Counter Offer
发件人：	ZJKC@KEN.NET.CN(中吉五金矿产进出口公司)
日　期：	20××-11-14　20:35:11
收件人：	HGJZ@PEM.NET.KOR(韩国机械制造公司)
发送状态：	

To: Korea Machinery Manufacturing Company
Attn: Mr. Huiqing Liu
DEAR SIRS,

课后作业

鼎宏公司收到法国公司求购一批玻璃器皿的订单。法国公司订购一个40英尺货柜的玻璃花瓶。经协商，以每套16美元CIF马赛成交。经查，国内出厂价每套88元，纸箱包装，内衬海绵，10套/纸箱，2个纸箱装一个木箱，其规格为60×48×36(厘米)。海运费见表4-12。国内包干费6200元，保险按成交价的110%投保，投保一切险，费率见表4-13。求鼎宏公司可否获利？如果获利应为多少？(退税率9%，增值税16%，汇率1美元：6.52元人民币)

表4-12 运价表

	DEST. PORT	20'($)	40'($)		DEST. PORT	20'($)	40'($)
欧洲	安特卫普	1550	2950	地中海	巴塞罗那	1580	2980
	鹿特丹	1550	2950		瓦伦西亚	1580	2980
	汉堡	1550	2950		福斯	1580	2980
	费利克斯托	1550	2950		热那亚	1750	3450
	不来梅哈芬	1550	2950		马赛	1850	3600
	不来梅	1750	3350		伊兹密尔	1880	3580
	哥德堡	1800	3400		伊斯坦布尔	1880	3580
	南安普敦	1650	3180		威尼斯	1800	3450

表4-13 保险费率表 %

目的地		平安险	水渍险	一切险
欧洲、美国、加拿大、大洋洲		0.15	0.20	0.50
中、南美洲		0.15	0.25	1.50
阿尔巴尼亚、罗马尼亚、南斯拉夫、波兰、保加利亚、匈牙利、捷克、斯洛伐克		0.15	0.25	1.50
非洲	埃塞俄比亚、坦桑尼亚、赞比亚、毛里求斯、布隆迪、象牙海岸、贝宁、刚果、安哥达、佛得角群岛、卢旺达	0.20	0.30	2.50
	加那利群岛、毛里塔尼亚、冈比亚、塞内加尔、尼日利亚、利比里亚、几内亚、乌干达			3.50
	其他			1.00

第五章
签订销售合同

实训任务：会撰写销售合同、接受函、催证函；学会填制成交核算表，据此总结一笔生意的得失。

第一节 课前阅读——接受与签约

一、出口商去函接受

杨子墨收到波尔森的邮件后，鉴于世界金融危机后期的影响，市场交易不景气，杨子墨和公司领导研究之后，决定接受客商的价格和支付方式。具体接受函如示例5-1所示。

示例5-1 出口商去函接受

主　题：	Accept
发件人：	LONGY@WEN.NET.CN
日　期：	20××-07-10 19:32:51
收件人：	PERLSEN@HTPN.IT
发送状态：	发送成功

To: BLACKTHORN LTD.
Attn: Mr. Poulsen

Dear sirs,
　　Thank you for your E-mail of July 4, 20××. Considering the good relationship between us we can only accept that about 30% of sales proceeds by T/T payment which should reach us before Oct.15 20××, the balance by L/C which should reach us before Sep.20 20××. We hope your order will reach us soon.

　　Yours faithfully,
　　Zimo Yang

敬启者：

感谢您20××年7月4日的邮件。考虑到我们之间的良好关系，我们只能接受销售收入的30%左右在20××年10月15日前电汇付到我方，而其余70%货款通过信用证支付，并将信用证于20××年9月20日之前开到我方。请予确认，以便我们草拟销售确认书。希望贵方订单早日到达我方。

谨启

杨子墨

二、进口商确认并下订单

20××年7月13日波尔森先生发送邮件确认电汇比例，同时将双方议定之后的订单详情告知杨子墨，具体函件和订单内容如示例5-2和示例5-3所示。

示例5-2 意客商确认电汇比例函

主　题：	Counter Offer
发件人：	PERLSEN@HTPN.IT
日　期：	20××-07-13 22:45:09
收件人：	LONGY@WEN.NET.CN
发送状态：	发送成功

To: Longyuan Import & Export Corporation
Attn: Mr. Zimo Yang
Our Ref. No.JLY102305
Dear sirs,

　　Thank you for your E-mail of July 13,20××. We agree your 30% by T/T, 70% by L/C.Enclosed with our order No.BK1043003, please rush Sales Confirmation as soon as possible. Please execute the order soonest.

　　Looking forward to your favourable reply.

　　Yours sincerely,
　　Poulsen

敬启者：

　　感谢贵方20××年7月13日的电子邮件。我们同意贵方30%采用电汇支付、70%采用信用证支付。随函附上我方BK1043003号订单，请尽快草拟销售确认书并尽快执行订单。

　　期待您的有利回复。

　　谨启

波尔森

示例5-3 订单

BLACKTHORN LTD.
VIA MILANO, 87 – 265683 GENVOA – ITALIA
Fax:39 030 921136
E-mail：PERLSEN@HTPN.IT

INDENT PURCHASE ORDER

NO. BK1043003
DATE:July 13,20××

Commodity: 24-pieces dinnerware Art. No. JTCJ24 Quantity: 1680 sets Packing: 2 sets/Carton Unit price: USD95.00/set CIF Genova Amount: USD159600.00 Delivery: before Dec.20×× Shipping mark: BLACKTHORN 　　　　　　BK1043003 　　　　　　GENVOA 　　　　　　C/NO.1-840	Commodity:　stripe bowl Art. No. JMWB028 Quantity: 25200 pieces Packing: 36 pieces/Carton Unit price: USD2.50/piece CIF Genova Amount: 63000.00 Shipment: before Dec.20×× Shipping mark: BLACKTHORN 　　　　　　BK1043003 　　　　　　GENVOA 　　　　　　C/NO.1-700

Payment: about 30% by T/T before shipment, about 70% by L/C after shipment
Insurance: all risks and war risk
Please advise us the shipping details within 3 days after shipment.

BLACKTHORN LTD.

BLACKTHORN

三、出口商草拟合同并做成交核算

(一) 草拟合同并附成交函

杨子墨收到波尔森先生的确认订单后，草签出口销售确认书一式三份，并于20××年7月16日通过电子邮件先传给客户一份，同时将纸质合同两份寄送进口商波尔森先生并附上成交函，等待对方会签。具体成交函内容如示例5-4所示。

示例5-4　成交函

主　题：	Conclude a Transaction
发件人：	LONGY@WEN.NET.CN
日　期：	20××-07-16 11:42:21
收件人：	PERLSEN@HTPN.IT
发送状态：	发送成功

To: BLACKTHORN LTD.
Attn: Mr. Poulsen

Dear sirs,
　　Thank you for your order No. BK1043003 of July 13,20××. As per your order we rush the Sales Confirmation No.20×× LY569802 in triplicate. We will send you in a few days for your countersignature. Enclosed a copy of it enable you to prepare remittance. Please be assured we can effect shipment before Dec, 20××.
　　We appreciate your cooperation and look forward to receiving your advanced sales proceeds and L/C soonest.

　　Yours faithfully,
　　Zimo Yang

敬启者，
　　感谢贵司20××年7月13日发来的BK1043003号订单。根据订单，我们草拟了20××LY569802号销售确认书一式三份。我们将在未来几日内把合同寄送贵司会签，随信附上一份合同副本，以便贵方准备汇款事宜。请放心，我们可以在20××年12月之前装运。
　　我们感谢贵司的合作，并期待尽快收到贵方预付的货款和开出的信用证。
　　谨启

杨子墨

　　经过中意双方往来磋商，就主要交易条件达成协议，根据条款内容，缮制售货确认书如示例5-5所示。

示例5-5　售货确认书

售货确认书　　　　　　　　　合同编号
SALES CONFIRMATION　　　Contract No. 20××LY569802
　　　　　　　　　　　　　　　签约时间地点
　　　　　　　　　　　　　　　Date and place: July 13, 20××
　　　　　　　　　　　　　　　　　　　　　　Jilin,China

卖方：
THE SELLERS: LONGYUAN IMPORT & EXPORT CORPORATION,
　　　　　　B98 QIANJIN STREET,CHAOYANG DISTRICT,JILIN, CHINA.
　　　　传真：086-0432-6632××××
　　　　电子邮箱：LONGY@WEN.NET.CN

买方：
THE BUYERS: BLACKTHORN LTD.
　　　　　VIA MILANO, 87 – 265683 GENVOA – ITALIA
　　　　传真：39 030 9211××
　　　　电子邮箱：PERLSEN@HTPN.IT

经买卖双方确认根据下列条款签订本合同：
The undersigned Sellers and Buyers have confirmed this contract is accordance with the terms and conditions stipulated below:

货物品名、规格及包装 Name of Commodity, Specification & Packing	数量 Quantity	单价 Unit Price	总值 Total Amount
Pocelain ware 24-piece dinnerware　Art. No. JTCJ24 PACKING: 2 SETS TO A CARTON Stripe bowl　　Art. No. JMWB028 PACKING: 36 PIECES TO A CARTON Quality to be about equal to the confirmation sample.	1680 sets 25200 pieces	USD95.00/set USD2.50/piece	CIF Genova USD159600.00 USD63000.00 USD222600.00

(允许卖方在装货时溢装或短装　%，价格按照本合同所列的单价计算)
(The Sellers are allowed to load the quantity with % more or less. The price shall be calculated according to the unit price stipulated in this contract.)

2. 唛头：□由卖方指定。[X]由买方指定，须在信用证开出前10天提出并经卖方同意。否则由卖方指定。
Shipping mark: To be designated by □ The sellers. [X] The buyers desire to designate their own shipping mark, the buyers shall advise the sellers 10 days before opening L/C and the sellers' consent must be Obtained. Otherwise, the shipping mark will be designated by the sellers.

3. 保险：[X]由卖方按发票总值的110%投保一切险、战争险，如买方欲增加其他险别或超过上述额度保险时，须事先征得卖方同意，其增保费用由买方负担。□由买方投保。
Insurance: [X] To be covered by the sellers for 110% of the total invoice value against all risks and war risks. Should the buyers desire to cover for other risks besides the afore mentioned or for an amount exceeding the aforementioned limit, the sellers' approval must be obtained first, and all additional premium charges incurred therewith shall be for the buyers' account. □ Insurance to be covered by the buyer.

4. 装运口岸：
Port of Shipment: from Dalian, China

5. 目的口岸：
Port of Destination: to Genova (via Hong Kong)

6. 装船期限：
Time of Shipment: not later than Dec, 20××

7. 付款条件：大约30%货款在装运期前电汇卖方，其余货款买方申请银行开立保兑、不可撤销、无追索权、可转让、可分割、以卖方为受益人的即期信用证支付，汇票金额 □ 按全额发票／[X] 按发票金额的70%左右开立，由中国境内的议付行凭卖方货运单据议付。该信用证必须在20××年9月20日前开到卖方，信用证有效期在装船后15天在中国到期。信用证内容必须严格符合本合同的规定，否则修改信用证的费用由买方负担。同时，卖方也不负因修改信用证而延误装期的责任。

Terms of Payment: about 30% of the sales proceeds will be effected before shipment by T/T, for the remaining, the buyers shall establish a confirmed, irrevocable, without recourse, transferable and divisible Letter of Credit in favour of the sellers which drafts drawn at sight for ☐ full invoice amount/ ☒ / 70% of invoice value. Against presentation of the shipping documents to the negotiating bank in China.The Letter of Credit must reach the sellers before 20 Sep. 20×× and remain valid for negotiation in China till the 15th day after the aforesaid time of shipment.The content of the covering Letter of Credit shall be in strict accordance with the stipulations of the Sales Contract. In case of any variation thereof necessitating amendment to the L/C, the buyers shall bear the expenses incurred in such amendment and the sellers shall not be held responsible for possible delay of shipment resulting from this necessity of amending the L/C.

8. 装运单据：卖方应向议付银行提供下列单据

Shipping documents: The sellers shall present the following documents to the negotiating bank for payment:

(1) 全套清洁已装船空白抬头空白背书提单，注明运费已付。

Full set clean on board of shipped Bills of Lading made out to order and blank endorsed, marked "Freight Prepai"

(2) 商业发票　　6　份

Commercial invoice in　6　copies.

(3) 装箱单　　3　份

Packing list in　3　copies.

(4) 可转让的保险单或保险凭证正本两份及副本　2　份

Two original and　2　duplicate copies of the transferable insurance policy or insurance certificate.

(5) 普惠制原产地证明书一式三份

GSP Certificate of Origin in triplicate.

(6) 受益人证明

Beneficiary certificate

(7) 装运通知副本

Copy of shipping advice

9. 商品检验：由中华人民共和国海关总署签发的品质、数量检验证书，作为品质、数量的交货依据。

Inspection: The quality and quantity inspection certificate issued by the General Administration of Customs of the People's Republic of China shall be used as the basis for delivery of quality and quantity.

10. 不可抗力：由于人力不可抗拒事故，使卖方不能在合同规定期限内交货或者不能交货，卖方不负担责任，但应立即电告买方，如果买方提出要求，卖方应以电讯方式向买方提供证明上述事故存在的证件。

Force Majeure: The sellers shall not be held responsible if they, owing to Force Majeure cause or causes, fail to make delivery within the time stipulated in the Contract or cannot deliver the goods. However, in such a case, the sellers shall inform the buyers immediately by cable and if it is requested by the buyers, shall also deliver to the buyers by telecommunication a certificate attesting the existence of such a cause or causes.

11. 异议索赔：如果卖方不能在合同规定期限内把整批或一部分货物装上船，除非人力不可抗拒原因或者取得买方同意而修改合同规定外，买方有权在合同装船期满30天后撤销未履行部分的合同，如果货到目的口岸买方对品质有异议时，可以凭卖方同意的公证机构出具的检验报告，在货到目的口岸30天内向卖方提出索赔，卖方将根据实际情况考虑理赔或不理赔，一切损失凡由于自然原因或属于船方或保险公司责任范围内者，卖方概不负赔偿责任。

如果买方不能在合同规定期限内将信用证开到或者开来的信用证不符合合同规定而在接到卖方通知后不能及时办妥修正，卖方可以撤销合同或延期交货，并有权提出索赔要求。

Discrepancy and claim: In case the sellers fail to ship the whole lot or part of the goods within the time stipulated in this Contract, the buyers shall have the right to cancel the part of the Contract which has not been performed 30 days following the expiry of the stipulated time of shipment, unless there exists a Force Majeure cause or the contract stipulation has been modified with the buyers' consent.In case discrepancy on the quality of the goods is found by the buyers after arrival of the goods at the port of destination, the buyers may, within 30 days after arrival of the goods at the port of destination, lodge with the sellers a claim which should be supported by an Inspection Certificate issued by a public surveyor approved by the sellers. The sellers shall, on the merits of the claim, either make good the loss sustained by the buyers or reject their claim.The Seller shall not be liable for any loss due to natural reasons or within the scope of liability of the shipping company or insurance company.

In case the Letter of Credit does not reach the sellers within the time stipulated in the Contract, or if the Letter of Credit opened by the buyers does not correspond to the Contract terms and that the buyers fail to amend thereafter its terms in time, after receipt of notification by the sellers, the sellers shall have the right to cancel the contract or to delay the delivery of the goods and shall have also the right to claim, for compensation of losses against the buyers.

12. 仲裁：凡因执行本合同或有关本合同所发生的一切争执，应提交中国国际经济贸易仲裁委员会，按照申请仲裁时该会现行有效的仲裁规则进行仲裁，仲裁裁决是终局的，对双方都有约束力。

Arbitration: any dispute arising from or in connection with this Contract shall be submitted to China International Economic and Trade Arbitration Commission for arbitration which shall be conducted in accordance with the Commission's arbitration rules in effect at the time of applying for arbitration.The arbitral award is final and binding upon both parties.

13. 责任：签约双方，即上述卖方和买方，应对本合同条款全部负责履行，凡因执行本合同或有关本合同所发生的一切争执应由签约双方根据本合同规定解决，不涉及第三者。

Obligations: Both the signers of this Contract, i. e. the sellers and the buyers as referred to above, shall assume full responsibilities in fulfilling their obligations as per the terms and conditions herein stipulated.Any dispute arising from the execution of, or in connection with this Contract shall be settled in accordance with terms stipulated above between the signers of this Contract only,without involving any third party.

备注：
Remarks:
买方于收到本合同书后请立即签回一份，如有异议，应于收到后5天内提出，否则认为买方已同意接受本合同书所规定的各项条款。

The buyer is requested to sign and return one copy of this Sales Contract immediately after receipt of the same. Objection, if any, should be raised by the buyer within five days after the receipt of this Sales Contract, in the absence of which it is understood that the buyer has accepted the terms and conditions of the Sales Contract.

卖方：	买方：
The sellers:	The buyers:
LONGYUAN I/E Corporation	BLACKTHORN LTD.
杨子墨	

(二) 成交核算

杨子墨根据成交合同的数据进行该笔交易的整体核算,填写出口货物成交核算单。核算单如表5-1所示。

表5-1 出口货物成交核算单

出口商名称地址 龙源进出口公司 吉林市前进大街乙98号				进口商名称地址 BLACKTHORN LTD. VIA MILANO, 87－265683 GENVOA－ITALIA	
商品名称	货号规格	成交数量	计量单位	出厂价格(含税)	出口价格
1.24头餐具	JTCJ24	1680	套	605.4048元	95.00美元
包装件数	包装细数	毛重(千克)	净重(千克)	长×宽×高(厘米)	包装箱体积(立方米)
840	2套	26/21840	22/18480	55×30×38	0.0627/52.668
商品名称	货号规格	成交数量	计量单位	出厂价格(含税)	出口价格
2.条纹碗	JMWB028	25200	只	13.7592元	2.50美元
包装件数	包装细数	毛重(千克)	净重(千克)	长×宽×高(厘米)	包装箱体积(立方米)
700	36	28/19600	24/16800	50×48×32	0.0768/53.76
价格术语	装运港	目的港	国别	交货日期	付款方式
CIF 热那亚	大连	热那亚	意大利	20××年11月30日	30%电汇,70%信用证
货柜数量	20英尺货柜海运费	利润率	退税率	保险费率	
4	3122×4=6244美元	2.1%	5%	0.42%	
24头餐具					
购货成本	1017080.064元		出口运费	3122×2=6244美元	
退税金额	43464.96元		出口保险费	737.352美元	
实际成本	973615.104元		销售净收入	152618.648美元	
国内费用	36647.7708元		换汇成本	6.6195元/美元	
出口总成本	1010262.8748元		出口盈利额	31939.35元	
汇率		1美元:6.8288元人民币			
条纹碗					
购货成本	346731.84元		出口运费	3122×2=6244美元	
退税金额	14817.60元		出口保险费	291.06美元	
实际成本	331914.24元		销售净收入	56464.94美元	
国内费用	42820.831元		换汇成本	6.6366元/美元	
出口总成本	374735.071元		出口盈利额	10852.71元	
汇率		1美元:6.8288元人民币			

第二节　理论指导

一、接受与签约

(一) 接受函表述

接受(acceptance)是受盘人接到对方发盘或还盘后，同意对方的条件，愿意与对方达成交易、订立合同的一种表示。

接受要与对方发盘内容严格相符，仔细核对各项交易条件，确认达成一致后在有效期内做出，避免将国外买方的询盘当作递盘接受。接受函要从以下几方面着手撰写。

1. 感谢对方所做的让步并表示按对方条件成交

Thank you for your fax of today. After due consideration we decide to accept your price.

2. 重复交易条件并请对方确认

Now please kindly confirm the following terms and conditions.

(1) Commodity:working boots, Art. No.ST203.

(2) Packing: to be packed in a box,12 pairs to a carton, size run: 40~45.

(3) Quantity:50400 pairs.

(4) Price:USD 22.00 per pair CIFC 3% New York.

(5) Payment: by irrevocable sight L/C.

(6) Shipment: from Dalian to New York in May, 2018.

3. 进一步强调合同履行中需要注意的问题

The packing material should reach us within 30 days before the time of shipment. Please open the relevant L/C as soon as possible.

4. 表达合同达成的喜悦心情并对未来交易作进一步展望

We are glad to advise you the shipment will be effected before the end of May. We believe we will have a better future through our joint efforts.

接受示例如二维码所示。

(二) 签订出口合同

出口合同包括书面、口头和其他形式，书面形式有销售合同，适用于大宗商品或成交额较大的商品；书面形式还有销售确认书，适用于金额较小、土特产品、轻工产品或订有长期协议的商品。合同格式分为约首、本文、约尾三部分，在本文中记录合同条款，具体包括以下几个方面。

1. 品质规格(quality and specification)：包括品名、货号、规格。要突出重点，不要面面俱到。

品质条款是双方交接货物的依据,如果达不到要求,买方有权索赔。因此,卖方订约时要如实反映货物特点,便于检验和分清责任;货物描述要合理,注意各指标之间的一致性,不可互相矛盾;对于品质不好掌握的,应当标注品质机动幅度。

(1) 品质机动幅度。它是指品质指标在一定幅度内可以机动。适用于初级产品及某些工业制成品。

(2) 品质公差(quality tolerance)。它是指国际上公认的品质误差。要规定双方认可的公差范围,并标明公差范围内的品质视为与合同相符。

2. 数量(quantity):包括商品数量、计量单位或者再加上数量机动幅度。溢短装条款必须对数量和金额的浮动比例同时做出规定。

例:We can supply 5000 metric ton of fertilizers with 5% more or less on both quantities and amounts at seller's option. (我们可以供应5000公吨化肥,数量和金额均有5%的溢短装,卖方选择装货数量。)

3. 包装(packing):包括外包装的种类、方式及件数。必要时还会列明包装标志及包装费由谁承担。

例:24 sets packed in one export carton, each 520 cartons transported in one 20 ft container. (24套装一出口纸箱,520箱装一个20英尺集装箱运送。)

规定包装条款要明确具体,不可笼统。如,"适合海运包装"(seaworthy packing)。应结合货物的特点和不同的运输方式,同时考虑货物在储运和销售过程中的实际需要,来确定适宜的包装,明确包装物料的费用由谁负担。如果买方有额外要求,费用由其承担并规定支付办法,明确装箱细数及其配比。装箱细数是指每个包装箱内所装的商品个数。有多种尺码或颜色时,要注意尺码、颜色的搭配(assortment)。例如:T恤衫500打,尺码32、34、36、38、40,每个尺码100打,分装5箱。对混色混码包装要明确色码的装箱配比并按要求办理;装运唛头一般由卖方决定,如果买方要求特制,可在合同中列明,以便卖方据以刷唛(marking);如未列明,则明确最后提交时限并提出"若到时未收到有关唛头的通知,卖方可自行决定"。

4. 价格(price):包括单价和总值。有时使用含佣价,计算时以发票总值作为计佣基数。总值下栏列明贸易术语,如示例5-6所示。

示例5-6　发票单价总值的表述

Quantity	Unit Price	Amount
15000 sets	USD8.50/set Less 3%	CIFC3%HONGKONG USD127500.00 USD3825.00 USD123675.00

双方可以根据不同情况选择不同的差价,如,品质差价、数量差价、交货期差价、付款方式差价等;为了避免故意多装或少装(多收或少收),适时订立溢短装部分的定价条款;事先加列银行费用条款,便于价格核算,防止亏损;密切关注市场供求动态,准确掌

握成交机会。

5. 装运/交货

FOB、CIF、CFR术语的装运(shipment)就等于交货(delivery)。采用这类术语时装运条款包括装运时间、装运地点、目的地、运输方式及装运附加条件(如分批装运、转运、以租到船为准、与信用证到达日期联系在一起、以卖方取得出口许可证为准等)。

例：Shipment is to be effected from Dalian to NewYork before the end of this month.Partial shipment and transhipment all are allowed. (本月底之前货物将从大连运往纽约，分批装运和转运均可以。)

交货期是合同的重要条款，因此规定装运条款时应注意以下事项。

(1) 必须掌握货源与船源的实际情况，测算好生产周期，以便与船公司衔接好，防止错过交货期。

(2) 交货期限长短应当适度，应季货物短些。

(3) 信用证要提前两个月开出，留出审证、备货和装运的时间。

(4) 应选择接近货源地、储运设施完备的港口作为装运港，同时兼顾港口和内陆运输的费用水平。目的港要具体明确，条件优越，不能接受内陆城市(多式联运除外)为目的港。注意港口重名问题。不要指定在某个具体码头卸货。

(5) 涉及等量分批装运条款时，最好在等量之前加"大约"字样，以便灵活掌握。类似限批、限时、限量的条件，卖方应严格遵守，任何一批未按时、按量装运，就按违约论处。

(6) 装卸率要按照港口实际的装卸速度规定，不可过高和过低。

(7) 贸易合同中的滞期、速遣条款要与租船合同一致，避免一面支付滞期费，另一方面又要支付速遣费的矛盾局面。

(8) 货物装船后，卖方在约定时间(当天或翌日)将装运细节，包括合同号、品名、件数、重量、金额、船名、装运日期等电告买方，以便其做好接货准备。

6. 保险

保险(insurance)条款包括由谁办理保险、保险险别、保险金额的确定、所依据的保险条款及其生效日期。

例：Insurance：to be covered by the seller for 110% of total invoice value against All Risks and War Risk as per and subject to the relevant ocean marine cargo clauses of the People's Insurance Company of China(PICC) dated 1/1/2009.(根据2009年1月1日生效的中国人民保险公司海洋货物保险条款，由卖方按照发票金额的110%投保一切险和战争险。)

制定保险条款要尊重对方的意见和要求，有些客户要求按英国伦敦"协会货物条款"投保，可以接受。还有要求在其本国保险的，这样可以按FOB或CFR条件成交。投保进口关税险时，保险金额要控制在CIF价的50%以内。加保拒收险时，保险加成不得超过发票金额的110%，投保该险时要有进口许可证件。在签约时，要订明出具保险单的种类和份数。

7. 付款

付款(payment)条款主要包括汇付、跟单托收、跟单信用证及其综合使用。

(1) 汇付(remittance)：规定汇款时间、汇款方法及汇款金额。

例：The buyer shall pay 100% of the sales proceeds in advance by T/T to reach the sellers not later than Sep. 25,2018. (买方要将全部货款不晚于2018年9月25日电汇付至卖方。)

①预付货款。预付时，买方可采用凭单付汇(remittance against documents)的办法，即买方先将货款汇给出口地银行，指示银行凭卖方的装运单据付款。这样可避免卖方不交货。

如使用票汇，则要将收到的国外汇票送当地银行验收，确实收妥入账，方可发货。

②部分预付和部分后付。即装运前预付一部分和装运后再支付全款。业务中，通常要求买方在装运前30天将货款的30%电汇到卖方账户，出运后，卖方将正本提单传真买方。买方收到提单传真件后5日内将余款付给卖方。卖方再将正本提单快递给买方报关提货。有的客户为了防止卖方不按时交货，便要求卖方向其当地银行申请开立银行保函，一旦卖方未按时交货，则由银行偿还买方预付款。

③货到付款。货到付款(payment after arrival of the goods)是指出口商先交出单据或货物，然后买方付款。这种做法体现了对买方的信任，可以吸引客户购货，但对卖方风险极大。这种方法常用于寄售业务。除此之外，业务中还有将货物直接运至保税仓库，按照卖方指令，验货合格后再付款的做法。

(2) 跟单托收(documentary collection)：规定银行交单的条件、买方付款的期限等。

例：Upon first presentation the buyer shall pay against documentary draft drawn by the sellers at sight. The shipping documents are to be delivered against payment only. (买方将在卖方第一次提示时，凭卖方提交开立的即期跟单汇票支付货款。装运单据只能在付款后交出。)

(3) 跟单信用证(documentary credit)：包括开证银行、开证日期、信用证金额以及信用证有效期和到期地点。

例：The buyer shall open through a bank acceptable to the seller an irrevocable letter of credit payable at sight to reach the seller 40 days before the month of shipment,valid for negotiation in China until the 21st day after the date of shipment. (买方应通过一家卖方可以接受的银行于装运月份前40天开立并送达卖方不可撤销即期信用证，装运日后21天在中国议付有效。)

使用信用证方式应注意的问题：合同要订明开证时间、运输条件、单据种类、有效期限等；出货之前要根据合同审核信用证，注意信用证有无不宜接受的条款；交单之前缮制好结汇单据。

(4) 信用证与托收综合使用：这是一种银行信用和商业信用相结合的支付方式，一般卖方要开立两张汇票，信用证项下货款凭光票付款，全套单据附在托收汇票项下，按付款交单方式托收，但是信用证要注明"在发票金额全部付清后才能交单"。

例如：Payment: 50% of the invoice value available against clean draft at sight while the remaining 50% on documents against payment at sight on collection basis. The full set of shipping documents shall accompany the collection draft and shall only be released after full payment of the full invoice value, otherwise, the shipping documents shall be held by the issuing bank at the seller's disposal.

其他诸如检验、索赔、不可抗力、仲裁条款属于一般条款，通常印制在合同当中，双方协商稍加修改即可使用。

8. 检验

检验(inspection)条款包括检验机构、检验内容、检验方法、检验地点、检验证书等。

例：Inspection: the inspection certificate of quality/weight issued by Customs Entry-Exit Inspection and Quarantine Bureau of the People's Republic of China shall be taken as basis for the shipping quality/weight. (检验：由中华人民共和国海关出入境检验检疫机构出具的品质/重量证明书作为装运品质量/重量证明。)

检验条款不能与其他条款互相矛盾；双方本着实事求是、利益兼顾的态度商订检验的机构、时间和地点、检验方法、抽样方法及检验费用负担问题；在进口国复验时，复验机构应选择双方认可的检验机构，并明确复验费用的支付方；如果货物中途转卖，买方无时间验货且卖方也知晓，可将复验地点定在最终目的地。

9. 不可抗力

不可抗力(force majeure)条款包括不可抗力事件的范围、处理办法、提交事故证明的机构、通知方法等。

例：Force Majeure: in case of Force Majeure, the sellers shall not be held responsible for late delivery or non-delivery of the goods but shall notify the buyers by cable.The seller shall deliver to the buyer by registered mail, if so requested by the buyers, a certificate issued by the China Council for the Promotion of International Trade or/and competent authority. (不可抗力：由于人力不可抗拒事故，使卖方不能在合同规定期限内交货或不能交货，卖方不负责任，但卖方必须立即电告买方。如果买方提出要求，卖方应以挂号函向买方提供由中国国际贸易促进委员会或有关机构出具的事故证明文件。)

合同要明确不可抗力事件的范围，防止故意扩大。规定方法：一是概括规定，如，由于不可抗力原因导致不能交货或延迟交货，卖方不负责任；二是列举规定，即列举出几种不可抗力事件；三是综合规定，既列明经常发生的不可抗力事件，又加上"双方同意的其他不可抗力事件"文句。这种方法较好。根据对履约所产生的影响程度，可以规定：什么情况下可解除合同，什么情况下可延期履行以及通知对方不可抗力事件的期限，防止纠纷。

10. 异议索赔

异议索赔(discrepancy and claim)条款包括索赔时间、依据、办法及索赔的受理范围等。

例：In case discrepancy on the quality of the goods is found by the buyers after arrival of the goods at the port of destination, claim may be lodged within 30 days after arrival of the goods at the port of destination,while for quantity discrepancy, being supported by Inspection Certificate issued by a reputable public surveyor agreed upon by both party. The seller shall, then consider the claim in the light of actual circumstances.

For the losses due to natural cause or causes falling within the responsibilities of the Shipowners or the Underwriters, the seller shall not consider any claim for compensation. (异议索赔：品质异议须于货到目的口岸之日起30天内提出，买方需同时提供双方同意的公证行的检验证明。卖方将根据具体情况解决异议。由自然原因或船方、保险商责任造成的损失，卖方将不予考虑任何索赔。)

要具体规定索赔范围，防止日后扩大范围；根据商品的具体状况来规定索赔期限：鲜活商品期限较短，成套设备期限长些；应当事先在合同中明确索赔依据，防止日后对方随意选择。

11. 仲裁

仲裁(arbitration)条款包括仲裁机构、仲裁规则、仲裁效力、仲裁费用等。

例：Arbitration: all disputes in connection with the contract or the execution thereof, shall be settled by amicable negotiation.In case no settlement can be reached, the case under dispute may then be submitted to "China International Economic and Trade Arbitration Commission" for arbitration.The arbitration shall take place in China and shall be executed in accordance with the provisional rules of Procedure of the said Commission and the decision made by the Commission shall be accepted as final and binding upon both parties for setting the disputes.The fees, for arbitration shall be borne by the losing party unless otherwise awarded. (仲裁：凡因执行本合同或有关本合同所发生的一切争执，双方应协商解决，如果协商不能得到解决，应提交中国国际经济贸易仲裁委员会，按照申请仲裁时该会现行有效的仲裁规则在中国进行仲裁，仲裁裁决是终局的，对双方都有约束力。仲裁费用除另有裁决外由败诉一方承担。)

仲裁条款应明确仅限于合同中引起的争议事件；注明具体的常设仲裁机构，关于法律适用选择与合同关系最密切的国家法律；规定仲裁是终局的，对双方均有约束力；明确仲裁费用由谁负担。

12. 卖方提交的单据

单据(documents)条款中，根据使用的贸易术语、运输方式及支付方式的不同，需要提交的单据也不一样。

通常有商业发票(commercial invoice)、装箱单(packing list)、海运提单(bill of lading)、保险单(insurance policy)、产地证明书(certificate of origin)、汇票(bill of exchange)、装运通知(shipping advice)、受益人证明(benefary's certificate)等。

当面成交的双方共同签署合同，各执一份；通过函电成交的，出口商可以通过电子邮件给进口商发送合同，双方采取电子签名方式确认；如以纸质合同确认，则可将正本一式两份寄送买方签署，同时附函说明，买方签署后寄回一份备查。

(三) 催证函的撰写

首先，陈述合同规定的开证时间，然后说明备货与装运所需时间，最后，阐明责任：如不及时开证，由此产生的延期交货责任由买方承担，买方保留索赔权。

(四) 成交核算

成交核算是对一笔交易达成之后所做的总结，盈亏多少作为日后业务的参考。核算指标和计算公式如下。

1. 换汇成本

换汇成本是指出口商品换回一单位外汇所需的本国货币成本。它反映了一种商品换取外汇的能力。

$$换汇成本 = \frac{出口总成本(本币)}{出口外汇净收入(外币)}$$

出口总成本是指实际成本加上出口前的一切费用和税金。出口外汇净收入是指出口商品按FOB价出售所得的外汇收入。

2. 盈亏率

盈亏率是考核商品出口是否盈利的重要指标，计算基础是出口总成本。

$$盈亏率 = (盈亏额/出口总成本) \times 100\%$$

$$= \frac{出口外汇净收入(外币折成本币) - 出口总成本(本币)}{出口总成本(本币)} \times 100\%$$

报价核算一般采用单价法，成交核算则采用总价法计算，通过计算得出一笔交易获得的本币利润。

二、进口签约指导

(一) 进口商接受函的内容

首先感谢对方让步与合作并表示按成交条件订货，其次重复交易条件并请对方确认，最后随附合同请对方会签。也可以网上传输。

(二) 进口合同的形式和内容

进口合同有三种形式：购货合同(purchase contract)、购货确认书(purchase confirmation)、购货订单(purchase order)。对于一般货物可采用购货确认书，在复杂交易中可采用购货合同。各公司都有其固定的合同格式，通常由进口商缮制。

进口合同的内容包括约首、基本条款和约尾三大部分。约首包含合同名称、编号、缔约时间、地点、当事人名称和通信方式、双方缔约的意愿和执行合同的保证。基本条款涵盖了双方的权利和义务，包括品质、数量、包装、价格、运输、保险、支付、检验、异议索赔、仲裁、不可抗力、所需单据等条款。约尾包括使用的文字及其效力、合同份数、双方签字等项内容。

(三) 订约注意事项

(1) 品质条款要明确具体，各条款之间前后一致，忌相互矛盾。
(2) 浮动汇率下，最好采用软币，以避免货币升值的损失。

(3) 对于签约的日期和地点、当事人的名称地址、争议解决、不可抗力等条款，要根据法律规定填写。

第三节　课中训练

一、进口商还价

接到肖红CIFC5%釜山143美元/台的报价之后，柳惠卿女士按照出口商还价又做了进一步核算。具体核算细节请在表5-2中进行操作。

表5-2　进口商还价核算

数量：1×40英尺货柜(1830台)	码头仓租费和港区港杂费102525.00韩元/20'+ 230000.00韩元/20'(费用按照2×20尺货柜费用的85%计算)
进口关税率：7%	增值税率：17%
银行费用：成交价的0.25%	销售利润：到岸价的20%
国内售价是：246500韩元	汇率：1美元：1136.786韩元
每台进口完税价格=	
每台关税=	
每台增值税=	
每台仓租港杂费=	
每台银行费用=	
每台进口成本=	
每台进口国内售价=	
与每台国内拟售价格进行比较：	

20××年11月19日韩国机械制造公司向中吉公司发函，函中强调双方合作得比较愉快，肖红为人直爽，热情，愿意与其共事，共同推广市场，但是，开发新市场需要更多的资金，会遇到意想不到的问题。所以，价格上韩国机械制造公司又做了较大的让步，CIFC5%釜山142美元/台，请中吉公司确认并告知具体唛头，支付方式为信用证和托收各占一半，交

货期20××年2月20日以前。具体还盘细节请在函电5-1中进行操作。

函电5-1　韩客商再还盘

主　题：	Accept Price
发件人：	HGJZ@PEM.NET.KOR(韩国机械制造公司)
日　期：	20××-11-19 14:24:11
收件人：	ZJKC@KEN.NET.CN(中吉五金矿产进出口公司)
发送状态：	

To: Zhongji Metals and Minerals Import and Export Corporation
Attn: Ms. Hong Xiao
DEAR SIRS,

(韩国机械制造公司 印章)

二、出口商接受并签约

20××年11月25日肖红和公司领导汇报了客商的最后出价和托收要求，综合考虑之后，当日回复柳惠卿女士：公司决定接受买方价格及破例接受信用证和托收的结合使用，并要求在信用证上规定：全套单据附于托收项下，在买方付清发票的全部金额之后再向买方交单。如买方不能付清全部发票金额，则货运单据由开证行掌握，凭卖方指示处理。于是，肖红草拟了出口销售确认书一式三份，签字后，附上成交函，函中感谢柳惠卿女士的通力合作，确认允许分批装运和转运，请其务必在12月初开出信用证，以便安排生产顺利交货。同时通过邮件传给对方一份合同确认。纸质合同后寄交柳惠卿女士会签。成交函和销售确认书细节请在函电5-2和示例5-7中进行操作。

函电5-2 我方确认成交函

主　题：	Confirmation
发件人：	ZJKC@KEN.NET.CN(中吉五金矿产进出口公司)
日　期：	20××-11-25 21:05:45
收件人：	HGJZ@PEM.NET.KOR(韩国机械制造公司)
发送状态：	

To: Korea Machinery Manufacturing Company
Attn: Mr. Huiqing Liu
DEAR SIRS,

示例5-7 出口销售确认书

出口销售确认书

编号: NO:.ZJGS20101125

SALES CONFIRMATION　　　　日期: DATE:＿＿＿＿＿

　　　　　　　　　　　　　　　地点: PLACE:＿＿＿＿＿

卖方:　　　　　　　　　　　　买方:

The seller:　　　　　　　　　　The buyer:

　　确认售予你方下列货物，其条款如下：
We hereby confirm having sold to you the following goods on terms and conditions as stated below:

(续表)

货物名称及规格、包装及装运唛头 Name of Commodity, Specification and Shipping Mark	数量 Quantity	单价 Unit Price	总值 Total Amount

装运:
Shipment:

保险:
Insurance:

付款:
Payment:

备注:
Remarks:

请签退一份以供存档
Please sign and return one for our file

卖方(seller)   买方(buyer)

三、出口商成交测算

肖红对该笔砂轮机业务做了盈亏估算,具体估算请在表5-3中进行操作。

表5-3　出口成交核算单

出口商名称地址				进口商名称地址	
商品名称	货号规格	成交数量	计量单位	出厂单价(含税)	出口单价(美元)
包装件数	包装细数	总毛重(千克)	总净重(千克)	长×宽×高(厘米)/箱	包装箱体积(立方米/箱)总包装箱体积
价格术语	装运港	目的港	国　别	交货日期	付款方式
退税率	保险费率	佣金额	利润率	20'包箱费率	40'包箱费率

出厂总价		出口海运费	
退税总金额		出口保险费	
总实际成本		销售净收入	
国内总费用		换汇成本	
出口总成本		出口总盈利额	
汇　率	1美元：　　元人民币		

课后作业

1. 根据下列内容缮制成交函

致：加拿大进口贸易公司

敬启者：

　　我们高兴地通知贵司，我们已收到并接受贵司4月25日的还盘，现确认与贵司达成如下交易：

　　4000套茶碟，规格：4"和6"货，纸箱包装，每箱装8套，4"货共计260件，6"货共计240件。价格为CIF温哥华港每套茶碟8.90美元。货物将于2019年9月6日前由中国大连港装船出运。不允许转船。保险由我司根据中国保险条款(2009.1.1)按发票金额的110%投保一切险和破碎险。唛头由我方确定。装运前60天贵司须通过双方同意的银行将不可撤销的即期信用证开到我方，以便按期备货装运。信用证以我方为受益人，包括100%的发票金额。

　　现将我方签好的19DO9084号合同寄给贵司，请签退一份供我方存档。

江苏省工艺品贸易公司

2019年6月5日

2. 某文教进出口公司按CIF条件出口英文打字机到印尼雅加达，国内费用为6870元/20英尺货柜；公司的业务费用率为出厂价的4%；20英尺货柜出口运费为1320美元。请根据上述成交资料,计算一下是否有成交利润?利润额和利润率各为多少?请完成表5-4。

表5-4 估算利润额及利润率

货号	数量单位	金额	成本	包装尺码	包装方式
ST990	2080SETS	40美元	210元	47×33×31(cm)	4套/箱
汇率	保费率	加成率		增值税率	退税率
6.52	0.9%	10%		16%	9%
成交利润		利润率			

3. 已知毛绒玩具的换汇成本是7.30,结算汇率为美元兑人民币1:6.52,求盈亏率是多少?

4. 我国某出口公司决定:亏损率在65%以上的"高亏"商品不能出口。该公司经营的塑胶手套,其亏损率在65%以上,按照汇率6.52折算,该商品的换汇成本是多少?

5. 碧蓝进出口公司向马来西亚出口绘图板,合同规定:绘图板规格:18"×24";数量:11600块;单价每块4.50美元 CIF 古晋港;运费总额为3000美元,保险费总额为310美元,出厂价24元/块(含16%增值税),费用定额率为12%,出口退税率为13%,当时银行外汇(美元)价为6.50~6.60。试计算换汇成本、盈亏额和盈亏率各多少?

6. 河北某毛纺进出口公司与新加坡客户达成一笔出口1000套羽绒服的交易,CIF 新加坡每套55美元,数量为一个20英尺货柜。经了解,羽绒服国内出厂价为每套420元(含16%增值税);海运运费1100美元(20');出口仓储费650元;报关费500元;包装费2000元;港口装船费900元;公司业务费2500元;国内运杂费2000元;商检费按出厂价的0.1%计算;保险金额按发票金额的110%确定,保险费率为1%;16%的出口退税率。求:毛纺进出口公司达成该笔交易能否获利?结果如何?(美元兑人民币汇率为1:6.52)

7. 根据往来函电订立售货合同(号码:09JC9876)。如函电5-3和示例5-8所示。

函电5-3 往来函电

Seller:Shanghai Yuanda Imp. & Exp.Company
Address:16th Floor, Dragon Mansion,1088 Liyang Road, Shenyang 110000 China
Tel.: 86-24-5666×××× Fax:86-24-5866×××× E-mail: YDIE@IPTS.COM
Buyer:Yongyuan Corporation,Hong Kong
Address:Room 1008-1011, Office Tower, Convention Plaza, 1 Harbour Road,Wanchai, H.K.
Tel.: 852-2519-×××× Fax:852-2519-××××
E-mail:YYCHK@KGGS.COM

5-8-2009(I)
RE. CHINESE RICE F.A.Q.
BROKEN GRAINS (MAX)20%
ADMIXTURE(MAX)0.2%
MOISTURE(MAX)10%
SPECIFICATION:50KG PER GUNNY BAG (NEW)
MORE OR LESS 5% IN QUANTITY AND AMOUNT
IN JULY 2009 SAMPLE OF CHINA RICE RECEIVED. QUALITY TESTED OK. 1000 TONS NEEDED. PLEASE INFORM CIFC3 SINGAPORE PAYMENT BY D/P AT 30 DAYS SIGHT.

10-8-2009(O)
RE. YOUR TELEX DATAD 5/8. CHINA RICE OFFER FIRM VALID 17TH HERE 1000 TONS. CIFC3 SINGAPORE USD380/METRIC TON. PAYMENT BY IRREVOCABLE SIGHT L/C. SHIPMENT WITHIN 30 DAYS AFTER RECEIPT RELEVANT L/C. BEST REGARDS.

15-8-2009(I)
THANKS FOR YOUR TELEX 10/8. YOUR PRICE UNACCEPTABLE. 1000 METRIC TONS DECEMBER, 500 TONS JANUARY RESPECTIVELY. AT USD350/METRIC TON L/C AT 30 DAYS SIGHT.

20-8-2009(O)
YOUR TELEX DATAD 15/8 NOTED. AND THANKS. YOU ARE IN A POSITION TO ACCEPT PRICE AT USD 370/METRIC TON CIFC3 SINGAPORE L/C AT SIGHT.

23-8-2009(I)
PLEASE LOWER YOUR PRICE TO USD360/TON L/C AFTER 30 DAYS. 2000 METRIC TONS EQUAL LOTS DEC/JAN.

25-8-2009(O)
YOUR TELEX DATAD 23/8 NOTED. YOUR PRICE ACCEPTED. L/C AT SIGHT FROM QINGDAO TO SINGAPORE. SHIPPING MARKS AT SELLE'S OPTION. INSURANCE COVERS ALL RISKS AND WAR RISK.

26-8-2009(I)
YOUR TELEX DATAD 25/8 NOTED. WE CONFIRM CHINA RICE SAME AS SAMPLE AT USD360/METRIC TON CIFC3 SINGAPORE. 2000 METRIC TONS EQUAL LOTS DEC/JAN. PLEASE RUSH S/C FOR OPEN L/C.

27-8-2009(O)
YOUR TELEX DATAD 26/8 NOTED. TO ESTABLISH BUSINESS WITH YOU WE CONFIRM CHINA RICE SAME AS SAMPLE CIFC3 SINGAPORE USD 360/METRIC TON. 2000 TONS EQUAL LOTS DEC/JAN. IRREVOCABLE SIGHT L/C REACH US NOT LATER THAN 15TH OCTOBER.S/C AIRMAILED YOU AND OUR BANK IS COMMUNICATION BANK SHANGHAI. ADDRESS, 200 JIANG XI ZHONG ROAD. PLEASE RUSH L/C AS SOON AS POSSIBLE.

28-9-2009(I)
WE NOTE THE ADDRESS OF YOUR BANK. THANKS. PLEASE UNDERSTAND OUR L/C TO BE OPENED BY GOLD DEER CORPORATION, NO.4, JALAN PISANG,SINGAPORE.

示例5-8　售货合同

售货合同
SALES CONTRACT

_____NO. 09JC9876

卖方：
THE SELLERS:

　　　　地址：
　　　　传真：
　　　　电子邮箱：

买方：
THE BUYERS:

　　　　地址：
　　　　传真：
　　　　电子邮箱：

兹经买卖双方同意由卖方出售买方购进之下列货物，并按下列条款签订本合同：
The Sales Contract is made by and between the Sellers and the Buyers. Whereby the Sellers agree to sell and the Buyers agree to buy the under-mentioned goods according to the terms and conditions stipulated below:

1. 货物品名、规格及包装 Name of Commodity, Specification & Packing	数量 Quantity	单价 Unit Price	总值 Total Amount

(允许卖方在装货时溢装或短装　　%，价格按照本合同所列的单价计算)
(The Sellers are allowed to load the quantity with 　　% more or less. The price shall be calculated according to the unit price stipulated in this contract.)

2. 唛头：□由卖方指定。□如果由买方指定，须在信用证开出前　　天提出并经卖方同意。否则由卖方指定。
Shipping mark: □ To be designated by the sellers. □ In case the buyers desire to designate their own shipping mark, the buyers shall advise the sellers　　days before opening L/C and the sellers' consent must be obtained. Otherwise, the shipping mark will be designated by the sellers.

3. 保险：由□卖方□买方按发票总值的110%投保　　　　　　　险，如买方欲增加其他险别或超过上述额度保险时，须事先征得卖方同意，其增保费用由买方负担。
Insurance: To be covered by □ the buyers □ sellers for 110 % of the total invoice value against　　risks. Should the buyers desire to cover for other risks besides the afore mentioned or for an amount exceeding the afore mentioned limit, the sellers' approval must be obtained first, and all additional premium charges incurred therewith shall be for the buyers' account.

4. 装运口岸：
Port of Shipment：
5. 目的口岸：
Port of Destination：
6. 装船期限：
Time of Shipment：

7. 付款条件：由买方申请银行开立保兑、不可撤销、无追索权、可转让、可分割、以卖方为受益人的即期信用证，汇票金额按全额发票价值开立，由中国境内的议付行凭卖方货运单据议付。该信用证必须在20 年 月 日前开到卖方，信用证有效期应为装船后15天在中国到期。信用证内容必须严格符合本合同的规定，否则修改信用证的费用由买方负担。同时，卖方也不负因修改信用证而延误装期的责任。

Terms of Payment：The buyers shall establish a confirmed, irrevocable, without recourse, transferable and divisible Letter of Credit in favor of the sellers which drafts drawn at sight for full invoice amount. Against presentation of the shipping documents to the negotiating bank in China. The Letter of Credit must reach the sellers before 20   and remain valid for negotiation in China till the 15th day after the aforesaid time of shipment. The content of the covering Letter of Credit shall be in strict accordance with the stipulations of the Sales Contract. In case of any variation thereof necessitating amendment to the L/C, the buyers shall bear the expenses incurred in such amendment and the sellers shall not be held responsible for possible delay of shipment resulting from this necessity of amending the L/C.

8. 装运单据：买方应向议付银行提供下列单据

Shipping documents：The sellers shall present the following documents to the negotiating bank for payment：

(1) 全套清洁已装船空白抬头空白背书提单，注明运费已付。
Full set clean on board of shipped Bills of Lading made out to order and blank endorsed, marked "Freight Prepaid".

(2) 商业发票   份
Commercial invoice in   copies.

(3) 装箱单或重量单   份
The packing list or weight list in   copies.

(4) 可转让的保险单或保险凭证正本一份及副本   份
One original and   duplicate copies of the transferable insurance policy or insurance certificate.

(5)   签发的品质、数量/重量检验证书正本一份，副本   份
One original and   duplicate copies of the inspection certificate of quality, quantity/weight issued by

(6)   签发的原产地证明书正本一份，副本   份
One original and   duplicate copies of the Certificate of origin issued by

9. 商品检验：由中华人民共和国出入境检验检疫局或制造厂商签发的品质、数量/重量检验证书，作为品质、数量/重量的交货依据。

Inspection：The inspection certificate of quality, quantity/weight issued by China Entry and Exit Inspection and Quarantine Bureau or the manufacturers shall be taken as the basis of delivery.

10. 不可抗力：由于人力不可抗拒事故，使卖方不能在合同规定期限内交货或者不能交货，卖方不负担责任，但应立即电告买方，如果买方提出要求，卖方应以电讯方式向买方提供证明上述事故存在的证件。

Force Majeure: The sellers shall not be held responsible if they, owing to Force Majeure cause or causes, fail to make delivery within the time stipulated in the Contract or cannot deliver the goods. However, in such a case, the sellers shall inform the buyers immediately by cable and if it is requested by the buyers, shall also deliver to the buyers by telecommunication a certificate attesting the existence of such a cause or causes.

11. 异议索赔：如果卖方不能在合同规定期限内把整批货或一部分的货物装上船，除非人力不可抗拒原因或者取得买方同意而修改合同规定外，买方有权在合同装船期满30天后撤销未履行部分的合同，如果货到目的口岸，买方对品质有异议，可以凭卖方同意的公证机构出具的检验报告，在货到目的口岸30天内向卖方提出索赔，买方将根据实际情况考虑理赔或不理赔，一切损失凡由于自然原因或属于船方或保险公司责任范围内者，卖方概不负赔偿责任。

如果卖方不能在合同规定期限内将信用证开到或者开来的信用证不符合合同规定而在接到卖方通知后不能及时办妥修正，卖方可以撤销合同或延期交货，并有权提出索赔要求。

Discrepancy and claim: In case the sellers fail to ship the whole lot or part of the goods within the time stipulated in this Contract, the buyers shall have the right to cancel the part of the Contract which has not been performed 30 days following the expiry of the stipulated time of shipment, unless there exists a Force Majeure cause or the contract stipulation has been modified with the buyer's consent.

In case discrepancy on the quality of the goods is found by the buyers after arrival of the goods at the port of destination, the buyers may, within 30 days after arrival of the goods at the port of destination, lodge with the sellers a claim which should be supported by an Inspection Certificate issued by a public surveyor approved by the sellers. The sellers shall, on the merits of the claim, either make good the loss sustained by the buyers or reject their claim. The Seller shall not be liable for any loss due to natural reasons or within the scope of liability of the shipping company or insurance company.

In case the Letter of Credit does not reach the sellers within the time stipulated in the Contract, or if the Letter of Credit opened by the buyers does not correspond to the Contract terms and that the buyers fail to amend thereafter its terms in time, after receipt of notification by the sellers, the sellers shall have the right to cancel the contract or to delay the delivery of the goods and shall have also the right to claim for compensation of losses against the buyers.

12. 仲裁：凡因执行本合同或有关本合同所发生的一切争执，双方应协商解决，如果协商不能得到解决，应提交中国国际经济贸易仲裁委员会，按照申请仲裁时该会现行有效的仲裁规则进行仲裁，仲裁裁决是终局的，对双方都有约束力。

Arbitration: any dispute arising from or in connection with this Contract shall be submitted to China International Economic and Trade Arbitration Commission for arbitration which shall be conducted in accordance with the Commission's arbitration rules in effect at the time of applying for arbitration. The arbitral award is final and binding upon both parties.

13. 责任：签约双方，即上述买方和卖方，应对本合同条款全部负责履行，凡因执行本合同或有关本合同所发生的一切争执应由签约双方根据本合同规定解决，不涉及第三者。

Obligations: Both the signers of this Contract, i. e. the sellers and the buyers as referred to above, shall assume full responsibilities in fulfilling their obligations as per the terms and conditions herein stipulated. Any dispute arising from the execution of, or in connection with this Contract shall be settled in accordance with terms stipulated above between the signers of this Contract only, without involving any third party.

备注：
Remarks:

卖方：   买方：
The sellers: The buyers:

8. 根据下列信息填写成本核算单，如表5-5所示。

2019年8月1日吉林进出口公司业务员李梅女士制作如下成本核算单。该公司2019年6月签订一笔出口合同(JL2019008)，给荷兰客商(查尔斯进口有限责任公司)查尔斯先生出口一批不锈钢保温杯(货号：JB201901)。该货由吉林省不锈钢制品厂生产，收购合同号：BWB2019003，工厂9月4日发货到大连1号库备运，报关后于2019年9月10日从大连口岸装上跃进号货轮，运往鹿特丹港，提单号：COSCO3690，商品编码：96170090.00，发票号：JL20190123，共计1956箱，每箱装10个，每箱体积30×40×32(cm)，出厂价每个30元，含16%增值税，出口退税率为13%，外销价为每个5美元CIF鹿特丹，支付方式：T/T(电汇)，海运费：20英尺货柜2100美元，保险费率1%，按照发票金额的110%投保，直接认定费用为出厂价的6%，上缴的经营费用为33000元，汇率：1美元：6.52元人民币。

表5-5 出口商品成本核算单

吉林进出口公司　　　　　　　　　日期：

部室名称：	业务员姓名：	外销合同号：	货源情况：库存( ) 期货( )	信用证号：
客户名称：	国别：	付款方式：	工厂发货日：	出口发票号：
合同金额：	装运口岸：	目的港：	正本提单日：	提单号/车号：
价格条件：	运输方式：	美元汇率：	工厂结算情况(按工厂发票填写)	收购合同号：
运费(美元)：	保险费(美元)： 佣金折扣(美元)：		日期　件数　数量　单价　金额　增值税　合计	
货源单位名称：				
名称：	商品编码：	退税率：		

商品货号/规格	销售数量	计量单位	销售收入			销售成本					盈亏金额人民币(元)	税后换汇成本	盈亏人民币元/美元①	盈亏人民币元/美元②
			外币		折人民币金额	总值(元)	进价(不含税)		直接认定的费用包括利息	上交经营费用				
			合同单价	单价(美元)FOB金额			单价(元)	金额(元)						
(1)	(2)	(3)	(4)	(5)	(6)	(7)	(8)	(9)	(10)	(11)	(12)	(13)	(14)	(15)	(16)
备注：							业务员		部经理		财会科			主管副总	

计算说明：(6)=(5)×(2)　(7)=(6)×汇率　(10)=(9)×(2)　(8)=(10)+(11)+(12)　(13)=(7)-(8)　(14)=(8)/(6)
(15)=(13)/(6)　(16)=[(7)-(10)-(11)]/(6)

①当12项上缴的经营费用大于零或小于零时的换汇成本；
②当12项上缴的经营费用等于零时的换汇成本。

销售成本进价中不能含增值税。进价中不含包装费、包装费另行结算的商品，需另起一行填写，或将包装费填写在(11)栏中，如货号较多时，可合起来填写。

第六章 进出口商履约

实训任务：买方填写汇款申请书，交款付费给开户行，货款解付给卖方。买方填写开证申请书，卖方审证，落实好各项条款，以便安全收汇。

第一节 课前阅读——进口商汇款和落实信用证

一、进口商填写汇款申请书

20××年7月30日波尔森去开户行填写汇款申请书向出口商预付货款，如示例6-1所示。

示例6-1 境外汇款申请书

境外汇款申请书 APPLICATION FOR FUNDS TRANSFERS (OVERSEAS)		
TO: St. Paul's United Bank of Italy		Date 20××-7-30
	□电汇 T/T □票汇 D/D □信汇 M/T □□□□□□	发电等级 Priority □普通 Normal □加急 Urgent □□□□□□ □□□□
申报号码 BOP Reporting No. 20	收电行/付款行 Receiver / Drawn on	St. Paul's United Bank of Italy
银行业务编号 Bank Transac. Ref. No.		
32A 汇款币种及金额 Currency & Interbank Settlement Amount USD66880.00	金额大写 Amount in Words	UNITED STATES DOLLARS SIXTY SIX THOUSAND EIGHT HUNDRED AND EIGHTY ONLY.
其中 现汇金额 Amount in FX USD66880.00	账号 Account No. /Credit Card No.	000789654123
购汇金额 Amount of Purchase	账号 Account No. /Credit Card No.	
其他金额 Amount of Others	账号 Account No. /Credit Card No.	
50a 汇款人名称及地址 Remitter's Name & Address	BLACKTHORN LTD. VIA MILANO, 87 – 265683 GENVOA – ITALIA 个人身份证件号码 Individual ID NO. □对公 □居民个人 Resident Individual □非居民个人 Non-Resident Individual	
□对公 组织机构代码 Unit Code 21004789-1		
54/56a 收款银行之代理行 名称及地址 Correspondent of Beneficiary's Bank Name & Address		
57a 收款人开户银行 名称及地址 Beneficiary's Bank Name & Address	收款人开户银行在其代理行账号 Bene's Bank A/C No. 中国银行 吉林市分行 吉林市高新区深圳街1号 邮编：132013 Bank of China Jilin Branch High-tech Zone, Shenzhen Street, Jilin City No. 1 Code: 132013	
59a 收款人名称及地址 Beneficiary's Name & Address	收款人账号 Bene's A/C No. 5689322214587963 LONGYUAN IMPORT & EXPORT CORPORATION B98 QIANJIN STREET, CHAOYANG DISTRICT, JILIN, CHINA.	

70 汇款附言 Remittance Information	只限 140 个字位 Not Exceeding 140 Characters		71A 国内外费用承担 All Bank's Charges If Any Are To Be Borne By ☐汇款人 OUR ☐收款人 BEN ☐共同 SHA ☐☐☐
收款人常驻国家（地区）名称及代码 请选择：☐预付款 Advance Payment	Resident Country/Region Name & Code ☐货到付款 Payment Against Delivery	☐退款 Refund	☐其他 Others 最迟装运日期
交易编码 BOP Transac. Code ☐☐☐☐☐☐ ☐☐☐☐☐☐	相应币种及金额 Currency & Amount		交易附言 Transac. Remark
是否为进口核销项下付款 外汇局批件/备案表号 Wgj20100809	☐是 ☐否 合同号 20XXLY569802 报关单经营单位代码 (2201567890)		发 票 号 JLTC2010301 ☐☐☐☐☐☐☐☐
报关单号 报关单号	报关单币种及总金额 报关单币种及总金额		本次核注金额 本次核注金额

银行专用栏 For Bank Use Only | 申 请 人 签 章 Applicant's Signature | 银 行 签 章 Bank's Signature

购汇汇率 @ Rate
等 值 本 币 National currency Equivalent
手 续 费 Commission
电 报 费 Cable Charges
合 计 Total Charges
支付费用方式 ☐现金 by Cash
In Payment of ☐支票 by Check
the Remittance ☐账户 from Account

请按照贵行背页所列条款代办以上汇款并进行申报
Please Effect The Upwards Remittance, Subject To The Conditions Overleaf:

申请人姓名
Name of Applicant Poulsen Valdemar
电话
Phone No.

核准人签字
Authorized Person
日期
Date

核 印 Sig. Ver. | 经 办 Maker Smith | 复 核 Checker

填写前请仔细阅读各联背面条款及填报说明
Please read the conditions and instructions overleaf before filling in this application.

二、出口商申请银行保函和进口商预付货款

杨子墨于20××年8月1日向吉林中行提出申请，邀请其开立银行保函，保函中规定：保证龙源进出口公司在合同规定的装运期内按时交货，否则，由银行退还买方预付款66880美元。

20××年8月2日中国银行吉林分行开出一份银行保函，意大利银行收到保函审核无误之后，将66880美元预付款项直接划拨到中国银行吉林分行账户(吉林中行在意大利银行有存款账户)。吉林中行接到意大利银行的贷记报单(收款通知书)之后即将款项按照当日外汇牌价折成人民币(66880×6.8288=456710.144元)划入龙源公司账户。

三、进口商申请开证

波尔森先生收到杨子墨寄来的销售确认书，审核无误后，按照要求填写开证申请书，并于20××年9月10日将申请书提交开证行——意大利圣保罗联合银行(St. Paul's United Bank of Italy)开证。开证申请书如示例6-2所示。

示例6-2　开证申请书

IRREVOCABLE DOCUMENTARY CREDIT APPLICATION

TO: St. Paul's United Bank of Italy　　　　　　DATE:20××-09-10

Beneficiary (full name and address) LONGYUAN IMPORT & EXPORT CORPORATION, B98 QIANJIN STREET, CHAOYANG DISTRICT, JILIN, CHINA		L/C NO. Card No. Contract No. 20××LY569802
			Date and place of expiry of the credit 20××-12-15 in China
Partial Shipments [x] allowed ☐ not allowed	Transshipment [x] allowed ☐ not allowed	☐ Issue by airmail ☐ With brief advice by teletransmission ☐ Issue by express delivery [x] Issue by teletransmission(which shall be the operative instrument)
Loading on board / dispatch / taking in charge at / from Dalian Not later than 20××-11-30 for transportation to Genova		Amount (both in figures and words) USD155720.00 (The united states dollars one hundred and fifty-five thousand, seven hundred and twenty only)
Description of goods: 24-pieces dinnerware 1680 sets Stripe bowl 25200 pieces CIF GENOVA AS PER S/C NO. 20××LY569802		Credit available with _____ ☐ by sight payment　☐ by acceptance ☐ by negotiation ☐ by deferred payment at against the documents detailed herein ☐ and beneficiary's draft for about 70% of the invoice value At sight on accreditor.
			☐ FOB　　☐ CFR　　☐ CIF ☐ or other terms

Documents required: (marked with x)
1. ([x]) Signed Commercial Invoice in 6 copies indicating invoice No., contract No.
2. ([x]) Full set of clean on board ocean Bills of Lading made out to order and blank endorsed, marked freight ( ) to collect / ([x]) prepaid, ( ) showing freight amount, notifying BLACKTHORN LTD. VIA MILANO, 87 – 265683
   Genova – Italia
3. ( ) Air Waybills showing freight ( ) to collect / ( ) prepaid, ( ) indicating freight amount and consigned to _____
4. ( ) Memorandum issued by _____ consigned to _____
5. ([x]) Insurance Policy / Certificate in 2 copies for 110% of the invoice value showing claims payable in Italy in currency of the draft, blank endorsed, covering ([x]) Ocean Marine Transportation / ( ) Air Transportation / ( ) Over Land Transportation All Risks, War Risks.
6. ([x]) Packing List / Weight Memo in 4 copies indicating quantity / gross and net weights of each package and packing conditions.

7. (　　) Certificate of Quantity / Weight in　　copies issued by an independent surveyor at the loading port, indicating the actual surveyed quantity / weight of shipped goods as well as the packing condition.
8. (　　) Certificate of Quality in　　copies issued by (　　) manufacturer / (　　) public recognized surveyor
9. (x) Beneficiary's certified copy of FAX dispatched to the accountee within 3 days after shipment advising (x) name of vessel / (x) date, quantity, weight and value of shipment.
10. (x) Beneficiary's Certificate certifying that 1/3 set of marine bills of lading and one non-negotiable shipping documents are to be sent to applicant within 3 days after shipment.
11. (　　) Shipping Companys Certificate attesting that the carrying vessel is chartered or booked by accountee or their shipping agents.
12. (　　) Other documents, if any:
a) Certificate of Origin in　　copies issued by authorized institution.
b) Certificate of Health in　　copies issued by authorized institution.
c) GSP Certificate of Origin (Form A) in 3 copies issued by authorized institution.

Additional instructions:
1. (x) All banking charges outside the opening bank are for beneficiary's account.
2. (x) Documents must be presented within 15 days after the date of issuance of the transport documents but within the validity of this credit.
3. (x) A Third party as shipper is not acceptable. Short Form / Blank Back B/L is not acceptable.
4. (　　) Both quantity and amount　　% more or less are allowed.
5. (　　) Prepaid freight drawn in excess of L/C amount is acceptable against presentation of original charges voucher issued by Shipping Co. / Air line or it's agent.
6. (x) All documents to be forwarded in one cover, unless otherwise stated above.
7. (　　) Other terms, if any:
Advising bank:　Bank of China Jilin branch

Account No.:　　　　　　　　　　　with　　　　　　　　　　　　(name of bank)
Transacted By:　　　　　　　　　　　　Applicant:
　　　　　　　　　　　　　　　　　　　BLACKTHORN LTD.
　　　　　　　　　　　　　　　　　　　VIA MILANO,
　　　　　　　　　　　　　　　　87 – 265683 GENVOA – ITALIA
Telephone No.:　　　　　　　　　　　　*Poulsen Valdemar*

四、银行开出信用证

波尔森先生向开证银行缴纳了30%的开证押金46716美元,开证行收到押金后,按照申请书的要求于20××年9月13日开出信用证(L/C NO.YY20××0827),并将信用证副本交波尔森先生审核复查(一般在2日内通知银行是否修改),没有问题后开证行——圣保罗联合银行通过SWIFT方式将信用证开立给出口商所在地的通知行——中国银行吉林分行。同时波尔森先生也将该证副本传给杨子墨先生一份,告知证已开出,请其尽早按要求备货装运。开证通知函如示例6-3所示。

示例6-3　开证通知函

主　　题:	Opening L/C
发件人:	PERLSEN@HTPN.IT
日　　期:	20××-09-13 11:15:21
收件人:	LONGY@ WEN.NET.CN
发送状态:	发送成功

To: Longyuan Import & Export Corporation
Attn: Mr. Zimo Song

Our Ref. No.JLY102306
Dear Sirs,
　　We hereby inform you we have opened L/C No.YY20××0827 issued by St. Paul's United Bank of Italy, please check.
　　We would like to inform you that you should effect shipment in accordance with the letter of credit. Any delay would make us damage. If you have any difficulty in processing the order, please let us know as soon as possible.
　　Looking forward to your favorable information.
　　Yours sincerely,
　　Poulsen

敬启者:
　　我们特此通知贵司,我们已经开出YY20××0827号信用证。开证行为意大利圣保罗联合银行,请查收。
　　我们想通知贵方,你们应按照信用证的规定装运。任何延误都会对我们造成损害。如果你们在处理订单上有什么困难,请尽快通知我们。
　　期待贵司的好消息。
　　谨启

　　　　　　　　　　　　　　　　　　　　　　　　　　　　　　　　　　　波尔森

五、出口商收到信用证

杨子墨于20××年9月16日收到由通知行——中国银行吉林分行转来的信用证通知书和信用证,吉林中行缮制的通知书细节和客商开来的信用证如示例6-4和示例6-5所示。

示例6-4 信用证通知书

中国银行 BANK OF CHINA			
BANK OF CHINA JILIN BRANCH ADDRESS: No.1 shenzhen street, gaoxin district Jilin China			
CABLE: JILIN CN TELEX: 78965/12356 CODEL CN SWIFT: BKCHCNBJ456 FAX: 56389525	信 用 证 通 知 书 NOTIFICATION OF DOCUMENTARY CREDIT		
			20××/09/16
TO致:	WHEN CORRESPONDING		AD2010B2365
	PLEASE QUOTE OUT REF. NO.		
ISSUING BANK开证行	TRANSMITTED TO US THROUGH 转递行		
St. Paul's United Bank of Italy 1-CHOME 2001 78 Genova,Italy	REF NO.		
L/C NO.信用证号	DATED开证日期	AMOUNT金额	EXPIRY PLACE有效地
YY20××0827	20××/09/13	USD155720.00	CHINA
EXPIRY DATE效期	TENOR期限	CHARGE未付费用	CHARGE BY费用承担人
20××/12/15	SIGHT	RMB0.00	BENE
RECEIVED VIA来证方式	AVAILABLE是否生效	TEST/SIGN印押是否相符	CONFIRM我行是否保兑
SWIFT	VALID	YES	NO

DEAR SIRS径启者:
WE HAVE PLEASURE IN ADVISING YOU THAT WE HAVE RECEIVED FROM THE A/M BANK A(N) **LETTER OF CREDIT**, CONTENTS OF WHICH ARE AS PER ATTACHED SHEET(S).
THIS ADVICE AND THE ATTACHED SHEET(S) MUST ACCOMPANY THE RELATIVE DOCUMENTS WHEN PRESENTED FOR NEGOTIATION.
兹通知贵公司,我行收自上述银行信用证一份,现随附通知。贵司交单时,请将本通知书及信用证一并提示。
REMARK备注:
PLEASE NOTE THAT THIS ADVICE DOES NOT CONSTITUTE OUR CONFIRMATION OF THE ABOVE L/C NOR DOES IT CONVEY ANY ENGAGEMENT OR OBLIGATION ON OUR PART.
THIS L/C CONSISTS OF ONE SHEET(S), INCLUDING THE COVERING LETTER AND ATTACHMENT(S).

本信用证连同面函及附件共 1 纸。
IF YOU FIND ANY TERMS AND CONDITIONS IN THE L/C WHICH YOU ARE UNABLE TO COMPLY WITH AND/OR ANY ERROR(S), IT IS SUGGESTED THAT YOU CONTACT APPLICANT DIRECTLY FOR NECESSARY AMENDMENT(S) SO AS TO AVOID ANY DIFFICULTIES WHICH MAY ARISE WHEN DOCUMENTS ARE PRESENTED.
如本信用证中有无法办到的条款及/或错误，请迳与开证申请人联系，进行必要的修改，以排除交单时可能发生的问题。
THIS L/C IS ADVISED SUBJECT TO ICC UCP PUBLICATION NO.600.
本信用证之通知系遵循国际商会跟单信用证统一惯例第600号出版物办理。
此证如有任何问题及疑虑，请与结算业务部审证科联络，电话：0432-8566××××。

YOURS FAITHFULLY
FOR BANK OF CHINA

示例6-5 信用证

Sent	:ID: 20××.09.13 11:59
Received	:OD: 20××.09.14 16:12
Reviver	:BANK OF CHINA, JILIN BRANCH
	Banking Dept, No.100 XI' AN ROAD,
	CHANGCHUN, CHINA
SWIFT Message Type	:MT: 700 Issue of Documentary Credit
Correspondents BIC/TID	:IO: St. Paul's United Bank of Italy
	1-CHOME 2001 78 Genova, Italy.
Sequence of Total	:27: 1/1
Form of Documentary Credit	:40A: IRREVOCABLE
Documentary Credit Number	:20: YY20××0827
Date of Issue	:31C: 20××.09.13
Applicable Rules	:40E: UCPURR LATEST VERSION
Date and Place of Expiry	:31D:20××.12.15
	NEGOTIATING BANK
Applicant	:50: BLACKTHORN LTD.
	VIA MILANO,
	87 – 265683 GENVOA – ITALY
Beneficiary	:59: LONGYUAN IMPORT &
	EXPORT CORPORATION,
	B98 QIANJIN STREET,
	CHAOYANG DISTRICT, JILIN, CHINA.
Currency Code, Amount	:32B: USD155720.00.00
	[it is about 70% value of the
	Sales Confirmation No. 20××LY569802,
	the others(about 30%) is remitted by T/T]

Available with...By...	:41D: ANY BANK
	BY NEGOTIATING
Drafts at...	:42C: BENIFICIARY'S DRAFT(S)
	AT SIGHT FOR ABOUT 70% INVOICE COST
Drawee	:42A: BLACKTHORN LTD.
	VIA MILANO,
	87 – 265683 GENOVA – ITALY
Partial Shipments	:43P: ALLOWED
Transshipment	:43T: ALLOWED
Port of Loading	:44E: DALIAN, CHINA
Port of Discharge	:44F: GENOVA, ITALY
Latest Date of Shipment	:45C: 20××.11.30
Description of Goods and/or	:45A: 24-PIECES DINNERWARE 1680 SETS STRIPE BOWL 25200

PIECES CIF GENOVA AS PER S/C NO. 20××LY569802

Documents Required   :46A:
+SIGNED COMMERCIAL INVOICE IN 3 COPIES, SHOWING THE VALUE AS PER S/C No. 20××LY569802.
+2/3 SET OF CLEAN ON BOARD MARINE BILLS OF LADING MADE OUT TO ORDER AND BLANK ENDORSED, MARKED 'FREIGHT PREPAID', NOTIFY APPLICANT, INDICATING CREDIT NUMBER.
+INSURANCE POLICY OR CERTIFICATE IN DUPLICATE ENDORSED IN BLANK FOR 110 PERCENT OF THE INVOICE VAULE INCLUDING INSTITUTE CARGO CLAUSE (A), INSTITUTE STRIKES RIOTS AND CIVIL COMMOTIONS CLAUSES. INSURANCE CLAIMS TO BE PAYABLE IN ITALY IN CURRENCY OF DRAFTS.
+GSP CERTIFICATE OF ORIGIN(FORMA)IN 3COPIES ISSUED BY AVTHORIIED INSTITUION
+PACKING LIST IN 3 COPIES
+ BENEFICIARY'S CERTIFIED COPY OF FAX DISPATCHED TO THE ACCOUNTEE WITHIN 3 DAYS AFTER SHIPMENT ADVISING NAME OF VESSEL/DATE, QUANTITY,WEIGHT AND VALUE OF SHIPMENT.
+ BENEFICIARY'S CERTIFICATE STATING THAT 1/3 SET OF ORIGINAL MARINE BILLS OF LADING AND ONE SET OF NON-NEGOTIABLE SHIPPING DOCUMENTS ARE TO BE SENT TO APPLICANT WITHIN 3 DAYS AFTER SHIPMENT.

Detail of Charges	:71B:
	ALL BANKING CHARGES OUTSIDE ITALY ARE FOR BENEFICIARY'S ACCOUNT.
Period for Charges	:48:
	DOCUMENT MUST BE PRESENTED WITHIN 5 DAYS AFTER THE DATE OF SHIPMENT BUT WITHIN THE VALIDITY OF THIS CREDIT.
Confirmation Instructions	:49: WITHOUT
Inst/Paying/Accept/Negotiate Bank	:78:

INSTRUCTIONS TO THE NEGOTIATING BANK :
+ T.T.CLAIM FOR REIMBURSEMENT IS PROHIBITED.

+ ON RECEIPT OF DOCS IN ORDER, WE'LL REMIT AS PER YOUR INSTRUCTION. ALL DOCS TO BE SENT TO US IN ONE LOT BY COURIER SERVICE (ADD.:1-CHOME 2001 78 GENOVA, ITALY).
+DISCREPANT FEE OF USD50.00 OR EQUIVALENT AND CABLE CHARGE OF USD20.00-TO BE DEDUCTED FROM PROCEEDS, FOR DISCREPANT

DOC.
  Trailer   :-: -
  Checksum   :CHK: 6276D8A019F7
  Trailer   -

(前5项略)
总页次顺序：27 1\1
跟单信用证形式：40A: 不可撤销
跟单信用证号码：20: YY20××0827
开证日期：31C: 20××.09.13
适用规则：40E: 国际商会跟单信用证惯例最新版本
到期日和到期地点：31D:20××.12.15 议付行
申请人：50: BLACKTHORN LTD.
    VIA MILANO, 87 – 265683 GENOVA – ITALY
受益人：59: 龙源进出口公司中国吉林市朝阳区前进大街B98号
货币代码金额：32B: 155720.00美元(这是20××LY569802号合同金额的70%，另外30%由电汇支付)
可供兑付的银行及其兑付方式：41D: 通过任何银行进行议付
汇票：42C: 按发票金额的70%开立受益人汇票
付款人：42A: BLACKTHORN LTD.
    VIA MILANO, 87 – 265683 GENVOA – ITALY
分批装运：43P: 允许
转运：43T: 允许
装货港：44E: 中国大连
卸货港：44F: 意大利热那亚
最迟装船日期：45C: 20××.11.30
货物描述：45A: 24头餐具 1680套 条纹碗 25200只
CIF热那亚 根据20××LY 569802号销售合同
所需单据：46A: 签字商业发票一式三份，显示20××LY 569802号销售合同金额。
2/3的清洁已装船海运提单，做空白抬头和空白背书，注明"运费预付"，通知申请人，注明信用证号。
保险单或保险凭证一式两份，按照发票金额的110%投保，作空白背书，投保协会货物条款(A)、协会罢工骚乱和民事骚乱条款。保险索赔应在意大利以汇票货币支付。
GSP原产地证书(表A)一式三份，由授权机构出具。
装箱单一式三份
受益人装运细节传真副本应在装运后3日内寄送申请人，内容包括船名、发货日期、数量、重量和货值。
受益人证明：1/3的正本海运提单和1套副本装运单据应在装运后3天之内寄交申请人。

费用明细：71B：意大利以外的所有银行费用由受益人承担。
交单期限：48：单据必须在装运日期后5天内提交，但必须在信用证的有效期内。
保兑指示：49：无
指示/付款/承兑/议付银行：78：
对议付行的指示：
+禁止电汇偿付
+收到合格单据后，我们将按照你们的指示汇款。所有单据将被一次快递寄往1-chome 2001 78热那亚，意大利。
如果单据出现不符点，将从货款中扣除50.00美元或与其等值和报费20美元。

六、出口商提出改证

看过信用证之后，杨子墨发现有几项条款与合同不符，需要修改，于是他在20××年9月17日向波尔森先生发出改证函。改证函细节如示例6-6所示。

示例6-6　要求改证函

主　题：	Amendment to the L/C
发件人：	LONGY@ WEN.NET.CN
日　期：	20××-09-17 16:32:01
收件人：	PERLSEN@HTPN.IT
发送状态：	发送成功

To: BLACKTHORN LTD.
Attn: Mr. Poulsen

Dear sirs,
　　Thank you for your L/C No. YY20××0827 issued by opening bank which arrived here on Sep.16 20××.
　　On going through the L/C, however, we find the following discrepancies which do not conform to our Sales Confirmation No. 20××LY569802. Please make amendment to it.
　　1.The drawee of the draft should be opening bank instead of accreditor.
　　2.The period of presenting documents should be within 15 days after shipment instead of within 5 days after the issuance of transport documents.
　　3.Amend full set of 2/3 original clean on board ocean Bill of Lading to full set of 3/3 original clean on board ocean Bill of Lading.
　　4.Delete the clause "beneficiary's certificate stating that 1/3 set of original marine bills of lading and one non-negotiable shipping documents are to be sent to applicant within 3 days after shipment."
　　5. Insert: beneficiary's certificate stating that one set of non-negotiable shipping documents have been sent to the applicant by DHL within 72 hours after shipment.
　　Please kindly make your amendment to the L/C soonest so as to enable us to effect shipment within the delivery time.
　　Your prompt attention to the matter will be much appreciated.
　　Yours truly,
　　Zimo Yang

敬启者，

　　感谢贵司申请开证行开出的YY20××0827号信用证，该证于20××年9月16日到达我方。

　　然而，在审证时发现该证有下列差异与我司20××LY569802号销售确认书不符，请予以修改为盼。

　　1.汇票的付款人应该是开证行，而不是申请人。
　　2.向银行交单期限应在装运后15天之内，而不是在签发运输单据后5天之内。
　　3.将全套2/3正本海运提单改为全套3/3正本海运提单。
　　4.删除"受益人证明"，其中注明1/3的海运提单正本和一份副本装运单据应在装运后3天内送交申请人。
　　5.插入受益人证明，注明一套副本装运单据已在装运后72小时内由DHL发送给申请人。

　　惠请贵司尽快改证，以使我方在交货期内发货。
　　如蒙及时处理此事，我们将不胜感激。
　　此致

杨子墨

七、进口商向银行申请改证

　　波尔森先生收到杨子墨的改证函之后，认为确实与合同不符，可以修改，遂于20××年9月18日向开证行提出改证申请。申请书细节如示例6-7所示。

示例6-7　改证申请书

Application for Amendment

To: St. Paul's United Bank of Italy　　　　1-CHOME
　　2001 78 Genova, Italy.

Amendment to Our Documentary Credit No. YY20××0827

Date of amendment: Sep.18, 20××	No.of Amendment:01
Applicant: BLACKTHORN LTD.	Advising Bank: Bank of China, Jilin Branch
Beneficiary: Longyuan Import & Export Corporation	Amount: USD155720.00

The above-mentioned credit is amended as follows:

　　1. Documents are to be presented within 15 days after shipment.
　　2. Available by your draft at sight drawn on issuing bank.
　　3. Full set of 3/3 original clean on board ocean Bill of Lading.
　　4. Delete the clause "beneficiary's certificate stating that 1/3 set of original marine bills of lading and one set of non-negotiable shipping documents are to be sent to applicant within 3 days after shipment."
　　5. Insert: beneficiary's certificate stating that one set of non-negotiable shipping documents have been sent to the applicant by DHL within 72 hours after shipment.

　　All other terms and conditions remain unchanged.

Authorized Signature
yhtwory voleus

This amendment is subject to Uniform Customs and Practice for Documentary Credits(2007 revision),. International Chamber of Commerce, Publication No.600.

八、银行发出改证通知

意大利开证行接到波尔森的改证申请书后，经审核无误遂于20××年9月18日开出改证通知书。具体改证通知细节如示例6-8所示。

示例6-8 改证通知书
Notification of Amendment to Documentary Credit

ISSUING BANK St. Paul's United Bank of Italy	DATE OF THE AMENDMENT: Date: 18, Sep. 20××
BENEFICIARY: Longyuan Import & Export Corporation	APPLICANT: Blackthorn Ltd.
L/C NO.YY20××0827 **DATED Sep.13** 20××	THIS AMENDMENT IS TO BE REGARDED AS PART OF THE ABOVE MENTIONED CREDIT AND MUST BE ATTACHED THERETO.

Dear sirs,

We hereby make an amendment to Documentary Credit No. YY20××0827, contents of which are as follows:

Amendment No.1
_ Documents are to be presented within 15 days after shipment
_ Available by your draft at sight drawn on issuing bank
_ Full set of 3/3 original clean on board ocean bill of lading
_ Delete the clause "beneficiary's certificate stating that 1/3 set of original marine bills of lading and one set of non-negotiable shipping documents are to be sent to applicant within 3 days after shipment."
_ Insert: beneficiary's certificate stating that one set of non-negotiable shipping documents have been sent to the applicant by DHL within 72 hours after shipment.

ALL OTHER TERMS AND CONDITIONS REMAIN UNCHANGED.

THE ABOVE MENTIONED DOCUMENTARY CREDIT IS SUBJECT TO THE UNIFORM CUSTOMS AND PRACTICE FOR DOCUMENTARY CREDITS (2007 REVISION, INTERNATIONAL CHAMBER OF COMMERCE, PUBLICATION NO. 600)

PLEASE ADVISE THE BENEFICIARY:	ADVISING BANK'S NOTIFICATIONS:
Longyuan Import & Export Corporation	

为了防止工作脱节,波尔森先生将"合同变更单"送交各有关部门,与原始合同订在一起,以便遵照执行。

第二节 理论指导

一、出口业务指导

(一) 出口合同的履行程序

履行合同是实现货物和资金转移的过程,即双方根据合同规定履行各自义务的过程。任何一方违反合同规定,均应依法承担赔偿责任。就卖方而言(以CIF条件、信用证支付为例),履行合同的职责包括:催证、审证和改证、筹备资金、安排生产、租船订舱、报关(检)、投保、装船、发送装运通知、制单结汇等。

(二) 货款收付的主要方式

进出口货款的收付涉及是银行信用还是商业信用、使用什么货币、什么票据以及什么时间以何种方式收付款等问题。我国常用的进出口结算方式有三种:汇付、跟单托收和信用证。前两种属于商业信用,后一种属于银行信用。国际货物买卖中最常用的支付工具是汇票。

1. 汇付

汇付也称汇款,是进口商主动将货款通过银行汇给出口商的一种付款方式。常见的有电汇、信汇和票汇。其中电汇使用的频率较高。无论采用哪一种汇款方式,进口商都要到当地银行填制汇款申请书。汇款申请书如二维码所示。进口商交款付费后,进口地银行将款项拨付出口地银行,当银行间的款项拨妥之后,出口商就可以收到货款了。汇款方式下,出口商能否收到货款取决于进口商,与银行无关。实务中,通常是出口商备货时买方预付30%货款,发货后出口商传真提单给进口商,待其支付余款后,再将正本提单快递寄出。汇款可用于支付预付款(定金)、货款尾数、中间商佣金、运输保险费用等。信汇/电汇程序如图6-1和图6-2所示,票汇程序如图6-3所示。

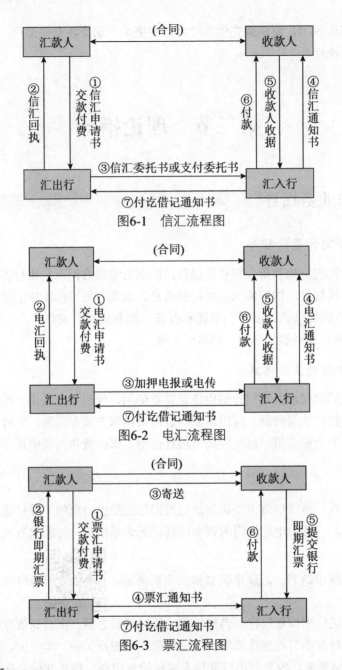

图6-1 信汇流程图

图6-2 电汇流程图

图6-3 票汇流程图

2. 跟单托收

跟单托收是出口商发货后,开具汇票连同装运单据交当地托收行,委托其通过国外代收行向进口商收取货款的方式。根据代收行向进口商交出单据条件的不同,分为付款交单(D/P)和承兑交单(D/A)。跟单托收属于商业信用,出口商先发货,进口商后付款。托收程序如图6-4所示。

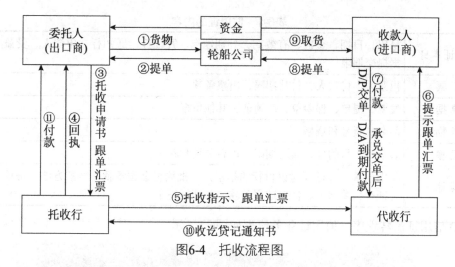

图6-4 托收流程图

使用跟单托收时有如下注意事项。

(1) 考察进口商资信,根据情况给予不同的授信额度和签订不同金额的合同。对资信稍差的客户,可要求其预付往返运费和其他杂费;也可以采用部分托收,部分信用证支付;或由进口商开立银行保函进行担保,确保托收款项安全收回。

(2) 代收行应由当地托收行指定,防止外商指定的银行不做外汇业务或提供的地址不详,影响收汇。

(3) 争取使用CIF或CIP价格,为了避免FOB情况下进口商未投保又不付款,货物受损无人负责,出口商可以投保"卖方利益险"作为补偿。

(4) 对外汇管制较严的国家要慎重,防止购汇申请不获批准,进口商无钱支付。

(5) 了解进口国有关规定,明确是单到付款还是货到付款,防止国外银行误将远期付款交单当成承兑交单处理。

(6) 备好单据并正确填写,提单应作空白抬头加背书。严格制单审单,防止进口商找借口不付货款。

(7) 了解《托收统一规则》(URC522)的内容,减少当事人之间的误解和争议。

(8) 拒付前后的措施:①提交的单据要符合要求,否则进口商会延误通关甚至拒收货物。②收到拒付通知后,要及时了解拒付原因及货物状况,尽快联系客户或新的买家;在D/P条件下,货被提走,应追究代收行责任;如果货物到港,进口商拒不赎单,出口商要及时处理货物或组织回运。

3. 信用证

信用证是银行开立的有条件的付款承诺,由进口商向其银行申请开立。

(1) 信用证的内容如表6-1所示。

表6-1　信用证的内容

信用证本身	号码、日期、金额、有效期、到期地点、开证行、通知行、申请人、受益人、单据提交期限
汇票	出票人、付款人、付款期限、出票条款
单据	发票、提单、保险单、产地证、其他单据
货物	品名、货号和规格
运输	装运地、目的地、装运期限、可否分批和转运
其他	特别条款、开证行对议付行的指示：背批议付金额条款、索汇方法、寄单方法、开证行付款保证、惯例适用条款、开证行签字

(2) 信用证流转程序。信用证业务流程如图6-5所示。

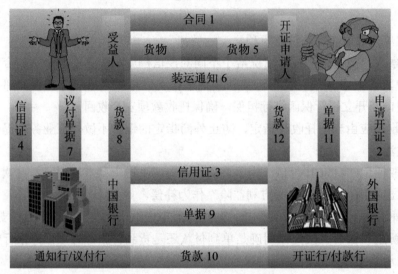

图6-5　信用证业务流程图

(3) 审证实务

① 审证依据。根据国家有关政策和规定、交易合同、国际商会《跟单信用证统一惯例》第600号出版物(UCP600)、国际标准银行实务(ISBP)以及业务中的具体情况进行审证。

② 审证原则。信用证条款比出口合同规定严格时，应当修改；而比合同宽松时，可不修改。对于信用证没有规定的单据银行不审。

③ 审证要点：对信用证本身的审核：惯例适用、有效性、当事人、到期日和到期地点；专项审核：金额、币种、付款期限、品名、货号、规格、数量、装运期限、装运港、卸货港、分批转运、单据的出具(由谁出具、能否出具、单据与证前后是否矛盾、单据与合同是否一致)。

④ 信用证常见问题如表6-2所示。

表6-2 信用证的常见问题

类别	常见问题
软条款信用证	限制来证生效的条款 要求提交买方出具或签字的检验证书 货物抵达目的港后经买方检验后付款 开证行无明确保证付款的文句 开证行付款以进口商承兑汇票为前提 提供不易获得的单据 设置表面不难办而实际上难以办到的条款
信用证本身	信用证密押不符 信用证漏列适用惯例条款 信用证号码前后矛盾 申请人或受益人名称、地址与合同不符 信用证金额大、小写不一致 信用证金额不够(未满足溢短装条款) 货物本身、单价和数量与合同不符 货物分批和转运规定与合同不一致、费用条款不合理
汇票问题	汇票货币与合同不一致 汇票付款人不是开证行 汇票付款期限与合同不符
信用证期限	信用证无有效期 信用证有效期与装运期相互矛盾 有效期与交单期相互矛盾 交单期过短 到期地点在国外
单据问题	单据要求的格式有特殊规定 漏列或多列提交的单据 发票要求领事签证
运输单据	提单抬头错误 提单抬头与背书要求不符 运费支付方法与贸易术语相矛盾 正本提单直寄客户 空运运单收货人不是开证行 运输工具限制过严(如限制船名、船籍、船旗、挂靠码头) 装运港和目的港与合同不一致
保险单据	保险单种类有误 投保险别与合同规定或实际情况不符 投保金额未按合同规定
产地证书	产地证明书出具机构不当(如无授权机构) 要求提交的检验证书与实际不符

(4) 改证实务

① 改证原则。仔细核对销售合同,在不影响收汇的情况下,可不改证。但对装运货物、出口制单、安全收款和控制货权不利的,则应一次性提出改证。

② 改证函的缮制。将不利条款集中电告对方修改，改证函应感谢对方按时开证、列明不符点并说明修改意见、感谢对方合作并希望改证早日到达。

例：THANK YOU FOR YOUR L/C NO.8989551. HOWEVER,WE ARE SORRY TO FIND IT CONTAINS THE FOLLOWING DISCREPANCIES,PLEASE MAKE AMENDMENT TO IT.

THE EXPIRY DATE SHOULD BE APRIL 4,2008 INSTEAD OF MARCH 4,2018.

THANK YOU FOR YOUR KIND COOPERATION, PLEASE SEE TO IT THAT THE L/C AMENDMENT REACH US WITHIN NEXT WEEK, OTHERWISE WE CANNOT EFFECT PUNCTUAL SHIPMENT.

③ 改证注意事项：

第一，不要把改证函发给开证行。

第二，改证函必须提及信用证号码。

第三，货量发生偏差时，如来证数量比合同少，则要求买方按照合同修改；如果比合同多，可更改合同数量。此时，信用证总额必须修改。

第四，修改方法：先列不符点，再说修改方法；或逐条指出逐条修改。

第五，提及不符点时，不用MISTAKE表述，比如，到期地点在国外是称不上错误的。

改证函示例如二维码所示。

4. 银行保函和备用信用证

银行保函是银行向受益人开立的保证委托人未履行义务时由该银行承担赔付责任的信用凭证。

备用信用证是银行承诺申请人违约时，银行承担责任的一种银行信用凭证。

以上两种方式多与其他结算方式联合使用，属于附属的结算方式。

5. 不同结算方式的选用

(1) 选择结算方式需要考虑的因素

① 客户信用。对于信用好的客户，可以使用收汇风险较大的结算方式；对于信用不好的客户则使用收汇风险小的结算方式。

② 经营意图。对于畅销货选择有利自己的方式；对于滞销货则选择有利对方的方式。

③ 贸易术语。使用象征性交货术语时，交单即算交货，转移货权以单据为媒介，多用信用证或托收方式；使用实际交货术语时，如果无法通过单据控制物权，那么不能使用托收。

④ 运输单据。使用代表物权凭证的货运单据时，宜采用信用证或托收方式；使用非物权凭证的货运单据时，如陆、空、邮运单据，不宜使用托收；如果采用信用证，应将所有单据直接递交开证行，以控制货权。

(2) 不同结算方式的综合使用

① 信用证与汇付结合：部分货款信用证支付，余下货款采用汇付。

② 信用证与托收结合：部分信用证、部分托收。开两张汇票：信用证项下货款凭光票支付，托收凭跟单汇票支付。买方付款后方能交出单据。

③ 托收与预付款结合：卖方收到预付款后发货，并从发票中扣除已收款项，余额委托银行托收。

④ 备用信用证与托收结合：托收款遭到拒付时，可凭备用信用证中银行的保证追回，这是商业信用和银行信用的结合。

6. 结算中的短期贸易融资

贸易融资是银行对买卖双方提供的与贸易有关的资金融通。

(1) 打包贷款：出运前，银行凭信用证向卖方提供贷款。

(2) 出口押汇：出运后，银行凭合格单据(信用证/托收)向卖方垫付货款。

(3) 远期汇票贴现：凭经过承兑的汇票向银行贴现，即扣除汇票到期前的利息，将余额付给持票人。

(4) 进口押汇：银行应买方要求垫款并对外支付的行为。

(5) 担保提货：货物先到而单据未到时，买方向银行申请开立提货担保函，货银双方会签后向船公司提货。

二、进口业务指导

(一) 进口合同的履行程序

进口和出口一样，双方都要严格履行各自的职责。就买方而言，使用FOB术语、信用证付款条件下，买方要办理申请开证、租船订舱和催装、投保、审单付款、报关和报检、接货与拨交、索赔等业务。如果是代理进口，还要和订货单位结算货款和其他费用。

(二) 进口商落实信用证

我国进口货物时，一般首先填写开证申请书一式两联，盖上公章，第二联开证后返给进口商，同时提交进口合同复印件和进口许可证正本(如需要)；其次，将开证申请书交银行盖章，再去外管局申请备案；最后，进口商再到银行办理开证手续，取得授信额度或交纳开证押金和支付开证手续费。开证申请书如二维码所示。

(三) 进口商开证、改证时的注意事项

(1) 必须在规定的条件达到后开证。例如，卖方领到出口许可证；卖方支付了履约保证金；买方收到银行履约保函等。

(2) 必须在合同规定的时间内开证。

(3) 填写开证申请书时，可以请资深专家、金融财务人员以及银行人员帮助审核，确保内容无误，避免日后修改影响合同正常履行。

(4) 对近距离来货，应缩短出口商的交单期限，防止货物先到而无单据不能报关，致

使货物分流，产生集装箱货物的疏港费用。

(5) 改证时填写改证申请书并加盖公章，如果信用证增加金额，还要落实相应的保证金。

第三节 课中训练

一、进口开证

柳惠卿收到肖红的销售合同，审核无误后即签字盖章，并寄回一份给肖红存档。20××年12月4日根据合同填写开证申请。具体申请细节请在示例6-9中进行操作。

示例6-9 信用证申请书

IRREVOCABLE DOCUMENTARY CREDIT APPLICATION 不可撤销跟单信用证申请书	
TO: BRANCH DATE:	
Please issue your Irrevocable Documentary Credit □ with brief advice by teletransmission □ by airmail □ full teletransmission as per followings:	
Applicant (Full name and address)	DC No. and Advising Bank (Bank use only)
	Expiry date: Place for Presentation:
Beneficiary (Full name and address)	Amount in figures and words (please use ISO currency code)
	Price term: □ CIF □ CFR □ FOB □ CIP □ CPT □ FCA
Partial Shipments □ allowed □ not allowed	Credit available with Nominated Bank: □ by SIGHT PAYMENT
Transshipment □ allowed □ not allowed	□ by DEFERRED PAYMENT at: □ by ACCEPTANCE □ by NEGOTIATION
Shipment from: For transportation to: Not later than: Documents to be presented within days after the date of shipment but within the validity of the Credit	Against the Documents detailed herein □ and Beneficiary's draft(s) at for % of invoice value drawn on the Issuing Bank
Documents required (marked with "×") □ Signed Commercial Invoice in original(s) and copy(ies) indicating L/C No. and Contract No.. □ Full set of clean on board ocean Bill of Lading □ plus non-negotiable copy (ies) made out to order and blank endorsed, marked freight □ prepaid □ to collect, □ showing freight amount, notifying □ Air Waybill in original(s) □ and copy (ies) showing freight □ prepaid □ to collect, □ indicating freight amount □ indicating the actual date of dispatch and consigned to □ Applicant	

☐ Railway Bill ☐ Cargo Receipt ☐ Memorandum showing freight ☐ prepaid ☐ to collect ☐ indicating freight amount, and consigned to ☐ Applicant ☐

☐ Full set of Insurance Policy/Certificate ☐ plus   copy (ies) for   % of CIF or CIP value of the shipped goods, endorsed in blank, showing claims payable in Busan in currency of the Credit, covering ☐ I.C.C (A), ☐ I.W.C.(Cargo), ☐ I.S.C.(Cargo); ☐ I.C.C (Air), ☐ I.W.C (Air Cargo), ☐ I.S.C. (Air Cargo); ☐ Ocean Marine Transportation All Risks, ☐ War Risks; ☐ Overland Transportation All Risks; ☐

☐ Packing List/Weight Memo in   original (s) and   copy (ies) issued by   , ☐ indicating quantity/gross and net weights of each package and packing conditions.

☐ Certificate of Quantity in   original (s) and   copy (ies) issued by   , ☐ indicating the actual surveyed quantity of shipped goods as well as the packing conditions.

☐ Certificate of Quality in   original (s) and   copy (ies) issued by   .

☐ Certificate of Origin in   original (s) and   copy (ies) issued by   .

☐ Beneficiary's certified copy of Fax/Telex dispatched to Applicant within   days after shipment advising ☐ name of vessel☐ flight No., ☐ wagon No., quantity, weight, value and date of shipment.

☐ Beneficiary's certificate attesting that the extra copies of documents have been dispatched to Applicant by courier service ☐ within   days after shipment according to the Contract terms, ☐ and the relevant courier receipt is required for presentation with other documents.

☐ Other documents(if any):

Description of Goods (and /or Services):   packing:
    shipping mark:

Additional Instructions (marked with "×")	We here by undertake and agree that our Commitment Letter overleaf shall apply to this Credit which will be subject to the Uniform Customs and Practice for Documentary Credits, 2007 Revision, ICC Publication No. 600.
☐ Beneficiary's Certificate confirming their acceptance and/or non-acceptance of all the amendments made under this Credit quoting the relevant amendment No.. If this Credit has not been amended, such Certificate is not required.	
☐ All banking charges outside Issuing Bank are for Beneficiary's account.	Authorized Signature and Company Stamp of Applicant
☐ All documents to be forwarded in one cover by ☐ courier service ☐ registered airmail.	
☐ Both quantity and amount % more or less are allowed.	Bank use only
☐ Transport documents showing a third party other than Beneficiary as shipper are not acceptable.	
☐ Short form/blank back B/L is not acceptable.	
☐ Documents issued earlier than L/C issuing date are not acceptable.	
☐ Issuing Bank's telegraphic transfer charges for payment to be born by Beneficiary.	印鉴核符 备注:
☐ Other terms, if any:	签名:

韩国开证行审核申请书无误后，于20××年12月6日开出信用证并通过出口地通知行将信用证转给出口商中吉五金矿产进出口公司。信用证细节如示例6-10所示。

示例6-10　信用证

| From: COMMERCIAL BANK OF KOREA |
| CB×××PSH |

To: BANK OF CHINA JILIN BRANCH
　　　BCH××××EX

Printed On: 20××-12-06 15:35:06　　　　　　　　　　　　　　　　　　Page No: 1

:27:	Sequence of Total:	1/1
:40B:	Form of Documentary Credit:	IRREVOCABLE
		WITHOUT OUR CONFIRMATION
:20:	letter of credit:	LC20101206
:31:	Date of Issue:	20××-12-06
:40E:	Applicable Rules:	UCP LATEST VERSION
:31D:	Date and Place of Expiry:	20××-02-28　KOREA
:52A:	Issuing Bank:	COMMERCIAL BANK OF KOREA
		AVENUE,20-4 BUSAN KOREA
:50:	Applicant:	KOREA MACHINERY
		MANUFACTURING COMPANY
		POBOX 89-123,BUSAN KOREA
:59:	Beneficiary:	ZHONGJI METALS AND
		MINERALS IMPORT AND
		EXPORT CORPORATION
		C101 FEIYUE ROAD,
		SHUANGYANG DISTRICT,
		CHANGCHUN,CHINA.
		TEL.0086-431-8567××××
:32B:	Currency Code, Amount:	USD *129930.00*
:39B:	Maximum Credit Amount:	NOT EXCEEDING
:41D:	Available With…By…:	BANK OF CHINA JILIN BRANCH
		BY NEGOTIATION
		AGAINST THE DOCUMENTS DETAILED HEREIN
		AND BENEFICIARY'S DRAFT(S) AT SIGHT FOR50%
		OF INVOICE VALUE DRAWN ON THE ISSUING BANK
:43P:	Partial Shipments:	PARTIAL SHIPMENT ARE ALLOWED
:43T:	Transshipment:	TRANSSHIPMENT ARE ALLOWED
:44E:	Port of Loading/Airport of Departure:	ANY PORT IN CHINA
:44F:	Port of Discharge/Airport Destination:	BUSAN PORT,KOREA
:44C:	Latest Date of Shipment :	20××-02-20

:45A: Description of Goods and /or Service:
Type diamond grinder CIFC5%USD 142.00/SET AS DESCRIBED IN SALES CONTRACT NO. ZJGS20101125 DATED 25 NOV. 20××

:46A: Documents Required:
+SIGNED COMMERCIAL INVOICES IN SIX ORIGINALS BEARING CONTRACT NO.
+FULL SET OF CLEAN SHIPPED ON BOARD B/L, ISSUED OR ENDORSED TO THE ORDER OF COMMERCIAL BANK OF KOREA MARKED FREIGHT PREPAID AND NOTIFY APPLICANT
+INSURANCE POLICY OR CERTIFICATE IN DUPLICATE ISSUED OR ENDORSED TO THE ORDER OF COMMERCIAL BANK OF KOREA, FOR 10PERCENT OF INVOICE VALUE, FROM WAREHOUSE TO WAREHOUSE COVERING ALL RISKS AND WAR RISK SUBJECT TO CIC 1.1.2009.
+CERTIFICATE OF ORIGIN ISSUED OR LEGALIZED BY THE COMPETENT AUTHORITIES
+PACKING LIST
+ COPY OF SHIPPING ADVICE
+BENEFICIARY'S CERTIFICATE STATING THAT ONE SET OF NON-NEGOTIATABLE DOCUMENTS ARE TO BE SENT TO APPLICANT WITHIN 3 DAYS AFTER SHIPMENT
+ FUMIGATION/DISINFECTION CERTIFICATE

:47A: Additional Conditions:
+THE NUMBER AND THE DATE OF THE CREDIT AND THE NAME OF OPENING BANK, MUST BE QUOTED ON ALL DOCUMENTS REQUIRED
+50% OF THE INVOICE VALUE AVAILABLE AGAINST CLEAN DRAFT AT SIGHT WHILE THE REMAINING 50% ON DOCUMENTS AGAINST PAYMENT AT SIGHT ON COLLECTION BASIS. THE FULL SET OF SHIPPING DOCUMENTS SHALL ACCOMPANY THE COLLECTION DRAFT AND SHALL ONLY BE RELEASED AFTER FULL PAYMENT OF THE FULL INVOICE VALUE, OTHERWISE, THE SHIPPING DOCUMENTS SHALL BE HELD BY THE ISSUING BANK AT THE SELLER'S DISPOSAL.

:71B: Charges: ALL CHARGES OUTSIDE KOREA ARE FOR BENEFICIARY'S ACCOUNT

:48: Period for Presentation: DOCUMENTS MUSTBE PRESENTED WITHIN 6 DAYS AFTER ISSUANCE OF THE TRANSPORT DOCUMENT BUT WITHIN THE VALIDITY OF THIS CREDIT
:49: Confirmation Instruction   WITHOUT
:78: Instruct. To the pay./Accept./Nego. Bank:
ALL DOCUMENTS UNDER THIS L/C MUST BE SUBMITTED AT THE COUNTERS OF COMMERCIAL BANK OF KOREA.
:57A: "Advise Through" Bank: BANK OF CHINA JILIN BRANCH

END MESSAGE

二、出口商提出改证

20××年12月15日肖红经过仔细审证，发现来证中有几个条款与合同不符，需要修改，遂向韩国机械制造公司柳惠卿女士发出改证函，要求其修改信用证条款。具体改证内容请在函电6-1中进行操作。

函电6-1　我方发出改证函

主　题：	Amendment to the L/C
发件人：	ZJKC@KEN.NET.CN(中吉五金矿产进出口公司)
日　期：	20××-12-15　20:23:23
收件人：	HGJZ@PEM.NET.KOR(韩国机械制造公司)
发送状态：	

To： Korea Machinery Manufacturing Company
Attn： Mrs. Huiqing Liu
DEAR SIRS,

<u>RE: AMENDMENT TO CREDIT NO.LC20101023</u>

课后作业

1. 信用证条款翻译

(1) AVAILABLE BY BENEFICIARY'S DRAFTS AT SIGHT TOGETHER WITH THE FOLLOWING DOCUMENTS BEARING OUR CREDIT NUMBER.

(2) FULL SET OF CLEAN ON BOARD OCEAN BILLS OF LADING MADE OUT TO SHIPPPER'S ORDER, ENDORSED TO THE ORDER OF BANK OF CHINA SINGAPORE BRANCH MARKED FREIGHT PREPAID AND NOTIFY THE ABOVE APPLICANT.

(3) DRAFTS DRAWN UNDER THIS CREDIT MUST BE PRESENTED FOR NEGOTIATION IN CHINA ON OR BEFORE 30TH AUGUST 2018.

2. 根据进口合同，填写开证申请书。如示例6-11和6-12所示。

示例6-11 进 口 合 同

SHENYANG QINGYUAN TRADE COMPANY

PURCHASE CONTRACT

CONTRACT NO. 1833D01　　DATE:01/02/18　　　SIGNED AT: SHEN YANG

1. THE BUYERS: SHENYANG QINGYUAN TRADE COMPANY
   ADDRESS:A999 SHUN CANG ROAD SHENYANG CHINA
   TEL: 024-8976××××　　FAX:024-6759××××
2. THE SELLERS: LIAN BANG CO. LTD. BUSAN
   ADDRESS: B99 XIAWAN DAO STREET BUSAN KOREA.
   TEL: 82-3 8976××××　　FAX: 82-3 8998××××

THE UNDERSIGNED SELLERS AND BUYERS HAVE CONFIRMED THIS CONTRACT IS ACCORDANCE WITH THE TERMS AND CONDITIONS STIPULATED BELOW:

3. NAME OF COMMODITY	4. QUANTITY	5. UNIT PRICE	6. AMOUNT
KITCHENWARE ART. NO.09TT101	8500SETS	USD6.20/SET	USD52700.00

7. TOTAL VALUE (IN WORDS): SAY
8. 　% more or less in quantity and value allowed.
9. TERMS:
   ☐ FOB　☒ CFR　☐ CIF　☐ FCA　☐ CPT　☐ CIP
10. COUNTRY OF ORIGIN AND MANUFACTURERS:
11. PACKING: IN CARTONS, 10 SETS/CARTON
12. SHIPPING MARK: ACMC/05DSD12/DALIAN/C/N.1-UP
13. SHIPMENT FROM BUSAN TO DALIAN CHINA NOT LATER THAN 30 APRIL 2018
14. TRANSHIPMENT: ☒ ALLOWED　☐ NOT ALLOWED
    PARTIAL SHIPMENT: ☒ ALLOWED　☐ NOT ALLOWED
    SHIPMNET TIME:

15. INSURANCE: TO BE COVERED BY THE BUYER FOR 110% OF THE INVOICE VALUE COVERING ALL RISKS AND WAR RISK AS PER CIC (01/01/2009).

16. TERMS OF PAYMENT:

☐ THE BUYER SHALL PAY 100% OF THE SALES PROCEEDS BY T/T REMITTANCE TO THE SELLERS NOT LATER THAN   / ☒ THE BUYERS SHALL ISSUE AN IRREVOCABLE L/C AT 30 DAYS SIGHT THROUGH AGRICULTURAL BANK OF CHINA SHENYANG BRANCH IN FAVOUR OF THE SELLERS PRIOR TO MARCH 15,2018. INDICATING L/C SHALL BE VALID IN BUSAN THROUGH NEGOTIATION WITHIN 5 DAYS AFTER THE SHIPMENT EFFECTED,THE L/C MUST MENTION THE CONTRACT NUMBER.

☐ DOCUMENTS AGAINST PAYMENT:THE BUYERS SHALL DULY MAKE THE PAYMENT AGAINST DOCUMENTARY DRAFT MADE OUT TO THE BUYERS AT____/_____SIGHT BY THE SELLERS.

☐ DOCUMENTS AGAINST ACCEPTANCE: THE BUYERS SHALL DULY ACCEPT THE DOCUMENTARY DRAFT MADE OUT TO THE BUYERS AT_____/_____DAYS BY THE SELLERS.

17. DOCUMENTS REQUIRED: THE SELLERS SHALL PRESENT THE FOLLOWING DOCUMENTS REQUIRED FOR NEGOTIATION/COLLECTION TO THE BANKS.

☒ FULL SET OF CLEAN ON BOARD OCEAN BILLS OF LADING.
☒ SIGNED COMMERCIAL INVOICE IN 6 COPIES.
☒ PAKCING LIST IN 3 COPIES
☒ CERTIFICATE OF QUANTITY AND QUALITY IN 3 COPIES ISSUED BY BENEFICARY.
☐ INSURANCE POLICY IN 2 COPIES.
☐ CERTIFICATE OF ORIGIN IN 2 COPIES ISSUED BY CHAMBER OF COMMERCE.
☒ BENEFICIARY'S CERTIFICATE THAT COPY OF SHIPPING DOCUMENTS ARE TO BE SENT TO APPLICANT WITHIN 3 DAYS AFTER SHIPPMENT.
☒ COPY OF SHIPPING ADVICE STATING:CONTRACT NO., NAME OF COMMODITY, QUANTITY, INVOICE VALUES, ETD, ETA AND NAME OF VESSEL, SHIPPING DATE.

18. QUALITY GUARANTEE:

THE SELLERS SHALL GUARANTEE THAT THE COMMODITY MUST BE IN CONFORMITY WITH THE QUALITY AND SPECIFICATIONS SPECIFIED IN THIS CONTRACT AND LETTER OF QUALITY GUARANTEE.THE GUARANTEE PERIOD SHALL BE 6 MONTHS AFTER THE ARRIVAL OF THE GOODS AT THE PORT OF DESTINATION, AND DURING THE PERIOD THE SELLERS SHALL BE RESPONSIBLE FOR THE DAMAGE DUE TO THE DEFECTS IN DESIGNING AND MANUFACTURING OF THE MANUFACTURER.

19. INSPECTION AND CLAIMS:

THE CLAIMS, IF ANY REGARDING TO THE QUALITY OF THE GOODS, SHALL BE LODGED WITHIN 180 DAYS AFTER ARRIVAL OF THE GOODS AT THE DESTINATION, IF ANY REGARDING TO THE QUANTITIES OF THE GOODS, SHALL BE LODGED WITHIN 10 DAYS AFTER ARRIVAL OF THE GOODS AT THE DESTINATION. IF THE GOODS ARE LOST WITHIN THE SCOPE OF LIABILITY OF THE INSURANCE COMPANY /TRANSPORT COMPANY /POST OFFICE, THE SELLER SHALL NOT BE LIABLE.

20. FORCE MAJEURE:

THE SELLERS SHALL NOT HOLD ANY RESPONSIBILITY FOR PARTIAL OR TOTAL NON-PERFORMANCE OF THIS CONTRACT DUE TO FORCE MAJEURE. BUT THE SELLERS SHALL ADVISE THE BUYERS ON TIME OF SUCH OCCURRENCE.

21.DISPUTES SETTLEMENT:

ALL DISPUTES ARISING OUT OF THE CONTRACT OR IN CONNECTION WITH THE CONTRACT,SHALL BE SUBMITTED TO THE CHINA INTERNATIONAL ECONOMIC AND TRADE ARBITRATION COMMISSION FOR ARBITRATION IN ACCORDANCE WITH ITS RULES OF ARBITRATION IN SHENZHEN, CHINA.
THE ARBITRAL AWARD IS FINAL AND BINDING UPON BOTH PARTIES.
22. VERSIONS: THIS CONTRACT IS MADE OUT IN BOTH CHINESE AND ENGLISH OF WHICH VERSION IS EQUALLY EFFECTIVE.CONFLICTS BETWEEN THESE TWO LANGUAGES ARISING THEREFROM, IF ANY, SHALL BE SUBJECT TO CHINESE VERSION.
23. THIS CONTRACT IS IN 2 COPIES, EFFECTIVE SINCE BEING. SIGNED/SEALED BY BOTH PARTIES.

REPRESENTATIVE OF THE BUYERS: REPRESENTATIVE OF THE SELLERS:

AUTHORIZED SIGNATURE: AUTHORIZED SIGNATURE:

示例6-12 开证申请书

IRREVOCABLE DOCUMENTARY CREDIT APPLICATION
不可撤销跟单信用证申请书

TO:　　　　　BRANCH　　　　　　　DATE:

Please issue your Irrevocable Documentary Credit ☐ with brief advice by teletransmission ☐ by airmail ☐ full teletransmission as per followings:

Applicant (Full name and address)	DC No. and Advising Bank (Bank use only)
	Expiry date:　　　Place for Presentation:
Beneficiary (Full name and address)	Amount in figures and words (please use ISO currency code) Price term: ☐ CIF ☐ CFR ☐ FOB ☐ CIP ☐ CPT ☐ FCA ☐
Partial Shipments ☐ allowed ☐ not allowed	Credit available with Nominated Bank:
Transshipment ☐ allowed ☐ not allowed	☐ by SIGHT PAYMENT ☐ by DEFERRED PAYMENT at:
Shipment from: For transportation to: Not later than:	☐ by ACCEPTANCE ☐ by NEGOTIATION Against the Documents detailed herein
Documents to be presented within　days after the date of shipment but within the validity of the Credit	☐ and Beneficiary's draft(s) at　　for　% of invoice value drawn on the Issuing Bank
Documents required (marked with "×") ☐ Signed Commercial Invoice in　original(s) and　copy(ies) indicating L/C No. and Contract No.. ☐ Full set of clean on board ocean Bill of Lading ☐ plus　non-negotiable copy (ies) made out to order and blank endorsed, marked freight ☐ prepaid ☐ to collect, ☐ showing freight amount, notifying　. ☐ Air Waybill in　original(s) ☐ and　copy (ies) showing freight ☐ prepaid ☐ to collect, ☐ indicating freight amount ☐ indicating the actual date of dispatch and consigned to ☐ Applicant ☐ Railway Bill ☐ Cargo Receipt ☐ Memorandum showing freight ☐ prepaid ☐ to collect ☐ indicating freight amount, and consigned to ☐ Applicant ☐ ☐ Full set of Insurance Policy/Certificate ☐ plus　copy (ies) for　% of CIF or CIP value of the shipped goods, endorsed in blank, showing claims payable in China in currency of the Credit, covering ☐ I.C.C (A), ☐ I.W.C.(Cargo), ☐ I.S.C.(Cargo); ☐ I.C.C (Air), ☐ I.W.C (Air Cargo), ☐ I.S.C. (Air Cargo); ☐ Ocean Marine Transportation All Risks, ☐ War Risks; ☐ Overland Transportation All Risks; ☐	

☐ Packing Listing/Weight Memo in   original (s) and   copy (ies) issued by   , ☐ indicating quantity/gross and net weights of each package and packing conditions. ☐ Certificate of Quantity in   original (s) and   copy (ies) issued by, ☐ indicating the actual surveyed quantity of shipped goods as well as the packing conditions.
☐ Certificate of Quality in   original (s) and   copy (ies) issued by   .
☐ Certificate of Origin in   original (s) and   copy (ies) issued by   .
☐ Beneficiary's certified copy of Fax/Telex dispatched to Applicant within   days after shipment advising ☐ name of vessel☐ flight No., ☐ wagon No., quantity, weight, value and date of shipment.
☐ Beneficiary's certificate attesting that the extra copies of documents have been dispatched to Applicant by courier service ☐ within   days after shipment according to the Contract terms, ☐ and the relevant courier receipt is required for presentation with other documents.
☐ Other documents(if any):

Description of Goods (and / or Services):   packing:

                                                    shipping mark:

Additional Instructions (marked with "×")	We hereby undertake and agree that our Commitment Letter overleaf shall apply to this Credit which will be subject to the Uniform Customs and Practice for Documentary Credits, 2007 Revision, ICC Publication No. 600.
☐ Beneficiary's Certificate confirming their acceptance and/or non-acceptance of all the amendments made under this Credit quoting the relevant amendment No.. If this Credit has not been amended, such Certificate is not required.	我公司承诺并同意本申请书背面我公司的《开证申请人承诺书》适用于申请开立的信用证，该信用证受国际商会第600号出版物《跟单信用证统一惯例》(2007年修订本)约束。
☐ All banking charges outside Issuing Bank are for Beneficiary's account.	
☐ All documents to be forwarded in one cover ☐ by courier service☐ registered airmail.	
☐ Both quantity and amount % more or less are allowed.	
☐ Transport documents showing a third party other than Beneficiary as shipper are not acceptable.	Authorized Signature and Company Stamp of Applicant
☐ Short form/blank back B/L is not acceptable.	
☐ Documents issued earlier than L/C issuing date are not acceptable.	Bank use only
☐ Issuing Bank's telegraphic transfer charges for payment to be born by Beneficiary.	
☐ Other terms, if any:	印鉴核符 备注： 签名：

背面内容：

致：中国农业银行 沈阳分行

　　我公司已依法办妥一切必要的进口手续，兹谨请贵行直接或通过贵行上级依照本申请书所列条款开立第　　号国际货物买卖合同项下不可撤销跟单信用证，并承诺如下：

　　1. 同意贵行依照国际商会第600号出版物《跟单信用证统一惯例》办理该信用证项下的一切事宜，并同意承担由此产生的一切责任。

　　2. 及时提供贵行要求提供的真实、有效的文件和资料，接受贵行的审查监督。

　　3. 在贵行规定的期限内支付该信用证项下的各种款项，包括货款及贵行和有关银行的各项手续费、利息以及国外受益人拒绝承担的有关银行费用等。

　　4. 在贵行到单通知书规定的期限内，书面通知贵行办理对外付款/承兑/确认迟期付款/拒付手续。否则，贵行有权自行确定对外付款/承兑/确认迟期付款/拒付，并由我公司承担全部责任。

　　5. 我公司如因单证有不符之处而拟拒绝付款/承兑/确认迟期付款时，将在贵行到单通知书规定期限内向贵行提出拒付请求，并附拒付理由书一式两份，一次列明所有不符点，对单据存在的不符点，贵行有独立的终结认定权和处理权。经贵行根据国际惯例审核认为不属可据以拒付的不符点的，贵行有权主动对外付款/承兑/确认迟期付款，我公司对此放弃抗辩权。

　　6. 该信用证如需修改，由我公司向贵行提出书面申请，贵行可根据具体情况确定能否办理修改。我公司确认所有修改当受益人接受时生效。

　　7. 经贵行承兑的远期汇票或确认的迟期付款，我公司无权以任何理由要求贵行止付。

　　8. 按上述承诺，贵行对外付款时，有权主动借记我公司在贵行的账户款项。若发生任何形式的垫付，我公司将无条件承担由此而产生的债务、利息和费用等，并按贵行要求及时清偿。

　　9. 在收到贵行开出信用证、修改书的副本之后，及时核对，如有不符之处，将在收到副本后两个工作日内书面通知贵行。否则，视为正确无误。

　　10. 该信用证如因邮寄、电信传递发生遗失、延误、错漏，贵行概不负责。

　　11. 本申请书一律用英文填写。如用中文填写而引发歧义，贵行概不负责。

　　12. 因信用证申请书字迹不清或词义含混而引起的一切后果均由我公司负责。

　　13. 如发生争议需要诉讼，同意由贵行住所地法院管辖。

　　14. 我公司已对开证申请书及承诺书各印就条款进行审慎研阅，对各条款含义与贵行理解一致。

　　　　　　　　　　　　　　　　　　　　　申请人(盖章)
　　　　　　　　　　　　　　　　　　　　　法定代表人
　　　　　　　　　　　　　　　　　　　　　或授权代理人
　　　　　　　　　　　　　　　　　　　　　20××年3月10日

同意受理

银行(盖章)

负责人
或授权代理人
　　　　　　　年　月　日

　　3. 兰州龙祥进出口公司从意大利进口一批机电产品，采用电汇方式支付，请以龙祥进出口公司的名义，根据下列信息填写汇款申请书。如示例6-13所示。

意大利巧合进出口公司(QIAOHE IMPORT & EXPORT CORPORATION ITALY)，账号：6375401011，开户行 BANK OF MILAN ITALY，货款总额为66700美元。

龙祥进出口公司(LONGXIANG IMPORT & EXPORT CORPORATION)账号：007199821221，开户行：中国建设银行兰州分行，中间行：美国曼哈顿银行；合同号码：WSB0098123；发票号码：JB2010987；报关单号码：09876437890；申请人：袁弘。

示例6-13　汇款申请书

境外汇款申请书
APPLICATION FOR FUNDS TRANSFERS (OVERSEAS)

致：中国银行
TO: BANK OF CHINA

日期 Date

□电汇 T/T　□票汇 D/D　□信汇 M/T

发电等级 Priority　□普通 Normal　□加急 Urgent

申报号码 BOP Reporting No.		
20 银行业务编号 Bank Transac. Ref. No	收电行/付款行 Receiver / Drawn on	
32A 汇款币种及金额 Currency & Interbank Settlement Amount	金额大写 Amount in Words	
其 现汇金额 Amount in FX	账号 Account No. /Credit Card No	
中 购汇金额 Amount of Purchase	账号 Account No. /Credit Card No.	
其他金额 Amount of Others	账号 Account No. /Credit Card No.	
50a 汇款人名称及地址 Remitter's Name & Address	个人身份证件号码 Individual ID NO.	
□对公 组织机构代码 Unit Code □□□□□□-□	□对私 □中国居民个人 Resident Individual　□中国非居民个人 Non-Resident Individual	
54/56a 收款银行之代理行名称及地址 Correspondent of Beneficiary's Bank Name & Address		
57a 收款人开户银行名称及地址 Beneficiary's Bank Name & Address	收款人开户银行在其代理行账号 Bene's Bank A/C No.	
59a 收款人名称及地址 Beneficiary's Name & Address	收款人账号 Bene's A/C No.	
70 汇款附言 Remittance Information	只限140个字位 Not Exceeding 140 Characters	71A 国内外费用承担 All Bank's Charges If Any Are To Be Borne By □汇款人 OUR　□收款人 BEN　□共同 SHA
收款人常驻国家(地区)名称及代码	Resident Country/Region Name & Code	
请选择：□预付货款 Advance Payment	□货到付款 Payment Against Delivery　□退款 Refund	□其他 Others　最迟装运日期
交易编码 BOP Transac. Code	相应币种及金额 Currency & Amount	交易附言 Transac.Remark
是否为进口核销项下付款 外汇局批件/备案表号	□是　□否　合同号 报关单经营单位代码	发票号 □□□□□□□□
报关单号	报关单币种及总金额	本次核注金额
报关单号	报关单币种及总金额	本次核注金额
银行专用栏 For Bank Use Only	申请人签章 Applicant's Signature	银行签章 Bank's Signature
购汇汇率 @ Rate 等值人民币 RMB Equivalent 手续费 Commission 电报费 Cable Charges 合计 Total Charges 支付费用方式 In Payment of the Remittance □现金 by Cash □支票 by Check □账户 from Account	申请人姓名 Name of Applicant 电话 Phone No.	核准人签字 Authorized Person 日期 Date
核印 Sig. Ver.	经办 Maker	复核 Checker

第七章 备货

实训任务：按照合同要求备货，正确填写出口商品收购合同和报检信息。

第一节 课前阅读——备货报检

一、落实备货资金

杨子墨于20××年9月19日收到开证行的信用证修改通知书，对照合同审核后，即与原证订在一起，据以执行。然后以信用证正本作抵押，提交打包贷款申请书及相关贷款资料，从银行贷款120万元人民币。贷款申请书如示例7-1所示。

示例7-1 打包贷款申请书

编号：CCZH20××654

中国银行吉林分行：

我公司向贵行申请办理L/C项下融资，并根据贵行《信用证融资业务办法》保证：
1. 该信用证是根据真实的出口合同开立的。
2. 我公司保证按信用证规定装期发货并在效期内向贵行交单议付。
3. 保证该证项下融通资金只用于执行该证时所发生的资金需求。
如违背上述保证，贵行有权从其他结汇货款中扣除融资金额及利息。

开证行名称：St. Paul's United Bank of Italy	
信用证号：YY20××0827	合同号：20××LY569802
币别：美元	金额：USD222600.00
装期：Nov.30,20××	效期：Dec.15,20××
品名：24头餐具	数量：1680套
条纹碗	数量：25200只
出口授信：50万美元	额度余额：18万美元
出口许可证或配额证：无	进口国名称：意大利
法人代表：李和平 单证科长：王辉	公司盖章
财务科长：王平 业务科长：邓卫华	20××年9月19日
上述信用证出口货物符合信贷规定，可给予信用证融资。	
信贷员：吴立伟	审证科长：张浩
信贷科、处长：杨立波	20××年9月19日

吉林中行20××年9月19日同意放款。龙源公司开出支票,将货款(120万元)付给星火陶瓷厂用于备货。

二、下排产单备货

20××年9月20日,杨子墨与星火陶瓷厂签订收购合同(排产单),组织安排生产。排产单如示例7-2所示。

示例7-2　出口商品收购合同

<table>
<tr><td colspan="5" align="center">出口商品收购合同</td></tr>
<tr><td colspan="3">合同编号:字第20××921号</td><td colspan="2">签订时间:20××年9月21日
签订地点:中国吉林</td></tr>
<tr><td colspan="3">供方:星火陶瓷厂</td><td colspan="2">需方:龙源进出口公司</td></tr>
<tr><td colspan="5">根据《中华人民共和国合同法》和有关法规的规定,本着平等互利的原则,经双方协商签订本合同以资共同信守</td></tr>
<tr><td>商品品名、货号、规格</td><td>单位</td><td>数量</td><td>收购单价</td><td>收购总额</td><td>交货期限</td></tr>
<tr><td>24头餐具 货号:JTCJ24</td><td>套</td><td>1680</td><td>605.4048</td><td>1017080.064</td><td rowspan="2">20××年11月20日</td></tr>
<tr><td>条纹碗 货号:JMWB028</td><td>只</td><td>25200</td><td>13.7592</td><td>346731.84</td></tr>
<tr><td colspan="4">金额合计人民币(小写)</td><td colspan="2">1363811.904</td></tr>
<tr><td colspan="2">合计人民币(大写)</td><td colspan="4">人民币:壹佰叁拾陆万叁仟捌佰壹拾壹元玖角零分整</td></tr>
<tr><td>启运地</td><td colspan="2">吉林</td><td>目的地</td><td>大连</td><td>收货人</td><td>大连港1号仓库
李明月</td></tr>
<tr><td>出口合同号</td><td colspan="2">20××LY569802</td><td>客户名称</td><td colspan="2">BLACKTHORN LTD.</td></tr>
<tr><td colspan="6">一、货物品质要求
餐具瓷质纯正,花色清晰,无模糊痕迹;外观品质和款式与提交的样品一致</td></tr>
<tr><td colspan="6">二、包装要求及费用负担
24头餐具:五层瓦楞纸箱包装,每箱2套装,彩色折叠盖纸盒包装,箱内用纸屑衬垫,包装箱尺寸:55×30×38(厘米);
条纹碗:五层瓦楞纸箱包装,每箱36只装,白色纸盒包装,盒内用纸衬垫,包装箱尺寸:50×48×32(厘米)。
以上内外包装费用由龙源公司负担</td></tr>
<tr><td colspan="3">标志及唛头
BLACKTHORN
BK1043003
GENOVA
C/NO.1-840</td><td colspan="3">标志及唛头
BLACKTHORN
BK1043003
GENOVA
C/NO.1-700</td></tr>
</table>

三、结算方式和验收方法：预付90%左右货款，余款交货后10日内支付；龙源公司惠请海关商检部门验收。

四、交货方式及运费承担：火车运输，运费由需方负责。

五、本合同一式两份，双方各执一份，经双方签字、盖章后生效。

六、需方必须保证收货。如国际市场发生变化不能转销，由双方协商处理，其损失由需方承担。但遇到战争、自然灾害或对方公司倒闭等不可抗力因素，需方不能执行外销合同时，依据相关规定，本合同予以解除。

七、供方必须按本合同要求，按时、按质(样)、按量提供出口货物，如违约致使客户不要货，由供方自行处理，损失由供方承担，如属需方签订合同条款不明确，其损失由需方负责。

八、供方需在发货后24小时内将发货明细用电报、传真或电子邮件通知需方合同当事人。

九、供需双方必须严格按照本合同规定履行其职责，未经双方书面协定不得更改合同内容。任何一方违约，均按《合同法》和有关法规承担经济责任。

十、所购货物如需保险，由买卖双方协商，按中国人民保险公司有关条款投保。

十一、合同履行中发生纠纷，双方应先协商解决，协商不成时，任何一方可向对方所在地工商行政管理局经济合同仲裁委员会申请仲裁。

十二、其他约定事项：供方保证所提供的增值税发票的真实合法性

供　方	需　方	鉴(公)证意见
单位名称：星火陶瓷厂 单位地址：吉林市牡丹街119号 代表人：肖红 电话：0432-6546×××× 开户银行：吉林市工商银行 账号：5624389741587632 邮政编码：132031 	单位名称：龙源进出口公司 单位地址：吉林市前进大街B98号 代表人：杨子墨 电话：0432-6565×××× 开户银行：中国银行吉林市分行 账号：5689322214587963 邮政编码：132021 	经办人： 　鉴(公)证机关章 　年　月　日 注：除国家另有规定外，鉴(公)证实行自愿原则

吉林省工商行政管理局监

三、各部门的业务协调

在星火陶瓷厂的整个生产过程中，杨子墨随时下厂检验货物品质，深入车间察看工艺流程，出现的问题都得到了及时解决。11月10日临近生产完毕时，扬子墨向海关检务部门申请报检；同时与货运代理协商订舱事宜，保证货物按质、按量和按时装运出口。货物全部生产完毕，卖方预检货物，合格后再向工厂支付余款。

四、工厂开立发票

星火陶瓷厂于20××年11月11日开立增值税专用发票，余款在发货后10日内支付。增

值税专用发票如示例7-3所示。

示例7-3 增值税专用发票

吉林增值税专用发票

2200062170   No 20××5823

抵 扣 联   开票日期：20××年 月 日

| 购买方 | 名　称：龙源进出口公司
纳税人识别号：220102897856321
地址、电话：吉林市前进大街B98号　0432-6565××××
开户行及账号：吉林中行5689322214587963 | 密码区 | 2 > ++8 < > 24645710* > 5*74 加密版本：01
3*/ < 7761//80 < 9/2793-7　34207062170
* < 095760/11 < /37 < /+*18
+ > > 6+/9-98-5*5/82 > > /9　10234567 |

货物或应税劳务、服务名称	规模型号	单位	数量	单价	金额	税率	税额
24头餐具	JTCJ24	套	1680	517.44	869299.20	17%	147780.864
条纹碗	JMWB028	只	25200	11.76	296352.00		50379.84
合计					1165651.20		198160.704

| 价税合计(大写) | (小写)¥1363811.904
壹佰叁拾陆万叁仟捌佰壹拾壹元玖角整 |

| 销售方 | 名　称：星火陶瓷厂
纳税人识别号：220109568974123
地址、电话：吉林市牡丹街119号
0432-6546××××
开户行及账号：吉林市工商银行
5624389741587632 | 备注 | （星火陶瓷厂 发票专用章） |

收款人：李丽　　　复核：王兰　　　开票人：张彤　　　销售方：(章)

五、出口报检

　　杨子墨收到增值税发票之后，立即筹措剩余货款。同日又登录中国国际贸易单一窗口填写出境货物报检信息，向长春海关检务部门申请检验出口货物，很快单一窗口给出电子底账号220025814736912(供报关用)。报检和包装性能结果信息如示例7-4和示例7-5所示。

示例7-4 中华人民共和国出入境检验检疫出境货物报检单

出境货物报检单

报检单位(加盖公章):	龙源进出口公司			*编号			
报检单位登记号:	0923567	联系人	杨子墨	电话	6565××××	报检日期:	20××年 11月 11日

发货人	(中文)	龙源进出口公司
	(外文)	LONGYUAN I/E CORP.
收货人	(中文)	
	(外文)	BLACKTHORN LTD.

货物名称(中/外文)	H.S.编码	产地	数/重量	货物总值	包装种类及数量
24头餐具 24-pieces dinnerware	6911101000	吉林	1680套	159600美元	840箱
条纹碗 Stripe bowl			25200只	63000美元	700箱

运输工具名称号码	轮船	贸易方式	一般贸易	货物存放地点	吉林
合同号	20××LY569802	信用证号	YY20××0827	用途	
发货日期	20××年11月30日	输往国家(地区)	意大利	许可证/审批号	
启运地	大连	到达口岸	热那亚	生产单位注册号	
集装箱规格、数量及号码			4x20'货柜/1540件		

合同、信用证订立的检验检疫条款或特殊要求	标记及号码	随附单据(划"✓"或补填)	
以确认样品作为检验依据	BLACKTHORN BK1043003 GENOVA C/NO.1-840 BLACKTHORN BK1043003 GENOVA C/NO.1-700	□合同 □信用证 □发票 □换证凭单 □装箱单 □厂检单	□包装性能结果单 □许可/审批文件 □ □ □ □

需要证单名称(划"✓"或补填)	*检验检疫费

(续表)

□品质证书	__正__副	□植物检疫证书		总金额	
□重量证书	__正__副	□熏蒸/消毒证书		(人民币元)	
□数量证书	__正__副	□出境货物换证凭单	__正__副	计费人	
□兽医卫生证书	__正__副	□出境货物通关单	__正__副		
□健康证书	__正__副	□	__正__副	收费人	
□卫生证书	__正__副	□			
□动物卫生证书	__正__副	□			

报检人郑重声明:	领取证单	
1. 本人被授权报检。 2. 上列填写内容正确属实,货物无伪造或冒用他人的厂名、标志、认证标志,并承担货物质量责任。 签名:杨子墨	日期	(商检盖章)
	签名	

注:有"*"号栏由出入境检验检疫机关填写

示例7-5 出境货物运输包装性能结果单

中华人民共和国出入境检验检疫

出境货物运输包装性能检验结果单

编号:20××98766

申请人	吉林市岭东纸箱厂		
包装容器名称及规格	五层瓦楞纸箱	包装容器标记及批号	002010787654321554
包装容器数量	1580个	生产日期	自20××年8月30日至20××年9月20日
拟装货物名称	陶瓷制品	状态	良好	比重	
检验依据	纸箱厂标准 (SN/TO262-93《出口商品运输包装瓦楞纸箱检验规程》)	拟装货物类别 (划"x")	危险货物( ) 一般货物(x)
		联合国编号	
		运输方式	海洋运输
检验结果	符合标准 　外观:合格 　物理性能:合格 (周期抽验检验报告No.S02136) 签字:陈辉　　　日期:20××年9月21日		
包装使用人	星火陶瓷厂		

(续表)

本单有效期		截止于 20××年12月31日						
分批使用核销栏	日期	使用数量	结余数量	核销人	日期	使用数量	结余数量	核销人
	9.28	1580	0	李红				

说明：1. 当合同或信用证要求包装检验证书时，可凭本结果单向出境所在地检验检疫机关申请检验证书。2. 包装容器使用人向检验检疫机关申请包装使用鉴定时，须将本结果单交检验检疫机关核实

海关检务部门于20××年11月14日派人前往星火陶瓷厂，进行抽样检查，对照确认样品，核查了24头陶瓷餐具和条纹碗的内在品质及其外包装箱质量与唛头，认为其符合样品品质和包装规定。翌日，杨子墨登录单一窗口报检，流程中显示检验检疫合格，故于20××年11月23日继续登录单一窗口办理报关手续。

第二节 理论指导

一、进口改证指导

出口商要求改证时，进口商要针对合同条款一一核查，对于必须修改的，要查清原因，确属己方失误，如未按期限开证，则给予修改。如果是卖方原因，如，货源不足、生产出现意外事故、租船订舱事宜未办妥、社会动乱等，应当考虑能否给自己带来不利，酌情是否同意改证；对于出口商改证理由不合理或无必要的，进口商应当拒绝，如，非一次性提出改证要求，变更起运港等。如属银行原因，也要及时提出，引起银行重视。一旦发出改证通知，进口商要向各部门发送"合同更正单"，以便各有关部门遵照执行。

二、出口备货报检指导

(一) 出口备货及其注意事项

备货也称排产，是出口商根据合同或信用证规定，向国内生产厂家或加工部门下达联系单或购销合同，清点、加工整理货物、刷制唛头以及办理申报检货和领证。出口商的义务是交付货物、移交单据并转移货物所有权。

备货时，业务员要参与开发设计、材料组织、工艺安排、品质控制甚至包装储运等生产过程，掌握相应的备货技术，同时注意以下问题。

(1) 货物品质要符合规定要求：第一，品质要与合同一致。第二，品质要通过对方的

严格标准，避开技术生态壁垒。

(2) 合理把握货物的技术标准和市场标准。将技术标准改为用户标准，将生产标准改为贸易标准。如，不追求自行车转轴次数多少(技术标准)，而是针对客户的实际需求制定标准，满足市场需要。

(3) 货物数量、包装要与合同一致。数量短交或超交均要承担法律责任。备货量应留有余地。

(4) 妥善安排备货与发货时间。落实信用证条款后，才能安排生产。应保证在规定的交货期之前完成生产任务，安排好国内短途运输，以便货物及时到达指定地点装运，将船货衔接好。特别是分期分批装运，更要协调好出运时间。

(5) 避免货物及商标的侵权。出口商所交货物，必须是第三方不能根据工业产权或知识产权主张任何权利的货物。特别对于进口商来样成交的货物，要求其提供商标注册复印件及相关证明文件。

(6) 备货期间做好监督检查和记录。从下放排产单开始到货物出厂之前，要随时与工厂联系，深入车间，甚至住厂巡视查验货物生产情况，包括原材料的外购、下料、工艺制作、货物打包入库及刷制唛头等。提醒工厂不要延误交期。刷唛时要防止错刷、漏刷、着色不牢固，防止海水或雨水冲湿脱落，正反部位均要刷制。如需入库，要事先确定存放地点、堆码垛型、保管方法、垫衬材料、检验工具等，以便接收查验。同时，按照生产进度做好业务记录，关于重要问题要有书面联系函并归档备查。

一般来说，业务工作是交叉进行的。生产结束之前，就应向货运代理租船订舱(CIF、CFR)。与此同时，还要向海关商检部门报检。

(二) 落实备货资金

企业在资金宽裕时，可用自有资金支付。但是很多时候自有资金不够，需要向银行贷款。贷款需要逐笔申请，即把信用证正本连同合同、商业发票等贷款资料提交银行，银行审核无误后发放贷款，期限从贷款之日起到货款收妥之日止，最长不超过收汇后一个星期。

(三) 办理报检手续

1. 口岸报检货物

法定检验商品(不合格率高的商品)通常要在货物入港之前商检申报放行完毕。在装运期之前7天左右登录单一窗口，向海关商检部门提交检验申请，输入报检信息，点"报检"，窗口会给出一个电子底账号(报关用)，同时出口商约请海关商检人员检验，检验合格后，单一窗口下面会有个流程显示检验检疫合格。

2. 非口岸报检货物

在非口岸海关商检部门检验的货物，登录单一窗口填写报检信息，窗口给出电子底账号，由该部门检验合格后，窗口显示检验检疫合格，凭以办理口岸报关。如果企业没办自理报检手续，需向代理报检机构提交报检委托书。报检委托书如二维码所示。

第三节 课中训练

一、进口商改证

20××年12月18日柳惠卿女士向开证行提出改证申请,填写信用证修改申请书。改正申请细节请在示例7-6中进行操作。

示例7-6 信用证修改申请书

Commercial Bank of Korea
Avenue,20-4 Busan Korea

Application for Amendment

To: Bank of China Jilin Branch
        Amendment to our documentary Credit No. LC20101206
Date of amendment: 18 DEC. 20××   No.of Amendment: 01

Applicant: Korea Machinery Manufacturing Company Pobox 89-123,Busan Korea	Advising: BANK OF CHINA JILIN BRANCH
Beneficiary: Zhongji Metals and Minerals Import and Export Corporation C101 FEIYUE ROAD, SHUANGYANG DISTRICT, CHANGCHUN, CHINA.	Amount: USD129930.00

The above-mentioned Credit is amended as follows:

Other terms:

All other terms and conditions remain unchanged.
Authorized Signature

This amendment is subject to Uniform Customs and Practice for Documentary Credits(2007 Revision),International Chamber of Commerce,Publication No.600

20××年12月20日柳惠卿向肖红发去改证函,告知改证内容细节,敦请出口商抓紧落实订单,并在装运后告知船名、航次等装运细节,以便办理进口报关、报检事宜。改证函内容请在函电7-1中进行操作。

函电7-1　韩客商发去改证函

主　题：	Details for A mendment to the L/C
发件人：	HGJZ@PEM.NET.KOR(韩国机械制造公司)
日　期：	20××-12-20 12:15:31
收件人：	ZJKC@KEN.NET.CN(中吉五金矿产进出口公司)
发送状态：	

To: Zhongji Metals and Minerals Import and Export Corporation
Attn: Mrs. Hong Xiao
DEAR SIRS,

20××年12月23日肖红收到通过中国银行吉林分行转来开证行的改证通知书。改证内容请在示例7-7中进行操作。

示例7-7　改证通知书

Amendment to L/C No. LC20101206

To:　Bank of China Jilin Branch
Date of amendment: 23 Dec. 20××　　　　　　　No.of Amendment: 01

Advising: BANK OF CHINA JILIN BRANCH
The above-mentioned Credit is amended as follows:

Other terms:

All other terms and conditions remain unchanged.
If this amendment is not acceptable to you/beneficiary, please notify us immediately.

Authorized Signature
linyifu

This amendment is subject to Uniform Customs and Practice for Documentary Credits(2007 Revision),International Chamber of Commerce,Publication No.600

二、出口商筹备货物资金

肖红对照原证审核开证行的改证通知书，审核无误后，于20××年12月26日向其往来银行中国银行吉林分行提交贷款申请书一份，贷款人民币1793400.00元，向红星机械厂支付了货款。贷款申请书具体内容请在示例7-8中进行操作。

示例7-8　打包贷款申请书

打包贷款申请书

编号：CCZH04326

分行：

我公司向贵行申请办理L/C项下融资，并根据贵行《信用证融资业务办法》保证：
1. 该信用证是根据真实的出口合同开立的。
2. 我公司保证按信用证规定的装运期发货，保证在信用证效期内向贵行交单议付。
3. 保证该信用证项下融通资金只用于执行该证时所发生的资金需求。

如违背上述保证，贵行有权从其他结汇货款中扣除此笔融资金额及利息。

开证行名称：	
信用证号：	合同号：
币别：	金额：
装期：	效期：
品名：	数量：
进口国名：	出口授信：40万美元
出口许可证或配额证：	额度余额：28万美元
法人代表：　　　　单证科长：	公司盖章
财务科长：　　　　业务科长：	20××年　月　日

上述信用证出口货物符合信贷规定，可给予信用证融资。

（银行盖章）

信贷员：　　　　　　　　　　审证科长：
信贷科、处长：　　　　　　　20××年　月　日

三、出口商安排生产

20××年12月30日肖红向红星机械厂下排产单进行备货。具体备货要求请在示例7-9中进行操作。

示例7-9　出口商品收购合同

出口商品收购合同

合同编号：
签订时间：　年　月　日
签订地点：

供方：　　　　　　　　　　　　　　需方：

根据《中华人民共和国合同法》和有关法规的规定，本着平等互利的原则，经双方协商签订本合同以资共同信守

商品品名、货号、规格	单位	数量	收购单价	收购总额	交货期限

合计人民币(大写)					
启运地		目的地		收货人	
出口合同号		客户名称			

一、商品质量要求

	唛头及标志

二、包装要求及费用负担

三、结算方式：	验收方法：

四、交货方式及运费承担：
五、本合同一式两份，双方各执一份，经双方签字、盖章后生效。
六、需方必须保证收货。如国际市场发生变化不能转销，由双方协商处理，其损失由需方承担。但遇到战争、自然灾害或对方公司倒闭等不可抗力因素，需方不能执行外销合同时，依据相关规定，本合同予以解除。
七、供方必须按本合同要求，按时、按质(样)、按量提供出口商品，如违约致使客户不要货，由供方自行处理，损失由供方承担，如属需方签订合同条款不明确，其损失由需方负责。
八、供方需在发货后24小时内将发货明细用电报通知需方合同当事人。
九、供需双方必须严格按照本合同规定履行其职责，未经双方书面协定不得更改合同内容。任何一方违约，均按《合同法》和有关法规承担经济责任。
十、所购货物如需保险，由买卖双方协商，按中国人民保险公司有关条款投保。
十一、合同履行中发生纠纷，双方应先协商解决，协商不成时，任何一方可向对方所在地工商行政管理局经济合同仲裁委员会申请仲裁。
十二、其他约定事项：
供方保证所提供的增值税发票的真实合法性

供　方	需　方	鉴(公)证意见
单位名称：	单位名称：	
单位地址：	单位地址：	
代表人：	代表人：	经办人：
电话：	电话：	鉴(公)证机关章
开户银行：	开户银行：	年　月　日
账　号：	账　号：	
邮政编码：	邮政编码：	注：除国家另有规定外，鉴(公)证实行自愿原则
(供方盖章)	(需方盖章)	

综合计划部
吉林省工商行政管理局监制

四、工厂开立发票

工厂生产完毕之后，于20××年1月30日向出口商中吉五金矿产进出口公司开立增值税专用发票。根据下述发票信息，请在示例7-10中进行操作。

发票资料：

购货单位名称地址：中吉五金矿产进出口公司 长春市双阳区飞跃大路丙101号
电话：0431-8524××××
出口商税务登记号：2201569874
出口商开户银行及账号：中国银行吉林分行 025814796332145698
供货单位名称地址：红星机械厂 辽阳市永春四路117号 电话：258××××
供货单位纳税登记号：0203458596
供货单位开户银行及账号：中国建设银行辽阳分行 026581245698741032

示例7-10 增值税专用发票

吉林增值税专用发票

2200062170  No 20××5823

抵扣联   开票日期：20××年 月 日

购买方	名　称：			密码区			
	纳税人识别号：						
	地址、电话：						
	开户行及账号：						
货物或应税劳务、服务名称	规模型号	单位	数量	单价	金额	税率	税额
合计							
价税合计(大写)						(小写)¥	
销售方	名　称：			备注			
	纳税人识别号：						
	地址、电话：						
	开户行及账号：						

收款人：　　复核：　　开票人：　　销售方：(章)

五、出口商报检

中吉公司于20××年1月29日登录国际贸易单一窗口向海关检验检疫部门报检,填写出境货物报检信息,请在示例7-11中进行操作。根据来证要求,同时要求商检部门出具熏蒸检验证书。

示例7-11 中华人民共和国检验检疫报检单

中华人民共和国
检验检疫报检单

报检单位(加盖公章)		编号	

报检单位登记号:	联系人:	电话:	报检日期: 年 月 日

(中文)
(外文)
(中文)
(外文)

H.S.编码	产地	数/重量	货物总值	包装种类及数量
	贸易方式		货物存放地点	
	信用证号		用途	
	输往国家(地区)		许可证/审批号	
	到达口岸		生产单位注册号	

集装箱规格、数量及号码			
合同、信用证订立的检验检疫条款或特殊要求	标记及唛码	随附单据(划X或补填)	
		☐ 合同	☐ 包装性能结果单
		☐ 信用证	☐ 许可/审批文件
		☐ 发票	☐
		☐ 换证凭单	☐
		☐ 装箱单	☐
		☐ 厂检单	☐

需要证单名称(划X或补填)			检验检疫费
☐ 品质证书 -----正------副	☐ 植物检疫证书 -------正------副		总金额 (人民币元)
☐ 重量证书 -----正------副	☐ 熏蒸/消毒证书 -------正------副		
☐ 数量证书 -----正------副	☐ 出境货物换证凭单 -------正------副		
☐ 兽医卫生证书 -----正------副	☐ 出境货物通关单 -------正------副		计费人
☐ 健康证书 -----正------副	☐		
☐ 卫生证书 -----正------副	☐		收费人
☐ 动物卫生证书 -----正------副	☐		

报验人郑重声明: 1. 本人被授权报检。 2. 上列填写内容正确属实,货物伪造或冒用他人的厂名、标识、认证标志,均应承担货物质量责任。 签名: ———————	领取证单
	日期
	签名

课后作业

济南秀麟造纸厂生产的白有光纸120吨，分三批在青岛港装运。商检部门在山东济南检验，出具了商检换证凭单，待青岛港装运时需向其提交该凭单，获取出口货物通关单号码。包装性能检验结果单号为：BXJJ043987；生产日期：2019年6月16日；检验依据：确认样品；单价：7800元/吨；包装种类：木夹板；包装件数：480件；没有唛头；合同号码：JZ0959882；信用证号：REC83945；H.S.编码：48239090；检验机构：青岛出入境检验检疫局(青岛市长青路888号)；发货人：青岛贸易公司(青岛市红日大街25号)；法人代表：王欢；联系电话：3625×××；邮编：266022；企业性质：民营；青岛贸易公司委托青岛外运公司代办报检事宜。收货人：H.B.LTD.LONDON ENGLAND。

根据所给数据填写报检委托书和出口货物换证凭单，如示例7-12和示例7-13所示。

示例7-12　报检委托书

海关检验检疫部门：

本委托人郑重声明，保证遵守《中华人民共和国进出口商品检验法》及实施条例、《中华人民共和国出入境动植物检疫法》及实施条例、《中华人民共和国国境卫生检疫法》及实施细则、《中华人民共和国食品卫生法》等有关法律、法规的规定和检验检疫机构制定的各项规章制度。如有违法行为，自愿接受检验检疫机构的处罚并负法律责任。

本委托人委托受托人向检验检疫机构提交的"报检申请单"和随附各种单据所列内容是真实无讹的。具体委托情况如下：

本单位将于　　年　　月间进口/出口如下货物：

品名：

数(重)量：

合同号：

信用证号：

特委托　　　(地址：　　　　　　)，代表本公司办理所有检验检疫事宜，其间产生的一切相关法律责任由本公司承担。请贵局按有关法律规定予以办理。

委托方名称：　　　　　　　　　　　　　　　　　　　　　　　委托方印章：

单位地址：

邮政编码：

法人代表：

联系电话：

企业性质：

　　　　　　　　　　　　　　　　　　　　　　　　　　　　　　　年　月　日

本委托书有效期至　　年　　月　　日

示例7-13 出境货物换证凭单

编号：_____

发货人			
收货人			
品名		报检数/重量	
H.S.编码		申报总值	
产地		生产单位或注册号	
生产日期		生产批号	
包装种类		标记及号码	
包装件数			
包装性能检验结果单号			
检验依据			
检验检疫结果	签字：　　　　日期：　　　　　　　年　月　日		
本单有效期	截止于　　　　　　　　年　月　日		
备注			

分批出境核销栏	日期	出境数/重量	结存数/重量	核销人	日期	出境数/重量	结存数/重量	核销人

说明：1.货物出境时，经口岸检验检疫机关查验货证相符，且符合检验检疫要求的予以签发通关单或换发检验检疫证书；2.本单不作为国内贸易的品质或其他证明；3.涂改无效。

第八章

装运

实训任务：能够给出口货物订舱，学习出运流程，填写订舱委托书、托运单、投保单、报关单、发票、装箱单等装运单据，完成报关、投保手续，准确填写报关单、投保单。

第一节 课前阅读——托运装船

一、提交订舱单证

20××年11月16日，杨子墨获知工厂货物生产已接近尾声，因此他在办理报检的同时又向货运代理公司——吉林恒瑞国际物流公司(Jilin Hengrui International Logistics Company)提交了出口货物订舱委托书(见示例8-1)、商业发票(见单据8-1)、装箱单(见单据8-2)等订舱单证。

示例8-1 出口货物订舱委托书

吉林恒瑞国际物流公司

Ji Lin Hengrui International Logistics Company

发货单位(托运人) LONGYUAN I/E CORP. B98, QIANJIN STREET, JILIN, CHINA	委托编号 DL20101116
	开户行/银行账号：中国银行吉林市分行 /5689322214587963
	合同号 20××LY569802
收货人 TO ORDER	信用证号YY20××0827
	商业发票号JLTC2010301
	许可证号
通知人 BLACKTHORN LTD. VIA MILANO, 87 – 265683 GENVOA – ITALIA	海关商品编码 6911101000
	提单号码
	船名　　航次

(续表)

运费支付方式 (x)预付Freight prepaid ( )到付Freight collect		收汇方式 about 30% by T/T about 70% by L/C		
起运港	大连 Dalian	整箱、拼箱预配数 (4)× 20GP ( )× 40GP ( )拼箱 LCL	可否分批(√) 可否转运(√)	
卸货港	香港 Hongkong			
目的港	热那亚 Genova			
装运期 20××.11.30	有效期 20××.12.15	正本提单份数(2) 副本提单份数(4)	随附单据： 报关单　1　份 发票　　2　份 装箱单　2　份 信用证副本1　份 商检证　1　份 出口许可证　份	
单价 CIF GENOVA USD95.00/set USD2.50/piece	总值 USD159600.00 USD63000.00 USD222600.00	预计到港日期： 20××.11.25	发装船明细的 电子邮件： ＬＯＮＧＹ＠ WEN.NET.CN	
标记及号码 Marks & Nos.	件数 No.of PGS	货名 Description of Goods	毛重(公斤) G.W.(KG)	净重(公斤) N.W.(KG)	体积 Mesu.(m³)
BLACKTHORN BK1043003 GENOVA C/NO.1-840	840	24头陶瓷餐具	26/21840	22/18480	52.668
BLACKTHORN BK1043003 GENOVA C/NO.1-700	700	条纹碗	28/19600	24/16800	53.76
件数合计：1540箱		毛重合计：41440公斤		体积合计：106.428立方米	
注意事项		装船期最晚不超过20××年11月30日 工厂仓库地址：吉林省吉林市牡丹街119号 　　　　　　　　星火陶瓷厂 联系人：李默 电话：0432-6546×××× 传真：0432-6595××××			
电话及联系人：		0432-6565×××× 杨子墨			

委托单位盖章　　　审核：王立　　制单员：苑兵　　制单日期：20××年11月16日

单据8-1 商业发票

EXPORTER/SELLER/BENEFICIARY LONGYUAN I/E CORP. B98, QIANJIN STREET, CHAOYANG DISTRICT JILIN, CHINA	发票		
TO:MESSRS BLACKTHORN LTD. VIA MILANO, 87 – 265683 GENVOA – ITALY	龙源进出口公司 中国 吉林 前进大街 乙98 号 商业发票 COMMERCIAL INVOICE		
SHIPMENT FROM DALIAN PORT, CHINA	INVOICE NO. JLTC2010301	DATE 16-NOV-20××	
TO GENOVA	DOCUMENTARY CREDIT NO. YY20××0827		
BY VESSEL	CONTRACT NO./SALES CONFIRMATION NO. 20××LY569802		
VESSEL/FLIGHT/VEHICLE NO. B/L NO.	TERMS OF DELIVERY AND PAYMENT CIF GENOVA BY T/T AND L/C		
SHIPPING MARKS DESCRIPTION (NOS & KIND OF PKGS)	QUANTITY	UNIT PRICE	AMOUNT
BLACKTHORN 24-pieces dinnerware BK1043003 GENOVA C/NO.1-840	1680 sets (488 cartons)	USD95.00	USD159600.00
BLACKTHORN stripe bowl BK1043003 GENOVA C/NO.1-700	25200 pieces (700 cartons)	USD2.50	USD63000.00 USD222600.00
AS PER S/C NO. 20××LY569802 DATED 20××/7/13 About 30% of the invoiced amount (USD66880.00) customers have payed in advance by T/T			
LONGYUAN I/E CORP. B98, QIANJIN STREET, CHAOYANG DISTRICT JILIN, CHINA 盖章 ———————— STAMP OR SIGNATURE			
REF. NO. DL20101116 236548741			

单据8-2 装箱单

EXPORTER/SELLER/BENEFICIARY: LONGYUAN I/E CORP. B98, QIANJIN STREET, CHAOYANG DISTRICT JILIN, CHINA		龙源进出口公司 中国 吉林 前进大街 乙98号		
TO:MESSRS BLACKTHORN LTD. VIA MILANO, 87 – 265683 GENVOA – ITALIA		装箱单 **PACKING LIST**		
SHIPMENT FROM DALIAN				
TO GENOVA		INVOICE NO.　　　DATE JLTC2010301　　　16-NOV.-20××		
BY VESSEL		DOCUMENTARY CREDIT NO. YY20××0827		
VESSEL/FLIGHT/VEHICLE NO.	B/L NO.	CONTRACT NO./SALES CONFRIMATION NO. 20××LY569802		
SHIPPING MARKS DESCRIPTION (NOS.&KIND OF PKGS)	QUANTITY	MEASUREMENT	G.W. KG	N.W. KG
POCELAIN WARE BLACKTHORN　24-pieces dinnerware BK1043003 GENOVA C/NO.1-840	840 cartons	52.668	21840	18480
BLACKTHORN　stripe bowl BK1043003 GENOVA C/NO.1-700	700 cartons ————— 1540 cartons	53.76 106.428	19600 41440	16800 35280
LONGYUAN I/E CORP. B98, QIANJIN STREET, CHAOYANG DISTRICT JILIN,CHINA 盖　章 —————————— **STAMP OR SIGNATURE**				

REF. NO. DL20101116　236548741

二、通知货物进港待运

杨子墨提交订舱单证后,吉林恒瑞国际物流公司货代公司便于20××年11月18日从网上传回了配舱回单,从中获知:提单号码为HRIL101118(D/R编号),配货船名为"KUNLUN"号,第5201航次,开航日期为11月30日。根据货代公司的要求,杨子墨于20××年11月20日通知工厂将陶瓷餐具发至大连港口仓库待运。配舱回单如示例8-2所示。

示例8-2 配舱回单

Shipper (发货人) LONGYUAN I/E CORP. B98, QIANJIN STREET, CHAOYANG DISTRICT JILIN, CHINA				D/R No.(编号) HRIL101118 集装箱货物托运单	
Consignee(收货人) TO ORDER					
Notify Party (通知人) BLACKTHORN LTD. VIA MILANO, 87 – 265683 GENVOA – ITALIA				配舱回单	
Pre-carriage (前程运输)		Place of Peceipt (收货地点)			
Ocean Vessel (船名) KUNLUN	Voy.No.(航次) 5201	Port of Poading (装货港) DALIAN		Date(日期) 20××/11/18	
Port of Discharge (卸货港) HONGKONG Place of Delivery (交货地点) Final Destination for the Merchant's Reference(目的地) GENOVA					
Container No. (集装箱号)	Seal No.(封志号) Marks & Nos.	No. of Containers or PKGS (箱数或件数)	Kind of Packages: Description of Goods (包装种类与货名)	Gross Weight 毛重/千克	Meaurement 尺码/立方米
COSU2513574 COSU2654987 COSU2746672 COSU2865231	BLACKTHORN BK1043003 GENOVA C/NO.1-840	840CTNS	24-PIECES DINNERWARE	21840	52.668
	BLACKTHORN BK1043003 GENOVA C/NO.1-700	700CTNS 1540CTNS	STRIPE BOWL	19600	53.76
Total Number of Containers or Packages (In Words) 集装箱数或件数合计(大写)		ONE THOUSAND FIVE HUNDRED AND FORTY CARTONS ONLY			
Freight & Charges (运费与附加费)	Revenue Tons (运费吨)	Rate (运费率)	Per (每)	Prepaid (运费预付)	Collect (到付)
Ex-change (兑换率)	Prepaid at (预付地点)	Payable at (到付地点)		Place of Issue (签发地点) DALIAN	

(续表)

Total Prepaid (预付总额)	No. of Original B(s)/L(正本提单份数) TWO (2)			
Service Type on Receiving [x] -CY, [ ] -CFS, [ ] -DOOR	Service Type on Delivery [x] -CY, [ ] -CFS, [ ] -DOOR	Reefer Temperature Required (冷藏温度)	℉	℃
Type of Goods (种类)	[x] Ordinary (普通) [ ] Reefer (冷藏) [ ] Dangerous (危险品) [ ] Auto (裸装车辆) [ ] Liquid (液体) [ ] Live animal (活动物) [ ] Bulk (散装)		危险品	Class: Property: IMDG code page: UN No.
可否转船：Permitted 装期：30-NOV-20××	可否分批：Permitted 有效期：21-DEC-20××	备注：(Remarks)		
金额：USD222600.00		吉林恒瑞国际物流公司 Jilin Hengrui International Logistics Company		
制单日期：18-NOV-20××				

三、报关

20××年11月23日接到星火陶瓷厂的通知，货物已送往大连港仓库，同时杨子墨委托吉林恒瑞国际物流公司(货代公司)办理报关手续，登录国际贸易单一窗口录入电子底单号码：220025814736912，并将装货单(见示例8-3)、出口货物报关单(见示例8-4)信息录入，提交大连海关报关。

示例8-3　装货单

Shipper(发货人) LONGYUAN IMPORT & EXPORT CORPORATION, B98 QIANJIN STREET, CHAOYANG DISTRICT, JILIN, CHINA.	D/R No.(编号) HRIL101118 装　货　单 SHIPPING ORDER
Consignee(收货人) To Order	
Notify Party(通知人) BLACKTHORN LTD. VIA MILANO, 87 – 265683 GENVOA – ITALIA	Received by the Carrier the Total number of containers or other packages or units stated below to be transported subject to the terms and conditions of the Carrier's regular form of Bill of Lading (for Combined Transport or Port to Port Shipment) which shall be deemed to be incorporated herein.
Pre-carriage(前程运输)　　Place of Receipt(收货地点)	
Ocean Vessel(船名)　Voy. No.(航次)　Port of Loading(装货港)　Date(日期) KUNLUN　　　　　5201　　　　　DALIAN　　　　　　18-NOV-20××	场站章
Port of Discharge(卸货港)　Place of Delivery(交货地点)　Final Destination for the Merchant's Reference(目的地) HONGKONG　　　　　　　　　　　　　　　　　　　　GENOVA	

(续表)

Container No.(集装箱号)	Seal No.(封志号) Marks & Nos.	No. of Containers or PKGS(箱数或件数)	Kind of Packages: Description of Goods(包装种类与货名)	Gross Weight 毛重(千克)	Measurement 尺码(立方米)
COSU2513574 COSU2654987 COSU2746672 COSU2865231	BLACKTHORN BK1043003 GENOVA C/NO.1-840	840CTNS	24-PIECES DINNERWARE	21840	52.668
	BLACKTHORN BK1043003 GENOVA C/NO.1-700	700CTNS ——— 1540CTNS	STRIPE BOWL	19600 ——— 41440	53.76 ——— 106.428

Total Number of Containers or Packages (In Words) 集装箱数或件数合计(大写)	SAY ONE THOUSAND FIVE HUNDRED FORTY CARTONS ONLY		
Freight & Charges(运费与附加费)	Prepaid at(预付地点) DALIAN	Payable at (到付地点)	Place of Issue (签发地点) DALIAN
	Total Prepaid (预付总额)	No. of Original B(s)/L (正本提单份数) TWO(2)	Booking (订舱确认) Approved by

Service Type on Receiving [x] - CY, [ ] -CFS, [ ] -DOOR	Service Type on Delivery [x] -CY, [ ] -CFS, [ ] -DOOR	Reefer Temperature Required (冷藏温度) ℉ ℃

Type of Goods(种类)	Ordinary [x] (普通) Reefer [ ] (冷藏) Dangerous [ ] (危险品) Auto [ ] (裸装车辆) Liquid [ ] (液体) Live Animal [ ] (活动物) Bulk [ ] (散装)	危险品	Class: Property: IMDG code page: UN No.

发货人或代理地址: 吉林市前进大街B98号	联系人: 杨子墨	电话: 0432-5653××××
可否转船: 可以	可否分批: 可以	装期: 20××-11-30	备注	装箱场站名称
效期: 20××-12-21		制单日期: 20××-11-18		
海运费用由 发货人 支付 如预付运费托收承付，请填准银行账号 5689322214587963				

示例8-4 中华人民共和国海关出口货物报关单

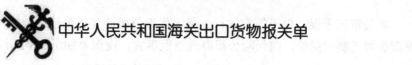

中华人民共和国海关出口货物报关单

预录入编号：090820180543216789　　海关编号：090820180543216789（连大窑湾）　　页码/页数：1/1

境内发货人 (91220103NAOY7TC46M) 龙源进出口公司	出境关别(0908) 连大窑湾	出口日期	申报日期 20××1124	备案号
境外收货人 BLACKTHORN LTD.	运输方式(2) 水路运输	运输工具名称及航次号 KUNLUN/5201	提运单号 HRIL101118	
生产销售单位 星火陶瓷厂	监管方式 (00110) 一般贸易	征免性质 一般征税	许可证号	
合同协议号 20××LY569802	贸易国(地区)(ITA) 意大利	运抵国(地区) 意大利	指运港 热那亚(意大利)	离境口岸 大连港大窑湾港区
包装种类(2) 纸箱	件数 1540	毛重 (千克) 41440	净重 (千克) 35280	成交方式 CIF (1)	运费	保费	杂费

随附单证及编号
随附单据2 发票；装箱单；合同；代理报关委托协议(电子)
标记唛码及备注 BLACKTHORN　　　BLACKTHORN BK1043003　　　　BK1043003 GENOVA　　　　　GENOVA C/NO.1-840　　　　C/NO.1-700

项号	商品编号	商品名称及规格型号	数量及单位	单价/总价/币制	原产国(地区)	最终目的国(地区)	境内货源地	征免
1	691110100024	24头陶瓷餐具	1680套	95.00/159600.00美元	中国(CHN)	意大利(ITA)	(22020)吉林	照章征税(1)
2	691110100024	条纹碗	25200只	2.50/63000.00美元	中国(CHN)	意大利(ITA)	(22020)吉林	照章征税(1)

特殊关系确认：否　　价格影响确认：否　　支付特许权使用费确认：否　　自报自缴：否
报关人员：李冰　报关人员证号：09101859 电话：0411-3986××××　　兹申明对以上内容承担如实申报、依法纳税之法律责任 申报单位(91220103MVBY8TC38N) 吉林恒瑞国际物流公司　　　　　　　　　　　　　　　　　　申报单位(签章)

四、投保

海关审核无误，电子签章放行。货运代理公司持装货单请求装船。20××年11月24日龙源公司缮制投保单，向保险公司办理投保事宜。投保单如示例8-5所示。

示例8-5 货物运输保险投保单

货物运输保险投保单

APPLICATION FORM FOR CARGO TRANSPORTATION INSURANCE

被保险人
Insured: LONGYUAN I/E CORP.
发票号(Invoice No.)JLTC2010301
合同号(Contract No.)20××LY569802
信用证号(L/C No.)YY20××0827
发票金额(Invoice Amount)USD222600.00投保加成(plus)10%
兹有下列货物向贵司投保(Insurance is required on the following commodities:)

标记 MARKS & NOS.	数量及包装 QUANTITY	保险货物项目 DESCRIPTION OF GOODS	保险金额 AMOUNT INSURED
BLACKTHORN BK1043003 GENOVA C/NO.1-840	840cartons	pocelain ware 24-pieces dinnerware	USD175560.00
BLACKTHORN BK1043003 GENOVA C/NO.1-700	700cartons	stripe bowl	USD69300.00 ――――――― USD244860.00

起运日期：   装载运输工具：
DATE OF COMMENCEMENT as per B/L   PER CONVEYANCE: KUNLUN 5201
自   经   至
FROM DALIAN   VIA   HONGKONG   TO   GENOVA
提单号：   赔款偿付地点：
B/L NO. AS PER B/L   CLAIM PAYABLE AT GENOVA VIA HONGKONG
投保险别: (PLEASE INDICATE THE CONDITIONS &/OR SPECIAL COVERAGES:)

INSTITUTE CARGO CLAUSE (ALL RISKS), INSTITUTE STRIKES RIOTS AND CIVIL COMMOTIONS CLAUSES.

备注：被保险人确认对本保险合同条款和内容已经完全了解。   投保人(签名盖章)
                                                        APPLICANTS' SIGNATURE

THE ASSURED CONFIRMS HEREWITH THE TERMS AND CONDITIONS OF THESE INSURANCE CONTRACT FULLY UNDERSTOOD.

法人名章
电话：(TEL.)0432 6565××××
地址：(ADD.)前进大街乙98号

投保日期：(DATE)NOV. 24, 20××

第二节 理论指导

一、出口装运指导

(一) 确定装运事宜

1. 装运时间的确定

装运时间又称装运期(time of shipment),是指出口商将合同规定的货物装上运输工具或交给承运人的期限。能否按时装运关系到进口商能否按时取得货物、出口商能否安全收汇的问题。因此,对于双方来说,装运时间均属于合同的重要条款。装运时间的安排既要考虑进口商的需求,又要考虑出口商的生产备运时间,出口商只要在规定的装运期之前交货即可。常见的装运时间规定方法如下:

(1) 规定某月装运。Shipment during May,2019.

(2) 规定跨月装运。Shipment during May/Sep.2019.

(3) 规定在某月底或某日前装运。Shipment not later than the end of March 2019.Shipment on or before May.14th 2019.

(4) 规定在收到预付货款或信用证后若干天内装运。Shipment will be effected within 30 days after receipt of buyer's advanced proceeds.

Shipment within 60 days after receipt of L/C.

2. 装运港和目的港的确定

装运港(port of loading)和目的港(port of destination)不仅关系到出口商在哪里交货和货物风险什么时候转移到进口商,还涉及订舱的安排、运费、保险费乃至成本核算和确定售价等问题。

一般选择靠近产地、交通便利、储运设施完备、费用低廉的港口作为装运港。对货物分散多处、磋商时不能确定的,可规定两个或多个港口。我国装运港主要有大连、秦皇岛、香港、烟台、青岛、连云港、南通、上海、宁波、温州、福州、厦门、汕头、广州、黄埔、湛江、北海及台湾的基隆和高雄等。

目的港一般由进口商确定,签约时不能确定的,可以规定两个或多个目的港(同一航线),运费按较高费率计收,进口商开证时通知出口商。

3. 分批装运和转运的确定

需要分批装运的情况一般包括:成交量大,生产规模不够大或资金不足;运输条件的限制;原料进货商无仓库,货到后直接加工,不能一次全部到货;转售中间商分批定量交货等。在分批定量出运时,严格按照规定时间和数量出运,否则,以后各批分运的规定均告失效。

需要转运的情况一般包括:无直达船或偏僻港口;采用集装箱运输,由于口岸无装箱设备,需集中到其他港口装箱;用汽车从一国运到另一国,进口国禁止运货汽车入境,就要从出口国汽车卸下再装上进口国汽车。合同中应明确规定可以转运。

(二) 办理集装箱运输

1. 集装箱的使用

除了部分初级产品及特殊规格的大型机械、化学品等使用租船运输外,国际贸易越来越多地采用了集装箱班轮运输。集装箱运输(container transport),是以集装箱作为运输单位进行货物运输的一种现代化的运输方式。集装箱又称货柜,从装货用途来看,集装箱的种类有:干货集装箱(dry cargo container);散货集装箱(bulk container);冷藏集装箱(reefer container);开顶集装箱(open top container);框架集装箱(flat rack container);罐式集装箱(tank container);挂衣集装箱(hang container);牲畜集装箱(pen container);汽车集装箱(car container)。其中以干货集装箱居多。从集装箱规格来看,主要使用20英尺、40英尺和40英尺高柜。笨重货宜于装20英尺货柜,轻货宜装40英尺货柜。合理设计包装箱体积,尽量装满货柜,不亏舱、不亏载重吨尤为重要。

集装箱货物有整箱货(FCL)和拼箱货(LCL),整箱货在集装箱堆场(CY)交接,由货方装拆箱;拼箱货在集装箱货运站(CFS)交接,由承运人装拆箱。

装柜要领:①根据货柜规格、容积、重量,结合包装规格及强度,确定堆码层次和方法,充分利用柜内空间,但不得超过其载重量。②装箱时要从箱里往外装或从两侧往中间装,尽量紧密,使其稳固并加适当衬垫,最上层一定要塞满或加以固定;干湿货要用垫板隔离,干货置上湿货置下,湿货与重货放下面,用垫板隔离。③查点货物有无短损,避免柜内轻重不均,关箱前注意箱门口货物,防止开箱时货物倒塌造成货损或伤人。④制作翔实的装箱单。

2. 集装箱运输操作

采用CIF、CFR术语时,出口商要向货运代理公司(货代)租船订舱,现在许多船运公司都实行网上订舱,这样,货主可以随时了解是否能租到舱位,船是否已经进港,货物是否装上船以及船的位置等航运信息。著名的集装箱班轮公司有地中海航运、达飞轮船、长荣、总统轮船、赫伯罗特、中远(COSCO)、中海集运等,它们定期发布船运信息,供托运人订舱参考。通常通过货代公司进行订舱,他们和船东关系密切,航运信息灵通,可以从价格和服务上择优选用。每个船东都有各自的主营航线,与其合作的货代也就形成了各自的优势航线,根据所需航线选择不同的货代。询价时要搞清其所报运费是否含有各类杂费,这种报价有参考价值。

在备货及落实信用证的同时就应着手订舱,一般在装运前10~15天。委托货代订舱时,填写出口订舱委托书(中英文结合),它是出口单位与货代之间委托代理关系的证明。托运时还要提供各种单证,如商业发票、装箱单、出口货物报关单等。有些还需提供出口许可证、商检证书等。每次出运货物,还要向其提交(代理)报关委托书,如二维码所示。

如果订舱之后有需要改动的地方,则需填写委托订舱更改单,如表8-1所示。

表8-1 委托订舱更改单(Amendment to Space Booking)

外运编号	原配载船名	原来内容	应改为	更改理由

更改单位：　　　　　　　　制单：　　　　　　　　制单日期：

货代接到委托书及有关单证后，再缮制一式几份的托运单，交船公司订舱。舱位订妥后告知发货人准备安排货物进港。发货人接到装船通知后于装船前5天将载货箱运进指定港区备运，通常在船舶吊装前24小时停止货箱进港。

集装箱货物托运装船程序(委托货代办理)如图8-1所示。

(1) 出口企业填制订舱委托书，随附发票、装箱单，委托货代订舱。

(2) 货代接受委托后，缮制集装箱货物托运单，附上发票、箱单，向船公司订舱。

(3) 船公司根据配载情况，在托运单上编制提单号、填上船名、航次并签名，并将其中的配舱回单、装货单退还货代。出口人凭装货单(下货纸)报关(现在通过国际贸易单一窗口办理)。

(4) 船公司凭海关电子签章放行的装货单装货。

(5) 装货后，由轮船大副签署大副收据，交给货代。

(6) 货代持大副收据向船公司换取正本提单后转交托运人结汇。

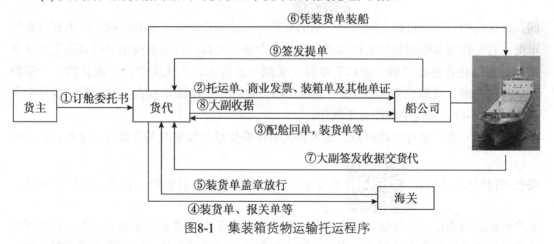

图8-1 集装箱货物运输托运程序

3. 集装箱货运单据

集装箱托运单是向船公司订舱配载的依据。一式数份，目前使用的集装箱托运单一般为一式十联，各联用途如下：第一联，货主留底；第二联，船代留底；第三联，运费通知(1)；第四联，运费通知(2)；第五联，装货单；第五联(附页)，缴纳出口货物港务费申请书；第六联(浅红色)，场站收据副本大副联；第七联(黄色)，场站收据；第八联，货代留

底;第九联,配舱回单(1);第十联,配舱回单(2)。其中比较重要的单据包括:

(1) 装货单(S/O)也称关单或下货纸,是船公司或其代理向船长或大副和集装箱装卸场区签发的通知其装货的指示文件。一经签发,承托双方即受其约束,凭其报关后装货。

(2) 场站收据(MATE'S RECEIPT,M/R)(参见二维码)是船方委托集装箱堆场或货运站在收货后签发的收据,即传统的收货单,它是船方收货凭证,类似大副收据,是托运人换取正本提单的凭证。现在基本上采用网上传输电子信息,但是偏远地区尚使用纸质单据传递装运信息。

(三) 出口报关与投保

1. 出口报关

出口报关是指企业在货物出境时向出境地海关申报货物明细,按规定缴纳关税并请求海关查验放行的行为。货物必须从设有海关的地方出境,发货人必须是有权经营出口业务的企业。报关人员须持报关员证方可办理报关业务。应在货抵海关监管区后、装货前24小时向海关申报报关,海关审核单据、查验货物、办理征税、结关放行。

现在出口报关都在国际贸易单一窗口上进行,2018年10月1日正式上线运行,它通过"一站式"的服务将办理贸易进出口的手续一次性完成。这个一次性办理贸易手续的设施就是单一窗口(参见二维码)。单一窗口的服务能够促进贸易商和政府机构之间、政府机构与政府机构之间贸易信息的交换,目的是获得许可证和授权、证书和必需的审批。它允许贸易商或他们的代理机构通过一个单一入口,以纸质或电子形式递交贸易单证和数据。企业通过"单一窗口"申报,实现一点接入、一次提交、一次查验、一键跟踪、一键办理,处理状态(结果)统一通过"单一窗口"反馈给申报人。从申报到放行结关最快只需2小时,实现全程作业无纸化。

登录单一窗口进行货物申报,输入相关的报关信息,如果海关需要有关单据,如订舱委托书(参见二维码)、报关单、装货单、发票、装箱单、合同、出口许可证、原产地证、商检证、环保证、监管证明、机电产品登记表、重要工业品登记表、信用证副本等,则提供扫描件上传到单一窗口,随申报信息一起传到海关,同时将电子底账号输入系统,点"报关",即可获得一个入库回执,表明申报信息已传到海关内网系统。4~5分钟后,经过海关电子审核,会传回一个审结的回执。表明单证信息没问题,海关已审结。企业会收到海关的放行回执,把回执打印盖章,通关完成。

根据海关总署公告2018年第60号(关于修订《中华人民共和国海关进出口货物报关单填制规范》的公告),新版报关单信息填制方法请参见二维码。

2. 出口投保

为使货物在受损时能得到一定的补偿，出口商或进口商需要事先办理货物运输保险。投保人必须有可保权益即对货物具有法律上承认的利益。根据运输方式的不同可分为海运货物保险、陆运货物保险、空运货物保险和邮运货物保险。其他方式的货运保险都是在海运保险基础上发展起来的，掌握海运保险知识，具有重要意义。

保险公司对由于海上风险(自然灾害、船舶的意外事故)和外来风险(偷窃、渗漏、受潮、战争、罢工、拒收等)导致的损失和费用，根据投保人的投保险别，承担相应的保险责任。

根据中国保险条款(China Insurance Clause, CIC)2009年1月1日修订的《海洋运输货物保险条款》，海运保险的基本险别有：平安险(F.P.A.)、水渍险(W.P.A)、一切险(All Risks)。其中一切险是最常用的一个险种。保险责任起讫期限采用"仓至仓"条款(Warehouse to Warehouse)，保险责任以货物到达收货人的最后仓库或在最后卸货港全部卸离海轮后满60天为止。索赔时限：2年。附加险分为一般附加险14种、特别附加险6种和特殊附加险3种，一切险包括一般附加险。基本险可以单独投保，附加险却不可以。

除此之外，还有海运冷藏货物的冷藏险(Risk for Shipment of Frozen Products)，冷藏一切险(All Risks for Shipment of Frozen Products)，海运散装桐油货物运输险，活牲畜、家禽运输保险。这三种险别均属基本险性质。

除了中国保险条款外，国际上还较多地采用英国伦敦保险业协会制定的《协会货物条款》(Institute Cargo Clauses，I.C.C.)，它是在2009年1月1日修订完成的。该条款一共有六种险别：协会货物(A)险条款[ICC(A)]、协会货物(B)险条款[ICC(B)]、协会货物(C)险条款[ICC(C)]、协会战争险条款(货物)(Institute War Clauses-Cargo)、协会罢工险条款(货物)(Institute Strikes Clauses-Cargo)、恶意损害险条款(Malicious Damage Clauses)。国外客户要求按此条款投保时，可以接受。

选择投保险别时，要对所面临的风险做出评估，鉴别哪种风险最大、最可能发生并结合保险费率加以权衡。同时，货物的特性、包装、运送区域、距离远近以及发生在港口和装卸过程中的损耗都要考虑进去。收到配舱回单后，即可填制投保单，这是出具保单的依据。一般按照CIF价格总值的110%确定保险金额。如果保险公司接受投保，则发回承保回执，出口公司凭此缮制保险单，交其确认签署。以FOB或CFR术语成交的货物，卖方无须投保。但是货物从仓库到装船这一路段，仍有遭受损失的风险，需要自行安排，比如，将内陆运输与海洋运输一并投保，保单中将内陆至港口起讫地点表述清楚即可。另外，卖方需要在运输合同规定的装运日之前告知买方投保。

二、进口装运指导

我国进口货物一般采用FOB术语成交，因此由买方负责租船订舱。

(一) 办理进口订舱手续

买方接到卖方预计装运日期的通知后，即向船公司办理租船订舱手续。我国大部分进口货物都委托中国对外贸易运输公司、中国租船公司或其他外运代理机构代办。在规定时间内填写并提交进口订舱联系单，办理订舱事宜。进口订舱联系单如示例8-6所示。

示例8-6 进口订舱联系单

第　号　　　　　　　　　　　　　　　　　　　　　　　　　　年　月　日

货　名 (填写英文)			
重　量		尺　码	
合　同　号		包　装	
装　卸　港		交　货　期	
交　货　条　款			
发　货　人 名　称　地　址			
发货人传真/网址			
订　妥　船　名		预　抵　港　期	
备　注		委　托　单　位	

对于危险品须注明性能。对于重大件要说明每件重量及尺码。买货条款须详细注明。

(二) 催装通知

订妥舱位后应及时向卖方发出催装通知，将船名、船期通知对方，以方便其装船。催装电文如示例8-7所示。

示例8-7 催装电文

FROM:_____　　　　　　　　　　　　　　DATE:_____
TO:_____
DEAR SIRS,
RE: SHIPMENT OF CONTRACT NO._____
LETTER OF CREDIT NO._____
WE WISH TO ADVISE THAT THE FOLLOWING STIPULATED VESSEL WILL ARRIVE AT _____ PORT,ON/ABOUT _____
VESSEL'S NAME: _____ VOY. NO. _____
WE'LL APPRECIATE TO SEE THAT THE COVERING GOODS WOULD BE SHIPPED ON THE ABOVE VESSEL ON THE DATE OF L/C CALLED.
C.C.

装货数量较少时，可由卖方直接向买方运输代理洽定舱位，以简化手续。但买方应及时掌握卖方的备货和装船情况。货物装船后，卖方也应及时向买方发出装运通知，以便其办理保险和接货事宜。

(三) 进口投保

在FOB、FCA、CFR、CPT条件下，由买方办理保险。我国投保人办理进口货物运输保险时,通常情况下由投保人与保险公司订签一份总的预约保险合同(参见二维码),不用每笔业务都去投保,只要买方收到卖方的装运通知(起运通知书)后,即将船名、提单号、开船日期、商品名称、数量、装运港、目的港、保险金额等装运细节通知保险公司,就算办妥保险手续或者以对方的起运通知作为投保通知。起运通知书如示例8-8所示。

示例8-8　中国人民保险公司国际运输预约保险起运通知书

被保险人　　　　　　　　　　　编号　　　　　　　　字第　号

保险货物项目(唛头)	包装及数量	价格条件	货价(原币)
合同号	发票号码		提单号码
运输方式	运输工具名称		运费
开航日期　年　月　日	运输路线　自　　　至		
投保险别	费率	保险金额	保险费
中国人民保险公司　　年　月　日	被保险人签章　　年　月　日		备　注

保险责任一般从货物在国外装上船时开始生效,到卸货港收货人仓库为止。保险责任以卸离海轮后60天为限,如不能在此期限内转运,可申请延期,最多60天。散装货物以及木材、粮食、化肥等货物,不实行国内转运期间保险责任的扩展;新鲜果蔬、活牲畜等少数货物,卸离海轮后保险责任即告终止。没有签订预约保险合同的进口货物需要逐笔投保。

第三节　课中训练

一、填写订舱委托书

20××年2月10日出口商根据合同和信用证信息,填写订舱委托书,具体委托内容请在示例8-9中进行操作。同时向电子口岸做代理报关委托备案,具体委托内容请在示例8-10中进行操作。

示例8-9 出口货物订舱委托书

委托日期： 年 月 日

订舱委托书				
托运人	委托号码		货柜种类	
	开户银行		银行账号	
收货人	合同号			
	信用证号		发票号码	
	国外银行		收汇方式	
通知人	贸易性质		消费国别	
	贸易国别		目的港	
	装运港		装运期限	
运费支付方式	转运港			
	可否转运		可否分批	

品名规格及货号	唛头	件数	包装种类	每件细数数	计价数量	单位	每件体积/立方米	毛重/千克	净重/千克	价格术语		
											单价	总值
						总体积				FOB价		

特别要求				
	保险单	险别		
		保额		
		赔款地点		
	提单份数			
	海关编号			
	委托人姓名/电话			
	委托人			
	传真/电子邮箱			

备注
货柜数量：
所需单据：

示例8-10 代理报关委托书

编号：

我单位现 (A. 逐票、B. 长期)委托贵公司代理 等通关事宜。(A. 报关查验 B. 垫缴税款 C. 办理海关证明联 D. 审批手册 E. 核销手册 F. 申办减免税手续 G. 其他)详见《委托报关协议》。
我单位保证遵守《海关法》和国家有关法规，保证所提供的情况真实、完整、单货相符。否则，愿承担相关法律责任。
本委托书有效期自签字之日起至 年 月 日止。

委托方(盖章)：

法定代表人或其授权签署《代理报关委托书》的人(签字)
年 月 日

委托报关协议

为明确委托报关具体事项和各自责任，双方经平等协商签订协议如下：

委托方		被委托方		
主要货物名称		*报关单编号	No.	
HS编码		收到单证日期		年 月 日
进出口日期	年 月 日	收到单证情况	合同	发票
提单号			装箱清单	提(运)单
贸易方式			加工贸易手册	许可证件
原产地/货源地			其他	
传真电话		报关收费	人民币：	元
其他要求：		承诺说明：		
背面所列通用条款是本协议不可分割的一部分，对本协议的签署构成了对背面通用条款的同意		背面所列通用条款是本协议不可分割的一部分，对本协议的签署构成了对背面通用条款的同意		
委托方业务签章：		被委托方业务签章：		
经办人签章： 联系电话： 年 月 日		经办报关员签章： 联系电话： 年 月 日		

(白联：海关留存、黄联：被委托方留存、红联：委托方留存) 中国报关协会监

二、缮制发票箱单

出口商肖红缮制订舱必需的单证、商业发票和装箱单,详细内容请在单据8-3和单据8-4中进行操作,缮制完毕之后,将备齐的订舱单据交给货运代理办理订舱。

单据8-3　商业发票

EXPORTER/SELLER/BENEFICIARY			发票
TO: MESSRS		商业发票 Commercial Invoice	
SHIPMENT FROM	INVOICE NO. SF20110210		DATE:
TO	DOCUMENTARY CREDIT NO.		
BY	CONTRACT NO./SALES CONFIRMATION NO.		
VESSEL/FLIGHT/VEHICLE NO.	B/L NO.	TERMS OF DELIVERY AND PAYMENT	
SHIPPING MARKS　　DESCRIPTION 　　　　(NOS. & KIND OF PKGS)	QUANTITY	UNIT PRICE	AMOUNT
			STAMP OR SIGNATURE

单据8-4 装箱单

EXPORTER/SELLER/BENEFICIARY	装箱单 Packing List	
TO: MESSRS		
SHIPMENT FROM	INVOICE NO.	DATE:
TO	DOCUMENTARY CREDIT NO.	
BY	CONTRACT NO./SALES CONFIRMATION NO.	
VESSEL/FLIGHT/VEHICLE NO.	B/L NO.	TERMS OF DELIVERY AND PAYMENT

SHIPPING MARKS	DESCRIPTION (NOS. & KIND OF PKGS)	QUANTITY	MEASURMENT	G.W. KG	N.W.KG

STAMP OR SIGNATURE

三、出口报关

20××年2月11日货运代理公司收到订舱委托书、报关委托书、发票、箱单等订舱单证之后,随即缮制集装箱货物托运单,向船公司订舱,船方接受订载后即编制提单号码(B/L NO.HGC110220)、船名(BREMEN EXPRESS)、航次(11S03)、集装箱号(HJZX6258321),将其中的配舱回单、装货单转交货运代理,以便报关。请在示例8-11中进行操作。

示例8-11 装货单

Shipper(发货人)	D/R No.(编号)
	装 货 单
Consignee(收货人)	Received by the Carrier the Total number of containers or other packages or units stated below to be transported subject to the terms and conditions of the Carrier's regular form of Bill of Lading (for Combined Transport or Port to Port Shipment) which shall be deemed to be incorporated herein.
Notify Party(通知人)	

Pre-carriage(前程运输)	Place of Receipt(收货地点)		
Ocean Vessel(船名)	Voy. No.(航次)	Port of Loading(装货港)	Date(日期)
Port of Discharge(卸货港)	Place of Delivery(交货地点)	Final Destination for the Merchant's Reference(目的地)	

Container No.(集装箱号)	Seal No.(封志号) Marks & Nos.	No. of Containers or KGS(箱数或件数)	Kind of Packages: Description of Goods(包装种类与货名)	Gross Weight 毛重(公斤)	Measurement 尺码(立方米)

Total Number of Containers or Packages(In Words) 集装箱数或件数合计(大写)			
Container No.(箱号)　Seal No.(封志号)　PKGS(件数)			
	Received (实收)	By Terminal Clerk (场站员签字)	

Freight & charges (运费与附加费)	Prepaid at(预付地点)	Payable at(到付地点)	Place of Issue (签发地点)
	Total Prepaid (预付总额)	No. of Original B(s)/L (正本提单份数)	Booking (订舱确认) Approved by

(续表)

Service Type on Receiving ☐-CY, ☐-CFS, ☐-DOOR		Service Type on Delivery ☐-CY, ☐-CFS, ☐-DOOR		Reefer Temperature Required (冷藏温度)	℉	℃
Type of Goods (种类)	Ordinary Reefer Dangerous Auto ☐(普通) ☐(冷藏) ☐(危险品) ☐(裸装车辆) Liquid Live animal Bulk ------ ☐(液体) ☐(活动物) ☐(散装)			危险品	Class: Property: IMDG code page: UN No.	
发货人或代理地址:				联系人:	电话:	
可否转船:	可否分批:	装期:	备注	装箱场站名称		
效期:		制单日期:				
海运费用由 支付 如预付运费托收承付,请填准银行账号						

货运代理接到配舱回单后,通知出口商将货物送往港口仓库待运。同时中吉公司于20××年2月13日登录国际贸易单一窗口填制出口货物报关单信息,交货运代理代办报关手续。出口货物报关单详细内容请在示例8-12中进行操作。

示例8-12 中华人民共和国海关出口货物报关单

预录入编号:		海关编号:		页码/页数:		
境内发货人	出境关别	出口日期		申报日期	备案号	
境外收货人	运输方式	运输工具名称及航次号		提运单号		
生产销售单位	监管方式	征免性质		许可证号		
合同协议号	贸易国(地区)	运抵国(地区)		指运港	离境口岸	
包装种类	件数	毛重(千克)	净重(千克)	成交方式	运费	保费	杂费
随附单证及编号							
标记唛码及备注							
项号	商品编号	商品名称及规格型号	数量及单位	单价/总价/币制	原产国(地区)	最终目的国(地区)	境内货源地	征免
特殊关系确认:	价格影响确认:	支付特许权使用费确认:		自报自缴:				
报关人员 报关人员证号: 电话: 申报单位				兹申明对以上内容承担如实申报、依法纳税之法律责任 申报单位(签章)				

四、出口投保

20××年2月17日肖红缮制投保单,向保险公司办理投保事宜。保单细节请在示例8-13中进行操作。

示例8-13 投保单

货物运输保险投保单
APPLICATION FORM FOR CARGO TRANSPORTATION INSURANCE

被保险人
Insured:_____

发票号(Invoice No.)
合同号(Contract No.)
信用证号(L/C No.)
发票金额(Invoice Amount)_____投保加成(Plus)_____%
兹有下列货物向　　投保(Insurance is required on the following commodities:)

标记 MARKS & NOS.	数量及包装 QUANTITY	保险货物项目 DESCRIPTION OF GOODS	保险金额 AMOUNT INSURED

起运日期:　　　　　　　　　　装载运输工具:
DATE OF COMMENCEMENT_____ PER CONVEYANCE:_____
自　　　　　　　　经　　　　　　　　至
FROM_____VIA_____TO_____
提单号:　　　　　　　　　　　　赔款偿付地点:
B/L NO._____CLAIM PAYABLE AT_____
投保险别: (PLEASE INDICATE THE CONDITIONS &/OR SPECIAL COVERAGES:)

_____

备注:被保险人确认对本保险合同条款和内容已经完全了解。　　投保人(签名盖章)
　　　　　　　　　　　　　　　　　　　　　　　　　　　　　APPLICANTS' SIGNATURE
THE ASSURED CONFIRMS HEREWITH THE TERMS AND
CONDITIONS OF THESE INSURANCE CONTRACT FULLY
UNDERSTOOD.
　　　　　　　　　　　　　　　　　　　　　　　　电话:(TEL.)
投保日期:(DATE)_____　地址:(ADD.)

_____

同时，肖红就木箱熏蒸检验证明一事去海关报检，熏蒸之后取得熏蒸证明书。如单据8-5所示。

单据8-5　熏蒸/消毒证书

中华人民共和国出入境检验检疫　　正　本

Customs Inspection and Quarantine
of the People's Republic of China　　ORIGINAL

熏蒸/消毒证书　　编号No.: 400100209165452

FUMIGATION/DISINFECTION CERTIFICATE

发货人名称及地址 ZHONGJI METALS AND MINERALS IMPORT AND EXPORT CORPORATION C101 FEIYUE ROAD, SHUANGYANG DISTRICT
Name and Address of Consignor　　CHANGCHUN, CHINA

收货人名称及地址 KOREA MACHINERY MANUFACTURING COMPANY
Name and Address of Consignee POBOX 89-123, BUSAN KOREA

品名　　　　　　　　　　　　产地
Description of Goods type diamond grinder　Place of Origin　CHINA

报检数量　　1380 wooden cases
Quantity Declared

启运地
Place of Dispatch　DALIAN, CHINA

到达口岸
Port of Destination　BUSAN

运输工具
Means of Conveyance　BY SEA

标记及号码 Mark & No.
KMMC
ZJGS20101125
BUSAN
W/C NO.1-1830

杀虫和/或灭菌处理 DISINFESTATION AND/OR DISINFECTION TREATMENT

日期　　　　　　　　　药剂及浓度
Date　17, FEB, 20×× Chemical and Concentration　METHYL BROMIDE 48g/m^3
处理方法　　　　　　　持续时间及温度
Treatment　FUMIGATION Duration and Temperature　24 hrs. 30℃

附加声明 ADDITIONAL DECLARATION

Mark & No. N/M
PACKAGE NO.: 1380 wooden cases
ITEM: SIST-150
SIZE: φ200×20×φ32
GROSS WEIGHT: 25620kg
NET WEIGHT: 22875kg

印章　　　签证地点 Place of Issue CHANGCHUN　　签证日期 Date of Issue 18, FEB, 20××
Official Stamp　授权签字人 Authorized Officer LINAN　　签　名 Signature 李楠

课后作业

1. 请根据上海宏达国际贸易有限公司商业发票(如单据8-6所示)及相关信用证信息(如示例8-14所示)填制订舱委托书(如示例8-15所示)。

单据8-6 发票

上海宏达国际贸易有限公司

SHANGHAI HONGDA INTERNATIONAL TRADE CO., LTD.
TOWER B, 23 SAN MEN ROAD SHANGHAI 200045, CHINA
TEL:021-8765×××× FAX: 021-9389××××
E-mail: www.ranaisance/kul.com

TO: M/S
G.S.GILL SDN BHD
106 JALAN TRANKU ABDUL, RAHMNAN
50100 KUALA LUMPUR MALAYSIA

INVOICE NO. JXPP9876
DATE: APR. 25, 2019

FROM: SHANGHAI TO: KUALA LUMPUR
L/C NO. CTTI98987   ISSUED BY: CITI BANK KUALA LUMPUR BR

MARKS & NUMBERS	QUANTITIES AND DESCRIPTIONS		UNIT PRICE	AMOUNT
G.S.GILL	CLEAN EQUIPMENT			
TX8876				CIF Kuala Lumpur
KUALA LUMPUR	ART. NO. KP3200	125CTNS	USD57.00	USD7125.00
C/NO.1-235	KP5464	57CTNS	USD49.00	USD2793.00
	K42239	53CTNS	USD22.00	USD1166.00
				USD11084.00

TOTAL PACKAGE: 235 CARTONS
TOTAL MEAS.: 23.97M^3

ART. NO./PACKAGE	N.W.	G.W.
KP3200	17KG	19KG
KP5464	15KG	18KG
K42239	15KG	18KG

As per S/C NO. TX8876 DATED: MAR, 17, 2019

上海宏达国际贸易有限公司
SHANGHAI HONGDA INTERNATIONAL TRADE CO., LTD.
徐莉

示例8-14 信用证信息

```
SOME MESSAGE FROM THE L/C
L/C NO. CTTI98987
L/C DATE:MAY 12TH, 2019
EXPIRY DATE:JUL 15TH, 2019
BENEFICIARY:SHANGHAI HONGDA INTERNATIONAL TRADE CO., LTD.
           TOWER B,23 SAN MEN ROAD. SHANGHAI 200045 CHINA

APPLICANT:G.S.GILL SDN BHD
          106 JALAN TRANKU ABDUL,RAHMNAN
          50100 KUALA LUMPUR
          MALAYSIA
SHIPMENT:SHIPMENT BY STEAMER NOT LATER THAN 30 JUN.2019 FROM CHINA TO
KUALA LUMPUR WITH PARTIAL SHIPMENT AND TRANSHIPMENT ALLOWED
DOCUMENTS REQUIRED: COMPLETE SET OF NOT LESS THAN TWO CLEAN ON BOARD
LINER TERM OCEAN BILL OF LADING MARKED FREIGHT PAID MADE OUT TO THE ORDER
OF ISSUING BANK INDICATING BUYERS AS PARTY TO BE NOTIFIED
```

委托号：BTM07234
货物存放地点：上海
运输标志：GSGSB/SITC97145./ KUALA LUMPUR/ C/NO.1-235
包装尺寸：60×50×34(cm)
运费：USD1104.00
保险费：USD109.45
商品编码：84213921

示例8-15 出口货物订舱委托书

出口货物订舱委托书

托运人(Shipper):	委托号：	
	发票号：	
	合同号：	
	证 号：	
	提单号：	
客户名称地址(Applicant):	装运港：	转运港：
	目的港：	国别：
	预定船期：	货存地址：
	可否分批：	可否转运：
	贸易术语：	
	付款方式：	
	商品编码：	

(续表)

提单抬头(Consignee):			唛头:						
通知方(Notify Party):									
货物描述 Description	件数	计价数量	外箱尺寸			毛重	净重	单价	总值
			长	宽	高	KGS	KGS	USD/	USD
总箱数 TOTAL: UNIT:			M3			KGS		FOB总值:	
备注: 所需单据:							委托日期:		
	科长:		审单员:				公司制单人:		

2. 上海宏达国际贸易有限公司于2019年6月12日收到船公司的D/R NO.SH0708号配舱回单，货物预配"MEIGUI"号货轮，V9086航次，6月23日货物进入港口仓库，海关放行后，6月25日船公司出具场站收据。请以船公司的名义填写场站收据(见示例8-16所示)，以便宏达公司凭此换取正本提单。

示例8-16　场站收据

Shipper(发货人)	D/R No.(编号)
	场站收据 Received by the Carrier the Total number of containers or other packages or units stated below to be transported subject to the terms and conditions of the Carrier's regular form of Bill of Lading (for Combined Transport or Port to Port Shipment) which shall be deemed to be incorporated herein. Date　(日期): 场站章
Consignee(收货人)	
Notify Party(通知人)	
Pre-carriage(前程运输)　Place of Receipt(收货地点)	

(续表)

Ocean Vessel(船名)		Voy. No.(航次)		Port of Loading(装货港)	
Port of Discharge(卸货港)		Place of Delivery(交货地点)		Final Destination for the Merchant's Reference(目的地)	
Container No.(集装箱号)	Seal No.(封志号) Marks & Nos.	No. of Containers or PKGS(箱数或件数)	Kind of Packages: Description of Goods(包装种类与货名)	Gross Weight 毛重(千克)	Measurement 尺码(立方米)
Total Number of Containers or Packages(In Words) 集装箱数或件数合计(大写)					
Container No.(箱号)　Seal No.(封志号)　PKGS(件数)　Container No.(箱号)　Seal No. (封志号)　PKGS(件数)					
			Received (实收)　By Terminal Clerk (场站员签字)		
Freight & Charges (运费与附加费)	Prepaid at(预付地点)		Payable at (到付地点)	Place of Issue (签发地点)	
	Total prepaid (预付总额)		No. of Original B(s)/L(正本提单份数)	Booking (订舱确认) Approved by	
Service Type on eceiving ☐-CY,　☐-CFS,　☐-DOOR			Service Type on Delivery ☐-CY,　☐-CFS,　☐-DOOR	Reefer Temperature Required (冷藏温度)	℉　　℃
Type of Goods (种类)	Ordinary　Reefer　Dangerous　Auto ☐(普通)☐(冷藏)☐(危险品)☐(裸装车辆) Liquid　Live Animal　Bulk　------ ☐(液体)☐(活动物)☐(散装)			危险品	Class: Property: IMDG code page: UN No.:
备注(Remarks):				海关章	

3. 辽春贸易公司(LIAOCHUN TRADING COMPANY)按照FOB 迈阿密条件与美国迈阿密贸易公司(MIAMI TRADING CO.U.S.A.)签订一批药品合同(扑热息痛)，共1500箱，目的港大连，装运期：2019年3月15日；包装箱体积：40×39×35(cm)；合同号码：LC0509888；发货人地址：美国迈阿密威尔逊大街66号 (66 WILSON STREET, MIAMI, U.S.A)；传真：001-89765544；每箱毛重：28千克。请按照上述条件填写一份进口订舱联系单。见示例8-17。

示例8-17　进口订舱联系单

第　号		年　月　日	
货　　名 (填写英文)			
重　　量		尺　　码	
合　同　号		包　　装	
装　卸　港		交　货　期	
交货条款			
发　货　人 名称地址			
发货人传真/网址			
订妥船名		预抵港期	
备　　注		委托单位	联系人 传真 电话

注：对于危险品须注明性能。对于重大件要说明每件重量及尺码。买货条款须详细注明。

4. 辽春贸易公司所订船只将在2019年3月初到达迈阿密港，船名：HAPPYNESS，航次：V88876，L/C NO.6754930，合同号码：LC0509888。请根据上述信息，缮制一封催促美国迈阿密贸易公司装船的信函。如示例8-18所示。

示例8-18　催装电文

FROM:＿＿＿＿＿＿＿　　　　　　　　　　DATE:＿＿＿＿＿＿＿
TO:＿＿＿＿＿＿＿
DEAR SIRS,
　　　　　　RE: SHIPMENT OF CONTRACT NO.＿＿＿＿＿＿＿
　　　　　　LETTER OF CREDIT NO.＿＿＿＿＿＿＿
WE WISH TO ADVISE THAT THE FOLLOWING STIPULATED VESSEL WILL ARRIVE AT ＿＿＿＿＿＿＿ PORT,ON/ABOUT ＿＿＿＿＿＿＿
VESSEL'S NAME:＿＿＿＿＿＿＿ VOY. NO.＿＿＿＿＿＿＿
WE'LL APPRECIATE TO SEE THAT THE COVERING GOODS WOULD BE SHIPPED ON THE ABOVE VESSEL ON THE DATE OF L/C CALLED.

C.C.

5. 根据下列出口货物明细表(见表8-2)填写一份投保单(见示例8-19)。

表8-2　出口货物明细表

开证行	E.B.I. LTD.			信用证号	3456712	
经营单位	FJ AC I/E CORP. NO.223 HUNAN ROAD, QUANZHOU, CHINA			开证日期	2019年3月1日	
				合同号码	09AC89013	
收货人	ACD COMPANY NO.666 TAI HU STREET, SINGAPORE			成交条件	CIF SINGAPORE	
				发票号码	FA09089	
				成交金额	USD84000.00	
				贸易国别	SINGAPORE	
提单或承运收据	抬头人	TO ORDER		汇票付款人	E. B.I. LTD	
	通知人	ACD COMPANY NO.666 TAI HU STREET, SINGAPORE		汇票期限	SIGHT DRAFT	
				出口口岸	XIAMEN	
	运费	预付YES		目的港	SINGAPORE	
		到付		分批 YES	转运 NO	
	提单份数	正本	3	副本	4	车号	
	船名	YU JIE	航次	V.09876	提单号	COSCO87667
	装运期	5月5日	有效期	5月20日	开航日期	2019年5月1日
标记	货名	包装件数	数量	毛重	净重	单价	总值
ACD CO. 09AC89013 SINGAPORE C/NO.1-1200	绘图板	1200CTNS	24000DZ	15KG	13KG	USD3.50	USD84000.00
总尺码：141立方米			总件数：1200箱			总金额：USD84000.00	
来证保险条款:FOR FULL CIF VALUE PLUS 10 PERCENT SHOWING CLAIMS IF ANY PAYABLE AT DESTINATION IN THE CURRENCY OF THE DRAFT COVERING ALL RISKS AND WAR RISK AS PER CIC (1981/01/01).							
H.S.编码：44130000			联系人：何利			电话：0595-8976××××	
海关放行日期：			备注：保险公司：中国人民保险公司				

示例8-19 投保单

货物运输保险投保单
APPLICATION FORM FOR CARGO TRANSPORTATION INSURANCE

被保险人
Insured:_____

发票号(Invoice No.)
合同号(Contract No.)
信用证号(L/C No.)
发票金额(Invoice Amount)_____ 投保加成(Plus)_____%
兹有下列货物向_____投保(Insurance is required on the following commodities:)

标记 MARKS & NOS.	数量及包装 QUANTITY	保险货物项目 DESCRIPTION OF GOODS	保险金额 AMOUNT INSURED

起运日期: 装载运输工具:
DATE OF COMMENCEMENT_____ PER CONVEYANCE:_____
自   经   至
FROM_____VIA_____TO_____
提单号: 赔款偿付地点:
B/L NO._____CLAIM PAYABLE AT_____
投保险别: (PLEASE INDICATE THE CONDITIONS &/OR SPECIAL COVERAGES:)
_____

备注: 被保险人确认对本保险合同条款和内容已经完全了解。   投保人(签名盖章)APPLICANTS'
                                                            SIGNATURE
THE ASSURED CONFIRMS HEREWITH THE TERMS AND
CONDITIONS OF THESE INSURANCE CONTRACT FULLY
UNDERSTOOD.

                                                            电话: (TEL.)
投保日期: (DATE)_____   地址: (ADD.)

本公司自用(FOR OFFICE USE ONLY)
费率: 保费: 备注:
RATE:_____PREMIUM_____
经办人: 核报人: 负责人:
BY_____ _____ _____

6. 广州岭南机电进出口公司从日本进口一批影碟机，以CFR广州条件USD58.00/PC成交。唛头：LNJD/JYI051245/GUANGZHOU/C/NO.1-100。数量为1000台，纸箱包装，每箱装10台，合同号码：JYI051245，发票号码：TS0534012，提单号码：COSCO5125，运输方式：海运，货轮名称：YINGLONG，运费：2900美元，开航日期：2019年4月15日，自神户至广州，投保一切险加战争险，保险费率是0.7%，按照发票金额的110%投保。根据上述信息填写国际运输预约保险起运通知书(见示例8-20)。

示例8-20 中国人民保险公司国际运输预约保险起运通知书

被保险人				编号　字第　号	
保险货物项目(唛头)		包装及数量	价格条件		货价(原币)
合同号		发票号码		提单号码	
运输方式		运输工具名称		运费	
开航日期　年 月 日		运输路线 自　　至			
投保险别	费率		保险金额		保险费
中国人民保险公司 年　月　日		被保险人签章 年　月　日		备 注	

第九章 制单结汇

实训任务：按照业务规范签发装运通知，缮制和审核结汇单据，填写交单记录，向银行交单议付。

第一节 课前阅读——制单审单

一、发送装运通知

根据信用证及其改证的要求，20××年11月30日龙源公司将该批陶瓷餐具和条纹碗装上了开往意大利热那亚港的第5201航次的"KUNLUN"号货轮。货物装船后返回一份大副收据，龙源公司凭以交纳运费之后向船公司换取了正本提单一式两份。货物装船后，杨子墨当日即向波尔森先生发出装运通知。具体通知如示例9-1所示。

示例9-1 装运通知

主　题：	SHIPPING ADVICE
发件人：	LONGY@WEN.NET.CN
日　期：	20××-11-30 20:11:11
收件人：	PERLSEN@HTPN.IT
发送状态：	发送成功

To: BLACKTHORN LTD.
Attn: Mr. Poulsen

RE: S/C No. 20××LY569802
　　Order No. BK1043003
　　L/C No. YY20××0827

Dear sirs,
　　We hereby inform you the shipping details as follows:
Description:24 pieces dinnerware and stripe bowl
Quantity: 1680 sets(840 cartons) and 25200 pieces (700 cartons)
Gross weight: 21840kg and 19600kg
Total amount:USD 222600.00
Shipping mark:
BLACKTHORN
BK1043003
GENOVA
C/NO.1-840

BLACKTHORN
BK1043003

```
            GENOVA
            C/NO.1-700

            From Dalian to Genova with transshipment at Hongkong.
            Vessel:by "KUNLUN"
            Voy. No.: 5201
            ETD: Nov. 30, 20××
            ETA: Dec. 27, 20××
            We herewith certify this message to be true and correct.
            Please get ready for delivery and kindly let us know after receipt of the goods.
                                                                      Yours faithfully,
                                                                      Zimo Yang
```

```
  致波尔森先生
  关于20××LY569802号销售确认书.
      BK1043003号订单
      YY20××0827号信用证

  敬启者，
      兹将装运详情通知如下：
      货物描述：24件餐具和条纹碗
      数量：1680台(840箱)和25200台(700箱)
      毛重：21840千克和19600千克
      总额：22260.00美元
      装运唛头：
  BLACKTHORN
  BK1043003
  GENOVA
  C/NO.1-840

  BLACKTHORN
  BK1043003
  GENOVA
  C/NO.1-700

  从大连运往热那亚，经由香港转运。
  船名："昆仑"
  航次：5201
  预计起航时间：20××年11月30日
  预计到港时间：20××年12月27日
  兹证明本信息真实无误。
  请做好提货准备，收到货后请通知我方。
                                                           谨上
                                                           杨子墨
```

20××年11月30日，杨子墨将货款余额136381.20元通过中行吉林分行电汇付给星火陶瓷厂。至此，货款全部支付完毕。

二、缮制结汇单据

20××年12月2日，杨子墨收到正本提单。根据来证要求，缮制和准备如下单据：商业发票(见单据9-1)、装箱单(见单据9-2)、海运提单(见单据9-3)、保险单(见单据9-4)、原产地证明书申请书(见示例9-2)、普惠制原产地证明书(见单据9-5)、受益人证明(见单据9-6)、装船通知副本(见单据9-7)、汇票(见单据9-8)。

单据9-1　商业发票

EXPORTER/SELLER/BENEFICIARY LONGYUAN I/E CORP. B98 QIANJIN STREET, CHAOYANG DISTRICT JILIN, CHINA	龙源进出口公司 中国 吉林 前进大街乙98号	发票
TO:MESSRS BLACKTHORN LTD. VIA MILANO, 87 – 265683 GENVOA – ITALIA	商业发票 COMMERCIAL INVOICE	
SHIPMENT FROM DALIAN PORT, CHINA	INVOICE NO. JLTC2010301	DATE 16-NOV-20××
TO GENOVA	DOCUMENTARY CREDIT NO. YY20××0827	
BY VESSEL	CONTRACT NO./SALES CONFIRMATION NO. 20××LY569802	
VESSEL/FLIGHT/VEHICLE NO. KUNLUN 5201		↑
B/L NO. HRIL101118	TERMS OF DELIVERY AND PAYMENT CIF GENOVA　　BY T/T AND BY L/C	

SHIPPING MARKS	DESCRIPTION (NOS. & KIND OF PKGS)	QUANTITY	UNIT PRICE	AMOUNT
	Porcelain ware			
BLACKTHORN BK1043003 GENOVA C/NO.1-840	24-pieces dinnerware	1680 sets	USD95.00	USD159600.00
BLACKTHORN BK1043003 GENOVA C/NO.1-700	stripe bowl	25200 pieces		
	AS PER S/C NO. 2010LY569802 DATED 13-JULY-20××		USD2.50	USD63000.00 USD222600.00
About 30% of the invoiced amount (USD66880.00) customers have payed in advance by T/T					

LONGYUAN I/E CORP.
B98 QIANJIN STREET,
CHAOYANG DISTRICT
JILIN,CHINA
盖章
_____
STAMP OR SIGNATURE

REF. NO. DL20101116　236548741

单据9-2　装箱单

EXPORTER/SELLER/BENEFICIARY: LONGYUAN I/E CORP. B98,QIANJIN STREET, CHAOYANG DISTRICT JILIN,CHINA	龙源进出口公司 中国 吉林 前进大街 乙98 号	
TO:MESSRS BLACKTHORN LTD. VIA MILANO, 87 – 265683 GENVOA – ITALIA	装箱单 **PACKING LIST**	
SHIPMENT FROM DALIAN	INVOICE NO. JLTC2010301	DATE 16-NOV-20××
TO GENOVA		
BY VESSEL	DOCUMENTARY CREDIT NO. YY20100827	
VESSEL/FLIGHT/VEHICLE NO. KUNLUN 5201	B/L NO. HRIL101118	CONTRACT NO./SALES CONFRIMATION NO. 2010LY569802

SHIPPING MARKS	DESCRIPTION (NOS.&KIND OF PKGS)	QUANTITY	MEASUREMENT	G.W. KG	N.W.KG
BLACKTHORN BK1043003 GENOVA C/NO.1-840	Porcelain ware 24-pieces dinnerware	840 cartons	52.668	21840	18480
BLACKTHORN BK1043003 GENOVA C/NO.1-700	stripe bowl	700 cartons ——————— 1540 cartons	53.76	19600	16800
			106.428	41440	35280

LONGYUAN I/E CORP.
B98,QIANJIN STREET,
CHAOYANG DISTRICT JILIN,CHINA

盖 章

———————————
STAMP OR SIGNATURE

REF. NO. DL20101116 236548741

因为采用CIF术语，出口商支付了海运费之后，用场站收据换取了正本提单。

单据9-3　海运提单

Shipper LONGYUAN I/E CORP. B98 QIANJIN STREET, CHAOYANG DISTRICT JILIN, CHINA		BILL OF LADING	B/L No.: HRIL101118	
Consignee TO ORDER				
Notify Party BLACKTHORN LTD. VIA MILANO, 87 – 265683 GENVOA – ITALIA		**COSCO** 中国远洋运输公司 CHINA OCEAN SHIPPING COMPANY		
*Pre-carriage by	*Place of Receipt			
Ocean Vessel Voy. No. KUNLUN 5201	Port of Loading DALIAN		ORIGINAL	
Port of Discharge HONGKONG	*Final Destination GENOVA	Freight Payable at	Number of Original Bs/L TWO(2)	
Marks and Numbers	Number and Kind of Packages;Description		Gross Weight	Measurement
BLACKTHORN BK1043003 GENOVA C/NO.1-840	POCELAIN WARE 24 PIECES DINNERWARE 840 CARTONS		21840 kg	52.668 m³
BLACKTHORN BK1043003 GENOVA C/NO.1-700	STRIPE BOWL 700 CARTONS TOTAL: 1540 CARTONS		19600 kg	53.76 m³
			44140 kg	106.428 m³
	Credit No.YY20××0827			
TOTAL PACKAGES(IN WORDS)	ONE THOUSAND FIVE HUNDRED AND FORTY CARTONS ONLY			
Freight and Charges				
FREIGHT PREPAID		Place and Date of Issue DALIAN 30-NOV-20×× Signed for the Carrier CHINA OCEAN SHIPPING 经理 签章		
*Applicable only when document used as a Through Bill of Loading				

单据9-4 保险单

中国人民保险公司
THE PEOPLE'S INSURANCE COMPANY OF CHINA

总公司设于北京　　一九四九年创立
Head Office:BEIJING　Established in 1949

发票号码	保险单	保险单号次
Invoice No. JLTC2010301	INSURANCE POLICY	Policy No. 002010113025

中国人民保险公司(以下简称本公司)
This Police of Insurance witnesses that The People's Insurance Company of China (hereinafter called "The Company")
根据龙源进出口公司
At the request of LONGYUAN IMPORT & EXPORT CORPORATION
(以下简称被保险人)的要求，由被保险人向本公司缴付约定的保险费，按照本保险单承保险别和背面所载条款与下列特款承保　下述货物运输保险，订立本保险单。
(hereinafter called the "Insured")and in consideration of the agreed premium paying to the Company by the Insured, undertakes to insure the undermentioned goods in transportation subject to the conditions of this Policy as per Clauses printed overleaf and other special clauses attached hereon.

标　记 Marks & Nos.	包装及数量 Quantity	保险货物项目 Description of Goods	保险金额 Amount Insured
BLACKTHORN BK1043003 GENOVA C/NO.1-840	840 Cartons	Porcelain ware 24-pieces Dinnerware	USD175560.00
BLACKTHORN BK1043003 GENOVA C/NO.1-700	700 Cartons	Stripe bowl	USD69300.00
	1540 Cartons		USD244860.00

总保险金额：
Total Amount Insured U.S.DOLLARS TWO HUNDRED FORTY FOUR THOUSAND AND SIXTY ONLY

保费	费率	装载运输工具
Premium	As Arranged Rate	As Arranged per Conveyance S.S KUNLUN/ 5201

开航日期　　　　　　　自　　　　　　至　　　　　经
SIG on or about. AS PER B/L　From DALIAN　To GENOVA VIA HONGKONG

承保险别
Conditions INSTITUTE CARGO CLAUSE (ALL RISKS), INSTITUTE STRIKES RIOTS AND CIVIL COMMOTIONS CLAUSES.
所保货物，如遇出险，本公司凭本保险单及其他有关证件给付赔款。
Claims, if any, payable on surrender of this Policy together with other relevant documents.
所保货物，如发生本保险单项下负责赔偿的损失或事故，应立即通知本公司下述代理人查勘。
In the event of accident whereby loss or damage may result in a claim under this policy immediate notice applying for survey must be given to the company's Agent as mentioned hereunder.

ASSICURAZIONI GENERALI
Esther Terry ITALY

中国人民保险公司
THE PEOPLE'S INSURANCE CO. OF CHINA

赔款偿付地点
Claim payable at GENOVA ITALY
日期
DATE 20 NOV. 20××

示例9-2　普惠制原产地证明书申请书

原产地证明书申请书

申请单位(盖章)：龙源进出口公司　注册号：220220453　证书号码：G102202204530004
郑重声明：
　　本人是被正式授权代表申请单位办理原产地证明书和签署本申请的。
　　本人所提供的原产地证明书及所附单据内容正确无误，如发现弄虚作假，冒充证书所列货物，擅改证书，自愿按照有关规定接受处罚并负法律责任。现将有关情况申报如下：

证书种类	普惠制原产地证明书		发票号码	JLTC2010301
最终目的国/地区	意大利	中转国/地区　香港	出运日期	20××年11月30日
贸易方式	一般贸易		商品FOB总值(美元)	USD209150.62

(续表)

序号	HS编码	货物名称	进口成分*	生产企业/联系人/电话	数/重量	单位	FOB值(美元)
1	6911101000	24头陶瓷餐具	无	星火陶瓷厂 王诗坤 0432-6546××××	1680	套	152685.68
2	6911101000	条纹碗	无	星火陶瓷厂 王诗坤 0432-6546××××	25200	只	56464.94
3							
4							
5							
6							
7							
8							
随附单据	发票、信用证副本						
备注				申报员(签名)：杨子墨 电话：0432-6565×××× 日期：20××年11月20日			

*注："进口成分"指产品含进口成分的情况，如不含进口成分，则填0%，若含进口成分，则填进口成分占产品出厂价的百分比。

贸易方式包括一般贸易、进料加工贸易、来料加工贸易、外商投资、易货贸易、补偿贸易、边境贸易、展卖贸易、零售贸易、无偿援助、其他贸易方式等。

单据9-5 普惠制原产地证明书(A格式)

1.Goods consigned from (Exporter's business name, address, country) LONGYUAN I/E CORP. B98 QIANJIN STREET, CHAOYANG DISTRICT JILIN,CHINA.	Reference No. GENERALIZED SYSTEM OF PREFERENCES **CERTIFICATE OF ORIGIN** (Combined Declaration and Certificate)
2.Goods consigned to (Consignee's name, address, country) BLACKTHORN LTD. VIA MILANO, 87 – 265683 GENVOA – ITALIA	FORM A Issued in THE PEOPLE'S REPUBLIC OF CHINA (country) See Notes overleaf

(续表)

3. Means of Transport and Route (as far as known)			4. For Official Use		
FROM DALIAN TO GENOVA VIA HONGKONG BY STEAMER					

5. Item Number	6. Marks and Numbers of Packages	7. Number and Kind of Packages; Description of Goods	8. Origin Criterion (see Notes overleaf)	9. Gross Weight or Other Quantity	10. Number and Date of Invoices JLTC2010301
1	BLACKTHORN BK1043003 GENOVA C/NO.1-840 BLACKTHORN BK1043003 GENOVA C/NO.1-700	1540 CARTONS OF POCELAIN WARE ********************	"P"	41440	16-NOV-20××

11. Certification	12. Declaration by the Exporter
It is hereby certified, on the basis of control carried out, that the declaration by the exporter is correct. 龙源进出口公司 吴建 NOV. 27 20×× JILIN CHINA	The undersigned hereby declares that the above details and statements are correct, that all the goods were CHINA produced in ──────── (country) and that they comply with the origin requirements specified for those goods in the Generalized System of Preferences for goods exported to ITALY ──────── (importing country) NOV. 30 20×× JILIN CHINA
Place and Date, Signature and Stamp of Certifying Authority	Place and Date, Signature and Stamp of Authorized Signatory

单据9-6 受益人证明

EXPORTER/SELLER/BENEFICIARY LONGYUAN I/E CORP. B98 QIANJIN STREET, CHAOYANG DISTRICT JILIN, CHINA	受益人证明 BENEFICIARY'S CERTIFICATE	
TO: MESSRS BLACKTHORN LTD. VIA MILANO, 87 – 265683 GENVOA – ITALY		
SHIPMENT FROM DALIAN	INVOICE NO. JLTC2010301	INVOICE DATE: 30-NOV-20××
TO GENOVA	DOCUMENTARY CREDIT NO. YY20××0827	
BY STEAMER	CONTRACT NO./SALES CONFIRMATION NO. 20××LY569802	
VESSEL/FLIGHT/VEHICLE NO. KUNLUN 5201	B/L NO. HRIL101118	
WE CERTIFY THAT ONE SET OF NON-NEGOTIABLE SHIPPING DOCUMENTS HAVE BEEN SENT TO APPLICANT WITHIN 3 DAYS AFTER SHIPMENT. LONGYUAN IMPORT & EXPORT CORPORATION, B98 QIANJIN STREET, CHAOYANG DISTRICT, JILIN, CHINA. 盖章		

单据9-7 装船通知副本

Issuer LONGYUAN I/E CORP. B98 QIANJIN STREET, CHAOYANG DISTRICT JILIN, CHINA	装船通知 SHIPPING ADVICE	
To Messrs BLACKTHORN LTD. VIA MILANO, 87 – 265683 GENVOA – ITALY		
	Date: NOV 30, 20××	
Invoice No. JLTC2010301	L/C No. L/C No. YY20××0827	
Re: S/C No. 20××LY569802 Order No. BK1043003		
Voy. No.: 5201 Name of Vessel: "KUNLUN" ETD: NOV. 30, 20×× ETA: DEC. 29, 20××	Transshipment: at Hongkong B/L No.: HRIL101118 Port of Loading: Dalian Destination: Genova	
Marks and Numbers	Number and Kind of Packages; Description of Goods	

BLACKTHORN BK1043003 GENOVA C/NO.1-840 BLACKTHORN BK1043003 GENOVA C/NO.1-700	We hereby inform you the shipping details as follows: Description of goods:porcelain ware Quantity: 1540Cartons Value: USD222600.00 Gross weight: 41440 kg We hereby certify that the above content is true and correct. LONGYUAN I/E CORP. 盖章

单据9-8　汇票

JILIN CHINA 30 NOV. 20××

No. JLTC2010301

Exchange for USD155720.00

At…××××××………………………………………Sight of this First of Exchange (Second of the same tenor and date unpaid) pay to the Order of BANK OF CHINA JILIN BRANCH
………………………………………………………

the sum of

U.S.DOLLARS ONE HUNDRED FIFTY FIVE THOUSAND SEVEN HUNDRED AND TWENTY ONLY.

Drawn under

St. Paul's United Bank of Italy Irrevocable credit No. YY20××0827 DATED 27-AUG.-20××

To: St. Paul's United Bank of Italy 1-CHOME 2001 78, Genova, Italy.	LONGYUAN I/E CORP. B98 QIANJIN STREET, CHAOYANG DISTRICT JILIN, CHINA 盖章

三、审单议付

20××年12月4日结汇单据缮制完毕后，杨子墨按照信用证规定的单据种类、份数、日期、内容进行审核，然后在单据之间进行横向对照审核，没有发现问题。即于20××年12月5日填制交单记录(如示例9-3所示)，连同全套单据提交中国银行吉林分行议付。

示例9-3 交单记录

发票号：JLTC2010301													议付日期：20××/12/05	
开证行(或)国外代收行 St. Paul's United Bank of Italy													信用证号：YY20××0827	
													合同号：20××LY569802	
发票金额：USD155720.00													支付方式：信用证	
品名：24头陶瓷餐具和条纹碗													件数：1540箱	
													数量：1680套、25200只	
单据名称	汇票	发票	正本提单	副本提单	保险单	重量单	装箱单	尺码单	FA产地证	贸产地证	商产地证	厂产地证	海关发票	邮局收据	商检证	船方证明	起运电	证明函
---	---	---	---	---	---	---	---	---	---	---	---	---	---	---	---	---	---	---
银行	2	6	2	4	2		3		1								1	1
客户																		

不符事项及其他	公司内部事项记录
	装期：20××年11月30日 效期：20××年12月21日 起运港：大连 目的港：热那亚 提单日期：11月30日
本证修改次数：1 次	送交银行日期：12月5日
索汇路线：向开证行索汇	交单天数：15天

银行审单复核：　　银行审单：　　公司复核：李红　　公司制单：赵丽

因龙源公司发货前向吉林市中行打包贷款120万元，所以，议付行收到单据后对照信用证审核结汇，如果无误，即可直接寄交开证行索汇。

第二节　理论指导

一、装运与结汇方式

(一) 发送装运通知

装运通知(shipping advice)是出口方在订妥舱位或装船后发给进口方的装运细节通知，内容包括：订单或合同号、信用证号、货物明细、装运港、发货日期、船名、航次、预计开航日期(ETD)、预计到达日期(ETA)等。一般在装运后24～72小时内发出。

(二) 选择结汇方式

结汇是将出口所得外汇按售汇之日中国银行外汇牌价的买入价卖给银行。我国出口结汇的办法有收妥结汇、买单结汇和定期结汇三种。

(1) 收妥结汇。收妥结汇是指银行收单审查无误后，寄交国外付款行索取货款，收到付款行将货款拨入寄单行账户的贷记通知书(credit note)后，再按当日牌价，折成人民币拨入卖方账户。

(2) 定期结汇。定期结汇是指出口地银行根据向国外付款行索汇所需时间，预先确定一个固定的结汇期限(7~14天不等)，到期后主动将票款金额折成人民币拨入出口商账户。

(3) 买单结汇。买单结汇是指银行在相符交单情况下，按信用证条款买入出口商的汇票和单据，从票面金额中扣除利息，将余款按交单日牌价折成人民币，拨入出口商账户。买单结汇的单据一定要含有保险单，否则银行不予买单。

二、缮制结汇单据

(一) 常用的结汇单据

货物装运之后，出口商根据不同业务的情况分别选择下列结汇单据：商业发票、装箱单、海运提单、保险单、一般原产地证、普惠制产地证、商检证书、海关发票(客户提供格式)、船公司证明(船公司提供)、受益人证明、装运通知副本、汇票等。常用的结汇单据如表9-1所示。

表9-1 常用的结汇单据

(1) 运输单据	海运提单 (OCEAN/MARINE BILL OF LADING)
	不可转让海运单 (NON-NEGOTIABLE SEA WAYBILL)
	租船合同提单 (CHARTER PARTY BILL OF LADING)
	多式联运单据 (MULTI MODAL TRANSPORT DOCUMENT)
	空运单据 (AIR TRANSPORT DOCUMENT)
	公路、铁路和内陆水运单据 (ROAD, RAIL, OR INLAND WATERWAY TRANSPORT DOCUMENT)
	专递及邮政收据 (COURIER AND POST RECEIPTS)
	运输行签发的运输单据 (TRANSPORT DOCUMENTS ISSUED BY FREIGHT FORWARDERS)
(2) 保险单据	保险单 (INSURANCE POLICY)
	保险凭证 (INSURANCE CERTIFICATE)
(3) 发票	商业发票 (COMMERCIAL INVOICE)
	海关发票 (CUSTOMS INVOICE)
	领事发票 (CONSULAR INVOICE)

(续表)

(4) 其他单据	装箱单 (PACKING LIST) 普惠制原产地证 (GSP FORM A) 一般原产地证 (CERTIFICATE OF ORIGIN) 亚太贸易协定原产地证书(FORM B) 中国-东盟自贸区优惠原产地证书(FORM E) 中国-智利自贸区优惠原产地证书(FORM F) 中国-哥斯达黎加产地证(FORM L) 中国-巴基斯坦自贸区原产地证书(FORM P) 中国-新西兰自贸区原产地证书 中国-新加坡自贸区原产地证书 中国内地与香港和澳门优惠原产地证书 中国-秘鲁自由贸易区优惠原产地证书 输欧盟纺织品原产地证书 输欧盟农产品原产地证书 海峡两岸原产地证书 商检证书 (INSPECTION CERTIFICATE) 受益人证明 (BENEFICIARY'S CERTIFICATE) 装运通知的证实副本 (CERTIFIED COPY OF TELEX/FAX OF SHIPPING ADVICE) 船公司证明(CERTIFICATE BY OWNER)

(二) 结汇单据缮制要点

缮制结汇单据要保证单证一致、单单一致；单据缮制符合合同规定、有关法规和商业习惯；及时制单，单据日期要符合逻辑和国际惯例。下面介绍一下主要的结汇单据。

1. 商业发票

发票的抬头人是买方，发票日期是所有单据中最早出具的日期，有时发票要加列证明文句。例如：WE CERTIFY THAT THE GOODS ARE OF CHINESE ORIGIN. (我方证明货物原产于中国。)

如果有两种或两种以上商品，要分别列出每一种的金额小计，最后列出总额。如果要求列明佣金或折扣，应在总金额下方列出所扣百分率和金额，然后得出净值。

例如：   CIFC5 NEWYORK
ART. NO. JB003   3000DOZ   USD3.00/DOZ   USD9000.00
ART. NO. JC004   6000DOZ   USD6.00/DOZ   USD36000.00
                   ─────   ─────
                   9000DOZ   USD45000.00
                                  less 5%   USD2250.00
                                                    ─────
                                                    USD42750.00

CIF条件下，如需要列明运费、保险费支出，则扣除金额根据实际支出计算。

例如：CIF　　　　　　　　　　　　　USD38000.000
　　　　　　F (FREIGHT)　　　　　USD3500.00
　　　　　　I (PREMIUM)　　　　　USD133.00
　　　　　　―――――――――――――――――――――
　　　　　　FOB　　　　　　　　　 USD34367.00

商业发票无统一格式，但内容大致相同，具体缮制要点见二维码。

2. 装箱单

装箱单是商业发票的一种补充单据，也是租船订舱及报关必备单据之一，主要显示包装、毛重、净重以及尺码方面的情况。制单时尺码一栏的单位是立方米，保留三位小数。装箱单缮制方法如下。

（1）装箱单名称——按照信用证规定缮制。如来证要求用"中性包装单"（neutral packing list），则包装单名称打"packing list"，但包装单内不打卖方名称，不能签章。

（2）品名、规格、唛头、箱号、种类——与发票一致。其中箱号又称包装件号码。在单位包装货量或品种不固定的情况下，需注明每个包装件的包装情况，因此包装件应当编号。例如：Carton No. 1-5：……；Carton No. 6-10：……。

3. 重量单

注明每个包装件、每个货物类别的毛重、净重、皮重及总重。

例如：

Case NO.	Size(mm)	G.W(kg)	N.W(kg)	Tare(kg)
1/50	57	@60/3000	@50/2500	@10/500
51/80	58	@63/1890	@52/1560	@11/330
81/100	55	@58/1160	@48/960	@10/200
总计1/100		6050	5020	1030

4. 尺码单

对货物的单位包装箱尺寸作重点说明，尺码用公制表示。

例如：

500 Cartons of toilet shampoo

Package	Quantity	Measurement
500Cartons	@32 bottles/16000 bottles	@75cm×53cm×35cm/69.562m^3

5. 海运提单

海运提单是承运人或其代理收到货物后签发给托运人的货物收据，它是物权凭证，是收货人在目的港换取提货单提货的依据。海运提单的填制要点见二维码。

6. 保险单

保险单(insurance policy)是保险公司与出口商或进口商订立的保险合同,当货物发生保险损失时,它是被保险人索赔,保险人理赔的依据。CIF条件下由出口商办理投保,CFR\FOB条件下由进口商办理投保。保险单填制要点见二维码。

7. 一般原产地证书

(1) 申领原产地证书之前,企业应在海关办理备案手续。可登录互联网+海关(http://online.customs.gov.cn/),找到"原产地企业备案"事项,在该平台上办理备案手续。

(2) 申请人应在货物出口之前向海关申请办理原产地证书。企业可登录中国国际贸易单一窗口网站(http://www.singlewindow.cn),选择"海关原产地证申请",进行网上申报。

(3) 申请人在网上收到审核通过回执后,可打印出原产地证书,到海关业务窗口办理签证。

一般原产地证书是证明货物原产国别的一种证书。在我国由中华人民共和国海关总署或中国国际贸易促进委员会签发。一般原产地证书填写方法如下。

(1) 出口商——受益人(详细的名称、地址)。

(2) 收货人——申请人(详细的名称、地址)。

(3) 运输方式和路线——注明装货港、到货港及运输方式(转运也要注明)。

(4) 目的港——注明货物最终目的港。

(5) 签证机关专用栏——此栏空白,由签证当局视情况填写相应的内容。

(6) 唛头和包装号码——填写包装上的运输标志。

(7) 货物描述及包装件数和包装种类——填写货物名称及外包装的数量及种类。注意在货物描述结束时应有终止符"**********",防止他人另行添加内容。

(8) HS编码——按照货物在《商品名称和编码协调制度》(Harmonized Commodity Description & Coding System)中的编码填写,要与报关单的商品编码一致。

(9) 数量或重量——按照提单或其他运输单据的数量填写,重量应填毛重。

(10) 发票号码和日期——填入本次交易的发票号码和发票日期。

(11) 出口商申明——由卖方手签、加盖公章并加注签署地点、日期。该日期与发票日期相同或晚些时候,不能晚于装船日期和第12栏签证机关的日期。

(12) 签证机关栏——本栏由签证机关手签、加盖公章并加注签署地点、日期。

8. 受益人证明

受益人证明是买方为了督促卖方履行合同,在来证中规定受益人提交的一种结汇单据,包括寄单证明、产地证明、装运通知证明、货物描述及包装要求证明等。受益人证明缮制方法如下。

(1) 名称——按信用证规定填写。

(2) 日期——应与证明内容相吻合。例如,提单日期是2018年5月25日,证明日期不能早于5月25日，也不能晚于交单期。

(3) 内容——根据信用证缮制。所用时态要作相应变化。例如，将来时态要变为完成时态。

(4) 签署——注明出证人的公司名称并签署。

9. 船公司证明

船公司证明是由船方出具的关于船龄、航程、船籍、船长收据的证明。来证一旦规定这种证明，要向船公司咨询能否出具；如果不能，必须改证。

10. 汇票

汇票是卖方收款的凭证。缮制必须准确，不得修改。汇票填制方法如下。

(1) 汇票号码——填写发票号码，目的是核对发票与汇票中相关的内容，如金额、信用证号码等。

(2) 汇票地点及日期——处于汇票的右上角，地点之后是日期。出票地点为受益人所在地；出票日期应晚于提单日期，但必须在信用证有效期及交单期之内。

(3) 汇票金额——由货币和数额两部分组成，大小写两种表达方式。小写金额用货币名称缩写和金额数字构成，如：USD15670.58(保留小数点后两位)。大写金额要顶格不留空隙，货币名称写全称。如：USD4000.75可以写成：

A. SAY U.S.DOLLARS FOUR THOUSAND POINT SEVENTY FIVE ONLY

B. SAY U.S.DOLLARS FOUR THOUSAND CENTS SEVENTY FIVE ONLY

C. SAY U.S.DOLLARS FOUR THOUSAND AND 75/100(或75%)ONLY

信用证项下汇票金额，不得超过信用证金额，如来证金额前有"约"字样，则汇票金额可有10%的增减幅度。汇票金额一般与发票金额相等，有时也有按发票金额的一定百分比开立的。如，发票金额为100%，汇票金额为97%，其差额3%一般为应付的佣金。

(4) 汇票期限——即付款人付款的日期，在汇票中用"At……"表示。即期汇票"at sight"须在横线上用"******"或"------"表示(但不留空)，也可以直接打上"at sight"。远期汇票按规定填入相应的付款期限，例如：见票后30天付款(at 30 days after sight)。采用托收方式时，D/A或D/P分别标注在AT之后，付款日期的缮制方法不变。例如：at D/P 30 days after sight。汇票未注明确定日期付款的，如"验货后或装船前一个月"，则视为无效。

(5) 收款人(payee)——也称受款人，是汇票的抬头。业务中通常采用指示性抬头，如"pay to the order of..."或"pay to...or order"。信用证项下填写受益人名称，然后由其背书给议付行，议付行再转让给开证行。如果出口商经常出货，与银行有协议，也可以直接填写议付行的名称。

(6) 出票条款——也称出票依据。信用证项下填写开证行、信用证号码及开证日期。如证下托收，付款人为申请人，出票条款内应加注"as per invoice No.×××for collection"，并随附超证金额的发票。如果是托收，则填写合同号码，例如："contract No.JCA 001234 for collection"。

(7) 付款人(payer)——即受票人(drawee)。此栏在汇票中用"to"表示，注明付款人名称、地址。信用证条款"drawn on..."或"on..."后面是付款人,即开证行或其指定银行。托收项下付款人为买方。

(8) 出票人(drawer)——在汇票右下角,一般是合同的卖方,由法人签名。

11. 检验证书

熏蒸证明——有些国家对木制品进口要求必须进行熏蒸灭活处理。

温度检验证书——针对冷藏货物需要出具将货物的温度控制在规定的范围内的证明,目的是防止货物腐烂变质。

三、审单常见问题

出口商提交的单据必须符合来证要求,如不符合即为不符点,就会遭到银行拒付,因此,必须严肃认真核查。审核结汇单据主要从两个方面进行:一是将单据对照信用证条款进行纵向审核,二是将单据与单据对比进行横向审核。审单过程中经常出现的问题如下。

(1) 信用证已经错过装运期、交单期、有效期。

(2) 实际议付金额超过来证金额。

(3) 货物溢装或短装,超过来证许可的机动幅度。

(4) 发票的货物描述与信用证不符,发票的名字与信用证规定不一致。

(5) 运输单据不清洁;运输单据类别不能接受;运费由受益人承担,但运输单据上没有"运费付讫"字样;起运港、目的港或转运港与证规定不相符;来证不许分批和转运,实际却分批或转运了。

(6) 保险单的签发日期迟于运输单据签发日期;保险金额不足,保险比例或投保险别与证规定不符。

(7) 汇票的出票日期不明,汇票上的付款人名、址不符。

(8) 保险单、产地证等单据类别与证不符;汇票、发票或保险单金额的大小写不一致;汇票、运输单据和保险单的背书错误,或应有背书而没有背书。

(9) 单据上没有必要的签字或有效印章,单据的份数与证要求不一致。

(10) 各种单据上的唛头或币别不一致,各种单据上有关货物数量或重量的描述不一致。

第三节　课中训练

一、出口商发送装运通知

20××年2月17日货物进入港口仓库,海关网上审核电子签章放行。2月20日装船,发货后肖红立即向韩国机械制造公司发出装运通知。装运通知细节请在函电9-1中进行操作。

函电9-1　发送装运通知函

主　题：	Shipping Advuce
发件人：	ZJKC@KEN.NET.CN(中吉五金矿产进出口公司)
日　期：	20××-02-20 22:05:11
收件人：	HGJZ@PEM.NET.KOR(韩国机械制造公司)
发送状态：	

To：Zhongji Metals and Minerals Import and Export Corporation
Attn： Mr. Huiqing Liu

RE: _____

Dear sirs,
　　We hereby inform you the shipping details as follows:
Description:
Quantity:
Gross weight:
Total amount:
Shipping mark:
From
to
Vessel:
Voy. No.
ETD:
ETA:

We hereby certify that the above content is true and correct.

Yours faithfully,
Hong Xiao

二、出口商缮制结汇单据

　　20××年2月24日海运提单到达肖红手中，于是肖红开始收集准备结汇单据。此票业务所需单据包括：海运提单(单据9-9)、商业发票(单据9-10)、装箱单(单据9-11)、保险单(单据9-12)、原产地证明书申请书(示例9-4)、一般原产地证明书(单据9-13)、汇票2张(单据9-14、单据9-15)、装运通知副本(单据9-16)、受益人寄单证明(单据9-17)、熏蒸检验证书(单据9-18)。

单据9-9　海运提单

Shipper		B/L NO.
Consignee		阳明海洋运输公司
Notify Party		Yangming Marine Transport Corp.
Pre-carriage by	Place of Receipt	BILL OF LADING FOR PORT TO PORT SHIPMENT
Ocean Vessel	Port of Loading	
Port of Discharge		Place of Delivery	Final Destination

Marks & Nos. Container Seal No.	Kind of Packages, Description of Goods	Gross Weight (kg)	Measurement

TATAL NO. OF CONTAINERS OR PACKAGES(IN WORDS)					
Freight & Charges	Revenue Tons	Rate	Per	Prepaid	Collect
Ex. Rate:	Prepaid at		Payable at		Place and Date of Issue
	Total Prepaid		No. of Original B(s)/L		
Destination Agent:					

单据9-10　商业发票

EXPORTER/SELLER/BENEFICIARY			发票	
TO: MESSRS				
SHIPMENT FROM		INVOICE NO.		DATE:
TO		DOCUMENTARY CREDIT NO.		
BY		CONTRACT NO./SALES CONFIRMATION NO.		
VESSEL/FLIGHT/VEHICLE NO.	B/L NO.	TERMS OF DELIVERY AND PAYMENT		
SHIPPING MARKS	DESCRIPTION (NOS. & KIND OF PKGS)	QUANTITY	UNIT PRICE	AMOUNT
			STAMP OR SIGNATURE	

单据9-11 装箱单

EXPORTER/SELLER/BENEFICIARY	PACKING LIST	
TO: MESSRS		
SHIPMENT FROM	INVOICE NO.	DATE:
TO	DOCUMENTARY CREDIT NO.	
BY	CONTRACT NO./SALES CONFIRMATION NO.	
VESSEL/FLIGHT/VEHICLE NO.	B/L NO.	TERMS OF DELIVERY AND PAYMENT		

SHIPPING MARKS	DESCRIPTION (NOS. & KIND OF PKGS)	QUANTITY	MEASURMENT	G.W. KG	N.W.KG

STAMP OR SIGNATURE

单据9-12 保险单

中国人民保险公司
THE PEOPLE'S INSURANCE COMPANY OF CHINA

总公司设于北京　　1949年创立
Head office: BEIJING　　Established in 1949

发票号码　　　　　保险单号次
INVOICE NO.　　　　POLICY NO.

保 险 单
INSURANCE POLICY

中国人民保险公司(以下简称本公司)根据_____(以下简称为被保险人)的要求由被保险人向本公司缴付约定的保险费，按照本保险单承保险别和背后所载条款与下列特款承保下述货物运输保险，特立本保险单。

THIS POLICY OF INSURANCE WITNESSES THAT THE PEOPLE'S INSURANCE COMPANY OF CHINA (HEREINAFTER CALLED "THE COMPANY")AT THE REQUEST OF_____(HEREINAFTER CALLED "THE INSURED")AND IN CONSIDERATION OF THE AGREED PREMIUM PAYING TO THE COMPANY BY THE INSURED, UNDERTAKES TO INSURE THE UNDERMENTIONED GOODS IN TRANSPORTATION SUBJECT TO THE CONDITIONS OF THE POLICY AS PER THE CLAUSES PRINTED OVERLEAF AND OTHER SPECIAL CLAUSES ATTACHED HEREON.

标记 MARKS & NOS.	包装和数量 PACKING & QUANTITY	保险货物项目 DESCRIPTION OF GOODS	保险金额 AMOUNT INSURED

总保险金额
TOTAL AMOUNT INSURED:

保费　　　　　　　　费率　　　　　　　　装载工具
PREMIUM AS ARRANGED　RATE AS ARRANGED　PER CONVEYANCE S.S.

开航日期　　　　　　自　　　　　　　　　至
SLG. ON OR ABOUT._____ FROM_____ TO_____

承保险别
CONDITIONS:

所保货物，如遇风险，本公司凭本保险单及其有关证件给付赔款。所保货物，如发生保险单项下负责赔偿的损失或事故，应立即通知本公司下述代理人查勘。

CLAIMS, IF ANY PAYABLE ON SURRENDER OF THIS POLICY TOGETHER WITH OTHER RELEVANT DOCUMENTS.IN THE EVENT OF ACCIDENT WHEREBY LOSS OR DAMAGE MAY RESSULT IN A CLAIM UNDER THIS POLICY IMMEDIATE NOTICE APPLYING FOR SURVEY MUST BE GIVEN TO THE COMPANY'S AGENT AS MENTIONED HEREUNDER:

中国人民保险公司
THE PIOPLE'S INSURANCE CO. OF CHINA

GENERAL MANAGER

赔款偿付地点
CLAIM PAYABLE AT/IN _____

日期

出单公司地址
ADDRESS OF ISSUING OFFICE _____ DATE _____

示例9-4　原产地证明书申请书

原产地证明书申请书

申请单位(盖章)：　　　　注册号：220220453　　　　证书号码：F102212544530089

郑重声明：

本人是被正式授权代表申请单位办理原产地证明书和签署本申请的。

本人所提供的原产地证明书及所附单据内容正确无误，如发现弄虚作假，冒充证书所列货物，擅改证书，自愿按照有关规定接受处罚并负法律责任。现将有关情况申报如下：

证书种类				发票号码			
最终目的国/地区			中转国/地区			出运日期	
贸易方式				商品FOB总值(美元)			
序号	HS编码	货物名称	进口成分*	生产企业/联系人/电话	数/重量	单位	FOB值(美元)
1							
2							
3							
4							
5							
6							
7							

(续表)

8					
随附单据					
备注:		申报员(签名): 电话: 日期： 年 月 日			

*注："进口成分"指产品含进口成分的情况，如不含进口成分，则填0%，若含进口成分，则填进口成分占产品出厂价的百分比。

贸易方式包括一般贸易、进料加工贸易、来料加工贸易、外商投资、易货贸易、补偿贸易、边境贸易、展卖贸易、零售贸易、无偿援助、其他贸易方式等。

单据9-13 一般原产地证明书

1. Exporter	Certificate No.3513933
2. Consignee	CERTIFICATE OF ORIGIN OF THE PEOPLE'S REPUBLIC OF CHINA
3. Means of transport and route	5. For certifying authority use only
4. Country/region of destination	

6. Marks and numbers	7. Number and kind of packages;description of goods	8. H.S.Code	9. Quantity	10. Number and date of invoices

11. Declaration by the exporter The undersigned hereby declares that the above details and statements are correct, that all the goods were produced in China and that they comply with the Rules of Origin of the People's Republic of China. --- Place and date, signature and stamp of authorized signatory	12. Certification It is hereby certified that the declaration by the exporter is correct. --- Place and date, signature and stamp of certifying authority

单据9-14　汇票(一)

```
No.
Exchange for

At..................................................Sight of this  First of Exchange (Second of the same

tenor and date unpaid) pay to the Order of............................................................

the sum of



Drawn under



To:
```

单据9-15　汇票(二)

```
No.
Exchange for

At..................................................Sight of this  First of Exchange (Second of the same

tenor and date unpaid) pay to the Order of............................................................

the sum of



Drawn under



To:
```

单据9-16 装运通知副本

装船通知
SHIPPING ADVICE

Issuer	
To Messrs	Date:
Invoice No.	L/C No.

Re:

Voy. No.: Transshipment:
Name of vessel: B/L No.:
ETD: Port of loading:
ETA: Destination:

Marks and numbers	Number and kind of packages; Description of goods

法人名章

单据9-17 受益人寄单证明

EXPORTER/SELLER/BENEFICIARY	受益人证明 BENEFICIARY'S CERTIFICATE	
TO: MESSRS		
SHIPMENT FROM	INVOICE NO.	INVOICE DATE:
TO	DOCUMENTARY CREDIT NO.	
BY	CONTRACT NO./SALES CONFIRMATION NO.	
VESSEL/FLIGHT/VEHICLE NO.	B/L NO.	
	法人名章	

单据9-18 熏蒸检验证书

中华人民共和国出入境检验检疫

正 本

Customs Entry-Exit Inspection and Quarantine of the People's Republic of China ORIGINAL

熏蒸/消毒证书   编号No.: 400100209165452

FUMIGATION/DISINFECTION CERTIFICATE

发货人名称及地址 ZHONGJI METALS AND MINERALS IMPORT AND EXPORT CORPORATION C101 FEIYUE ROAD, SHUANGYANG DISTRICT,
Name and Address of consignor CHANGCHUN, CHINA

收货人名称及地址 KOREA MACHINERY MANUFACTURING COMPANY
Name and Address of consignee POBOX 89-123, BUSAN KOREA

品名
Description of goods type diamond grinder

产地
Place of Origin CHINA

报检数量
Quantity Declared 1380 wooden cases

启运地
Place of dispatch DALIAN, CHINA

到达口岸
Port of Destination BUSAN

运输工具
Means of conveyance BY SEA

标记及号码
Mark & No.

KMMC
ZJGS20101125
BUSAN
W/C NO.1-1830

杀虫和/或灭菌处理 DISINFESTATION AND/OR DISINFECTION TREATMENT

日期
Date 17, FEB., 20××

药剂及浓度
Chemical and Concentration METHYL BROMIDE 48g/m^3

处理方法
Treatment FUMIGATION

持续时间及温度
Duration and Temperature 24 hrs. 30℃

附加声明 ADDITIONAL DECLARATION

Mark & No. N/M
PACKAGE NO.: 1380 wooden cases
ITEM: SIST-150
SIZE: 150cm×32cm×20cm
GROSS WEIGHT: 25620kg
NET WEIGHT: 22875kg

印章
Official Stamp

签证地点 Place of Issue CHANGCHUN
授权签字人 Authorized Officer LINAN

签证日期 Date of Issue 18, FEB., 20××
签 名 Signature 李楠

三、出口商审单并交单议付

中吉公司审核了所有结汇单据，并填写了交单记录，于20××年2月27日向银行提交单据议付。交单记录内容请在示例9-5中进行操作。

示例9-5 交单记录

发票号：			议付日期：			银行编号：								
开证银行(或)国外代收行							信用证号：							
							合同号：							
发票金额：							支付方式：							
品名：							件数：							
							数量：							
单据名称	汇票	发票	正本提单	副本提单	保险单	重量单	装箱单	尺码单	FA产地证	贸产地证	海关产地证	厂产地证	海关发票	邮局收据	商检证书	船方证明	起运电	受益人证明函
银行																		
客户																		
不符事项及其他								公司内部事项记录										
								装期：										
								效期：										
								起运港：										
								目的港：										
								提单日期：										
本证修改次数： 次								送交银行日期：										
索汇路线：								交单天数：										
银行审单复核： 银行审单： 公司复核： 公司制单：																		

银行审单如无问题，议付行将直接单据寄交国外开证行索汇。如有问题则由中吉五金公司出面办理改单或提供担保函结汇。

课后作业

1. 根据出口货物明细表(见表9-2)和信用证(见示例9-6)制作全套议付单据，商业发票(见单据9-19)，装箱单(见单据9-20)，保险单(见单据9-21)，装运通知副本(见单据9-22)，海运提单(见单据9-23),受益人证明(见单据9-24),汇票(见单据9-25)。

表9-2 出口货物明细表

商品名称:BOBBING HEAD DOLL

货号	数量	单价	包装方式	件数	包装种类	毛重	净重	尺码
GT5335	332DZ	USD6.50	4	83	CTN	14.0KG	12.0KG	65×50×50(CM)
GP2331	268DZ	USD8.40	4	67	CTN	16.4KG	14.4KG	65×50×50(CM)
GT6982	500DZ	USD7.92	5	100	CTN	23.0KG	19.2KG	65×50×50(CM)
GW4358	600DZ	USD9.40	5	120	CTN	21.0KG	17.4KG	65×50×50(CM)

合同号码:2014HJ-007 合同日期:5-DEC-14 唛头:T.E.I./ 2014HJ-007/BOSTON/C/NO.1-370

发票号码:15HJINV-007　　　　　发票日期:27-JAN-15

装运船名:HANJING HE　　　　　航次:V.S5233

提单号码:15COS22321　　　　　装船日期:02-FEB-15

提单日期:02-FEB-15　　　　　保单号码:15PC773245

保险代理:THE PEOPLE'S INSURANCE COMPANY OF CHINA
　　　　　　HONGKONG BRANCH
　　　　　　6-7F SUIAN BUILDING, CERTRAL H.K.

示例9-6 信用证

```
THE HONGKONG AND SHANGHAI BANKING CORPORATION LTD.
INCORPORATED IN HONGKONG LIMITED LIABILITY
 CENTRAL MARKET OFFICE
128-140 QUEEN'S ROAD CENTRAL,
G/F.,V HEUN BUILDING
 HONG KONG
 DATE OF ISSUE:


24 DEC.2014
  IRREVOCABLE DOCUMENTARY CREDIT NUMBER:CMK972831
BENEFICIARY:
SHANGHAI BAO LI IMPORT & EXPORT CO., LTD.
817 DA MING ROAD EAST SHANGHAI
APPLICANT:
HYCO INDUSTRIES LTD. 1204-6 SINCERE BLDG 84-86
CONNAUGHT ROAD CENTRAL HONG KONG
ADVISING BANK:
HONG KONG AND SHANGHAI BKG CORP. LTD.
 P O BOX 151 YUAN MING YUAN ROAD
              此证限制上海汇丰银行议付
SHANGHAI CHINA
AMUNT:USD 14009.20
 U S DOLLARS FOURTEEN THOUSAND AND NINE 20/100 ONLY
```

PARTIAL SHIPMENTS:NOT ALLOWED
TRANSHIPMENT:NOT ALLOWED
此证在汇丰银行打包贷款项下议付
DATE AND PLACE OF EXPIRY:25-FEB-15 CHINA
SHIPMENT FROM ANY CHINA PORTS TO HONG KONG
LATEST:15 FEBRUARY 2015
CREDIT AVAILABLE WITH:HONGKONG AND SHANGHAI BKG CORP. LTD. SHANGHAI OFFICE CHINA BY NEGOTIATION
DRAFTS TO BE DRAWN AT SIGHT FOR FULL INVOICE VALUE OF GOODS DRAWN ON US

DOCUMENTS REQUIRED:
---INVOICE IN TRIPLICATE
---PACKING LIST IN TRIPLICATE
---FULL SET ORIGINAL CLEAN ON BOARD OCEAN BILLS OF LADING MADE OUT TO SHIPPER'S ORDER, ENDORSED IN BLANK MARKED FREIGHT PREPAID AND NOTIFY APPLICANT WITH FULL ADDRESS MENTIONING THIS CREDIT NUMBER
---INSURANCE POLICY IN DUPLICATE FOR FULL CIF VALUE PLUS 10 PERCENT COVERING OCEAN MARINE CARGO CLAUSES ALL RISKS(INCLUDING WAREHOUSE TO WAREHOUSE CLAUSES)AND WAR RISKS CLAUSES(1/1/2009) OF THE PEOPLES INSURANCE COMPANY OF CHINA AND STATING CLAIMS PAYABLE IN HONG KONG IN THE CURRENCY OF THE DRAFT
---BENEFICIARY TO TELEX APPLICANT WITHIN 2 DAYS AFTER SHIPMENT ADVISING FULL SHIPMENT DETAILS AND A COPY OF TELEX TO THIS EFFECT REQUIRED
---BENEFICIARY'S CERTIFICATE CERTIFYING THAT ONE COMPLETE SET OF NON-NEGOTIABLE SHIPPING DOCUMENTS HAS BEEN SENT DIRECT TO APPLICANT BY EXPRESS AIRMAIL WITHIN 2 DAYS AFTER SHIPMENT
GOODS:
1700 DOZEN BOBBING HEAD DOLL
AS PER BENEFICIARY'S S/C NO.2014HJ-007 AND APPLICANT'S P/O NO.T2254 CIF HONG KONG
DOCUMENTS TO BE PRESENTED WITHIN 10 DAYS AFTER THE ISSUANCE OF THE SHIPPING DOCUMENTS BUT WITHIN THE VALIDITY OF THE CREDIT.
ADDITIONAL CONDITIONS:
BILLS OF LADING MUST BE EVIDENCING SHIPMENT EFFECTED BY FULL CONTAINER LOAD (3×20' CONTAINER).
SHIPPING MARKS:T.E.I./BOSTON/C/NO./MADE IN CHINA
AT THE TIME OF NEGOTIATION, THE NEGOTIATING BANK WILL PAY YOU THE AMOUNT OF THE DRAFT LESS USD10.00 BEING REIMBURSING BANK'S CHARGES.
CHARGES:ALL YOUR BANKING CHARGES OUTSIDE HONGKONG INCLUDING ADVISING, NEGOTIATION COMMISSION AND REIMBURSING BANK'S FEE ARE FOR ACCOUNT OF BENEFICIARY.
A FEE OF USD20.00 (OR EQUIVALENT) WILL BE CHARGED BY US IF DOCUMENTS CONTAINING DISCREPANCIES ARE PRESENTED WHICH REQUIRE OUR OBTAINING ACCEPTANCE FROM OUR CUSTOMER.THE FEE WILL BE PAYABLE BY THE BENEFICIARY EVEN WHERE THE CREDIT TERMS INDICATE THAT SOME OR ALL CHARGES ARE FOR THE ACCUNT OF OUR CUSTOMER.

BANKS CLAIMING AUTOMATIC REIMBURSEMENT MUST DEDUCT THE ABOVE CHARGE FROM THEIR CLAIM, IF APPROPRIATE.

INSTRUCTIONS TO NEGOTIATING BANK:

ON RECEIPT OF DOCUMENTS IN HONGKONG CONFORMING TO THE TERMS OF THIS DOCUMENTARY CREDIT WE UNDERTAKE TO REIMBURSE YOU IN THE CURRENCY OF THIS DOCUMENTARY CREDIT IN ACCORDANCE WITH YOUR INSTRUCTIONS.NEGOTIATING BANK'S DISCOUNT AND/OR INTEREST, IF ANY, PRIOR TO REIMBURSEMENT BY US ARE FOR ACCOUNT OF BENEFICIARY.

ALL DOCUMENTS ARE TO BE DESPATCHED IN TWO SETS BY CONSECUTIVE AIRMAILS TO THE HONG KONG AND SHANGHAI BANKING CORPORATION LTD. CENTRAL MARKET OFFICE, HONG KONG.

WE HEREBY ENGAGE WITH DRAWERS AND/OR BONA FIDE HOLDERS THAT DRAFTS DRAWN AND NEGOTIATED IN CONFORMITY WITH ALL THE TERMS OF THIS CREDIT WILL BE DULY HONOURED ON PRESENTATION,SO LONG AS THERE HAS BEEN STRICT COMPLIANCE WITH ALL THE TERMS AND CONDITIONS (INCLUDING SPECIAL CONDITIONS) OF THIS CREDIT,SAVE TO THE EXTENT THAT THE SAME HAVE BEEN AMENDED IN WRITING AND SIGNED ON OUR BEHALF.

DOCUMENTARY EVIDENCE WILL BE REQUIRED OF COMPLIANCE WITH ALL CONDITIONS OF THE CREDIT.

WE CANNOT MAKE ANY ALTERNATIONS TO THIS CREDIT WITHOUT THE OPENER'S AUTHORITY. SHOULD ANY OF ITS TERMS OR CONDITIONS BE UNCLEAR OR UNACCEPTABLE, THE BENEFICIARY OF THIS CREDIT MUST CONTACT THE OPENER DIRECTLY.WE SHALL INSIST ON STRICT COMPLIANCE WITH ALL THE TERMS AND CONDITIONS OF THIS CREDIT UNLESS AND UNTIL THEY HAVE BEEN FORMALLY AMENDED IN WRITING SIGNED ON OUR BEHALF.

THE BENEFICIARY OF THIS CREDIT IS NOT ENTITLED TO RELY ON COMMUNICATIONS OR DISCUSSIONS WITH US,THE ADVISING BANK OR THE OPENER AS IN ANY WAY AMENDING THIS CREDIT. THE ATTENTION OF THE BENEFICIARY IS ALSO DRAWN TO ARTICLE 3 AND 4 OF UCP 600.

EXCEPT SO FAR AS OTHERWISE EXPRESSLY STATED, THIS DOCUMENTARY CREDIT IS SUBJECT TO UNIFORM CUSTOMS AND PRACTICE FOR DOCUMENTARY CREDITS(2007 REVISION)UCP600.

FOR THE HONGKONG AND SHANGHAI BANKING CORPORATION LIMITED

AUTHORISED SIGNATURES   5741

TELEX:73205 HSBC HX TELEGRAMS:HONGBANK HONGKONG

PLEASE ADDRESS ALL LETTERS TO THE MANAGER

ADVISING BANK'S NOTIFICATION

PLACE, DATE, NAME AND SIGNATURE OF THE ADVISING BANK.

178980 474-031374-02-2953-1-03

单据9-19　商业发票

EXPORTER/SELLER/BENEFICIARY	商 业 发 票
TO: MESSRS	COMMERCIAL INVOICE

SHIPMENT FROM	INVOICE NO.	DATE:
TO	DOCUMENTARY CREDIT NO.	
BY	CONTRACT NO./SALES CONFIRMATION NO.	

VESSEL/FLIGHT/VEHICLE NO.	B/L NO.	TERMS OF DELIVERY AND PAYMENT

SHIPPING MARKS DESCRIPTION (NOS.& KIND OF PKGS)	QUANTITY	UNIT PRICE	AMOUNT

STAMP OR SIGNATURE

单据9-20 装箱单

EXPORTER/SELLER/BENEFICIARY	装 箱 单
	PACKING LIST
TO: MESSRS	

SHIPMENT FROM	INVOICE NO.	DATE:
TO	DOCUMENTARY CREDIT NO.	
BY	CONTRACT NO./SALES CONFIRMATION NO.	
VESSEL/FLIGHT/VEHICLE NO. / B/L NO.	TERMS OF DELIVERY AND PAYMENT	

SHIPPING MARKS	DESCRIPTION (NOS.& KIND OF PKGS)	QUANTITY	MEASURMENT	G.W. KG	N.W.KG

STAMP OR SIGNATURE

单据9-21 保险单

被保险人/INSURED:	中国人民保险公司
	THE PEOPLE'S INSUREANCE COMPANY OF CHINA
自/FROM:	总公司设于北京 一九四九年创立
	HEAD OFFICE:BEIJING ESTABLISHED 1949
	保险单
至/TO:	INSURANCE POLICY NO.002207
	中国人民保险公司(以下简称本公司)根据被保险人的要求由被保险人向本公司缴纳约定的保险费,按照本保险单承保险别和背后所载条款与下列特款承保下述货物运输保险,特立本保险单
装载工具/PER CONVEYANCE S.S.:	THIS POLICY OF INSURANCE WITNESSES THAT THE PEOPLE'S INSURANCE COMPANY OF CHINA(HEREINAFTER CALLED "THE COMPANY").AT THE REQUEST OF THE INSURED AND IN CONSIDERATION OF THE AGREED PREMIUM BEING PAID TO THE COMPANY BY THE INSURED.UNDERTAKES TO INSURE THE UNDERMENTIONED GOODS IN TRANSPORTATION SUBJECT TO THE CONDITIONS OF THIS POLICY AS PER THE CLAUSES PRINTED OVERLEAF AND OTHER SPECIAL CLAUSES ATTACHED HEREON.
启运日期/SLG.ON OR ABT 保费/PREMIUM AS ARRANGED:	
赔款地点及币别/CLAIM PAYABLE AT:	

签单地点/ISSUING PLACE:	签单日期/ISSUING DATE:	发票号/INVOICE NO.	
标记/MARKS & NOS.:	保险货物项目/DESCRIPTION OF GOODS:	数量及包装/QUANTITY	保险金额/AMOUNT INSURED

总保险金额/TOTAL AMOUNT INSURED

承保险别/CONDITIONS:

所保货物,如遇风险,本公司凭本保险单及其有关证件给付赔款。
所保货物,如发生保险单项下负责赔偿的损失事故,应立即通知本公司下述代理人察勘。
CHAIMS,IF ANY,PAYABLE ON SURRENDER OF THIS POLICY TOGETHER WITH OTHER RELEVANT DOCUMENTS.IN THE EVENT OF ACCIDENT WHEREBY LOSS OR DAMAGE MAY RESULT IN A CLAIM UNDER THIS POLICY IMMEDIATE NOTICE APPLYING FOR SURVEY MUST BE GIVEN TO THE COMPANY'S AGENT AS MENTIONED HEREUNDER:

中国人民保险公司吉林省分公司
THE PEOPLE'S INSURANCE CO.OF CHINA
JILIN BRANCH, XI' AN ROAD,CHANGCHUN, CHINA
TLX:83005 PICJB CN   CABLE:42001 CHANGCHUN

盖章

单据9-22　装运通知副本

装运通知
SHIPPING ADVICE

Issuer	
To	
	Date
Invoice No.	L/C No.
Re:	
Voy. No.:	Transshipment:
Name of Vessel:	B/L No.:
ETD:	Port of Loading:
ETA:	Destination:
Marks and Numbers	Number and Kind of Packages; Description of Goods

法人名章

单据9-23 海运提单

Shipper			B/L NO.		
			百洋航运有限责任公司		
Consignee			BAIYANG SHIPPING CO. LTD.		
Notify Party			BILL OF LADING FOR PORT TO PORT SHIPMENT		
Pre-carriage by		Place of Receipt			
Ocean Vessel		Port of Loading			
Port of Discharge			Place of Delivery	Final Destination	
Marks & Nos. Container Seal No.	No. of Containers or PKGS	Kind of Packages, Description of Goods	Gross Weight (kg)	Measurement	
Total NO. of Containers or Packages(In Words)					
Freight & Charges	Revenue Tons	Rate	Per	Prepaid	Collect
Ex. Rate:	Prepaid at		Payable at	Place and Date of Issue	
	Total Prepaid		No. of Original B(s)/L		
Destination Agent:					

单据9-24　受益人证明

BENEFICIARY'S CERTIFICATE

DEAR SIRS,

单据9-25　汇票

No.
Exchange for
At……………………………………………Sight of this First of Exchange (Second of the same tenor and date unpaid) pay to the Order of ………………………………………………
the sum of
Drawn under
To:

2. 上述单据缮制完毕后，分组相互交换审核，找出不符点之后进行修改。

第十章 处理单据

实训任务：按国际惯例处理不符点单据，会撰写单据问题处理函件。

第一节 课前阅读——处理单据不符点

一、议付行发现不符点

吉林中行审单发现提单毛重数字有错，遂于12月6日将全套结汇单据返回龙源公司，请其进行重新审核并将处理意见反馈通知吉林中行。

按照信用证规定，交单时间为提单日期后15天，货物于11月30日装船，最晚不超过15天向银行交单议付。此时修改提单已经来不及了，因此，杨子墨决定出具保函(如示例10-1所示)，担保结汇，12月7日二次将全套单据提交银行议付。

示例10-1 保函

龙源进出口公司
LONGYUAN IMPORT & EXPORT CORPORATION,
B98 QIANJIN STREET, CHANGYANG DISTRICT, JILIN, CHINA.
TEL.(0432-6565××××)

保 函

吉林中行：
　　关于YY20××0827号信用证项下1540件24头陶瓷餐具和条纹碗的提单中毛重数字有错问题，我方对此笔业务项下单据担保结汇，特出具此保函。一旦开证行拒付，后果由我司承担。
　　此致
敬礼

龙源进出口公司
盖章
20××年12月6日

二、开证行提出拒付

12月12日,意大利开证行接到中行特快专递寄来的议付单据,经过审核,发现提单毛重数字打印有错,与装箱单不符,于是提交买方确认是否拒付,并将进口信用证付款通知书(示例10-2)转交买方公司,限其在规定期限内答复。

示例10-2 进口信用证付款/承兑通知书(回单)

申请人:BLACKTHORN LTD. VIA MILANO, 87 – 265683 GENVOA – ITALIA							信用证号:YY20××0827						
							汇票金额:155720.00						
							汇票期限:即期						
							汇票到期日:15/12/20××						
寄单行:BANK OF CHINA JILIN BRANCH													
参考号:							日期:12/12/20××						
受益人:													
单据	汇票	发票	提单	空运单	货物收据	保险单	装箱单	重量单	产地证普	品质证书	装船通知	受益人证明	船方证明
	2	6	2			2	3		1		1	1	
货物:porcelain ware													
不符点: Something wrong with English word in the gross weight on B/L.													
上述单据已到,现将影印单据提交贵司: ( )请审核并备妥票款于　　　年　　月　　日前来我行赎单。如不在上述期限来我行付款/承兑/确认迟期付款,即作为你司同意授权我行在你司存款账户内支出票款对寄单行付款/承兑/确认迟期付款。 (x)对于上述不符点,你司如不同意接受,请于20××年12月15日前书面通知我行,如不在上述期限来我行办理拒付,又不将单据退回我行,即作为你司接受不符点并授权我行在你司存款账户内支出票款对寄单行付款/承兑/确认迟期付款。													
20××年12月12日													

波尔森先生对全套单据做了认真审查,鉴于和该出口商是头一次做生意,相互不熟,对其货物质量没有十分把握,于是先提出拒付,再作下一步的打算。遂于当日向开证行提交了拒付意见。

20××年12月13日,杨子墨收到议付行转来的开证行拒付通知书。如示例10-3所示。

示例10-3　拒付通知书

拒 付 通 知 书
Notification of Dishonor

To: 致: LONGYUAN IMPORT & EXPORT CORPORATION, B98 QIANJIN STREET, CHANGYANG DISTRICT, JILIN, CHINA.	WHEN CORRESPONDING PLEASE QUOTE OUR REF. NO.
Issuing Bank 开证行 St. Paul's United Bank of Italy	Transmitted to us through
L/C NO. 信用证号　　DATED 开证日期 YY20××0827　　　20××-08-27	Amount 金额 USD155720.00

Dear sirs, 敬启者

　　We have pleasure in advising you that we have received from the a/m bank a(n) Notification of Dishonor, reads:

兹通知贵司，我行收自上述银行的拒付通知如下：
 WE FIND THE DOCUMENTS UNDER CAPTIONED L/C CONTAINING FOLLOWING DISCREPANCIES：THE GROSS WEIGHT IN B/L IS WRONG WITH 44140KG. PLEASE CONTACT THE BUYER AND WE HOLD YOUR DOCUMENTS AT YOUR DISPOSAL.

　　　　　　　　　　　　　　　　　　　YOURS FAITHFULLY,
　　　　　　　　　　　　　　　　　St. Paul's United Bank of Italy

DD: 13-DEC-20××

　　　　　　　　　　　　　　　　　　BANK OF CHINA, JILIN BRANCH

三、买卖双方处理不符点单据

　　收到意大利开证行拒付通知后，吉林中行同龙源公司一起分析事态的发展趋势，力劝龙源公司尽快与意大利客户取得联系索回货款。20××年12月14日杨子墨就单据问题给波尔森先生发去电子邮件，提出其处理不符点单据的具体意见。具体函件如示例10-4所示。

示例10-4　处理不符点单据函

主　题：	Discrepancy on Shipping Documents
发件人：	LONGY@ WEN.NET.CN
日　期：	20××-12-14 16:39:01
收件人：	PERLSEN@HTPN.IT
发送状态：	发送成功

To: BLACKTHORN LTD.
Attn: Mr. Poulsen

Dear sirs,
　　We are in receipt of the notification of dishonor from the issuing bank. Since our goods have been shipped on time, and the quality of the goods are exactly in line with the stipulations of the contract. Please kindly effect the payment.
　　You may rest assured that such a mistake will never occur again.
　　Looking forward to your early reply.
　　Yours truly,
　　Zimo Yang

敬启者，
　　我们收到了开证行发来的拒付通知。因我方按时发运货物，且货物质量与合同规定完全一致，惠请支付为盼。您尽管放心，这样的错误不会再发生了。
　　希望早日得到您的答复。
　　此致

杨子墨

波尔森先生收到杨子墨的电子邮件后，12月15日即向龙源公司发出邮件，提出验货合格后付款的意见。验货付款函如示例10-5所示。

示例10-5　客商验货合格付款函

主　题：	Payment after Inspection
发件人：	PERLSEN@HTPN.IT
日　期：	20××-12-15 11:35:41
收件人：	LONGY@ WEN.NET.CN
发送状态：	发送成功

To: Longyuan Import & Export Corporation
Attn: Mr. Zimo Yang

Our Ref. No. JLY102307
Dear sirs,
　　We have received your e-mail of 14 Dec. 20××.
　　We decide to inspect the goods by SGS due to the discrepancy on the shipping documents. If the goods is all right we will effect the payment soon.

　　Yours sincerely,
　　Mr. Poulsen

敬启者：
　　我方已收到贵司20××年12月14日的电子邮件。
　　由于装运单据上的差异，我们决定聘用瑞士通用公证行检验货物。如果没有问题，我们将很快支付货款。
　　谨上

　　　　　　　　　　　　　　　　　　　　　　　　　　　　　　　　波尔森

　　收到波尔森先生的来电后，杨子墨考虑到市场压力的状况，同意由瑞士通用公证行(SGS)进行品质检验，并请求波尔森先生向银行申请开立一份保函，担保如果检验合格，进口商仍未履约，则由意大利银行代为付款；如果检验不合格出口商自行发落，并补偿进口商因此而遭受的损失。遂于当日去函告知进口商。给客商去函如示例10-6所示。

示例10-6　要求客商开立银行付款保函

主　题：	Open L/G
发件人：	LONGY@ WEN.NET.CN
日　期：	20××-12-15 16:52:23
收件人：	PERLSEN@HTPN.IT
发送状态：	发送成功

To: BLACKTHORN LTD.
Attn: Mr. Poulsen

Dear sirs,
　　Thank you for your e-mail of 15 Dec. 20××.
　　We agree with your opinion. But we suggest we'd better sign an agreement between us stating that you present a letter of guarantee(L/G) by your bank, if the goods is all right after inspection by SGS, you will effect payment at once. Otherwise your bank will pay on your behalf.
　　The inspection will have been effected in the warehouse at the destination before the end of December. The fee of inspection is for account of us. You'd better issue the L/G before 20 Dec. 20××. If the goods do not comply with the sample we will make arrangement for the goods by ourselves and also compensate for your loss.
　　We look forward to your favourable and soonest reply.
　　Yours faithfully,
　　ZimoYang

敬启者：
　　感谢您于20××年12月15日发来的电子邮件。
　　我们同意贵方意见，但我们建议最好在我们之间签署一份协议，说明你方银行出具了一份保函，如果货物经检查后情况良好，你方将立即付款。否则由贵司往来银行代为支付。
　　检验将在12月底之前在目的地的仓库进行。检验费由我方支付，您最好在20××年12月20日之前发出银行保函。如果货物与样品不符，我们将自行安排并赔偿损失。
　　我们期待着贵方尽快给予满意的答复。
　　谨上

　　　　　　　　　　　　　　　　　　　　　　　　　　　　　　　　杨子墨

收到杨子墨的邮件后，波尔森先生觉得出口商提交的货样品质很优秀，遂同意了杨子墨的建议，并按照杨子墨的意思草拟了协议书(Agreement No.2010122016)，电邮发给杨子墨，并要求其尽快让议付行发来授权电——授权电放提单，以便提货。同时波尔森先生向银行提交保函申请书及抵押证明，意大利银行于20××年12月18日开出了银行付款保函，如示例10-7所示。

示例10-7　银行付款保函

LETTER OF GUARANTEE
UNDER L/C NO. YY20××0827 AND AGREEMENT NO. 2010122016
OUR REF. NO. PS20101218
DATE OF ISSUING: 20××/12/18

TO:LONGYUAN I/E CORP.
ADVISED THROUGH: BANK OF CHINA JILIN BRANCH
DEAR SIRS,

　　OUR IRREVOCABLE LETTER OF GUARANTEE NO.LG2010003 WITH REFERENCE TO THE L/C NO.YY20××0827 AND AGREEMENT NO. 2010122016 AT THE REQUEST OF APPLICANT, WE HEREBY ESTABLISH IN YOUR FAVOUR A LETTER OF GUARANTEE NO. LG2010003 FOR AN AMOUNT NOT EXCEEDING U.S.DOLLARS ONE HUNDRED FIFTY FIVE THOUSAND SEVEN HUNDRED AND TWENTY ONLY.

　　WE GUARANTEE THAT APPLICANT SHALL EFFECT PAYMENT TOTALLING USD155720.00 AFTER INSPECTION OF THE GOODS UNDER L/C. YY20××0827 BY SGS.

　　SHOULD THE APPLICANT FAIL TO MAKE PAYMENT WITHIN THE TIME LIMIT, WE UNDERTAKE TO EFFECT SUCH PAYMENT TO THE EXTENT OF THE GUARANTEED AMOUNT FOR THE UNPAID VALUE OF GOODS PLUS INTEREST AT 3% P.A.CALCULATED AS FROM 30.DEC. 20×× UP TO 28 FEB.20××.

　　THIS GUARANTEE SHALL BECOME VALID FROM THE DATE WHEN THE APPLICANT RECEIVES THE GOODS.

　　THE LETTER OF GUARANTEE IS VALID UP TO 28 FEB.20×× AND SHOULD BE RETURNED TO US UPON ITS EXPIRY DATE.

St. Paul's United Bank of Italy
Paully

敬启者，

我方2010122016号不可撤销保函

　　参照YY20××0827号信用证和第2010122016号协议，应申请人的要求，特此开立以贵方为受益人的2010122016号保函，金额不超过155720美元。

　　我们保证申请人在YY20××0827号信用证项下货物由SGS检验合格后，支付总额为155720美元的货款。

　　如果申请人未能在规定期限内付款，我们承诺按截至20××年12月30日计算的未付款额加3%年利率的利息的保证金额，支付上述款项，直至20××年2月28日为止。

　　本保函自申请人收到货物之日起生效。

　　此保函至20××年2月28日到期，在其到期日应退还给我们。

意大利圣保罗联合银行

第二节 理论指导

一、出口商处理不符点单据

(一) 不符点单据的处理办法

单据出现不符点,首先要争取时间修改更换单据,使其与证相符。如果来不及,视具体情况,选择如下办法处理。

(1) 单据出现不符点时,受益人应立即和客户联系,请其接受不符点单据;或者由国内银行电告开证行与客户联系,让客户向开证行确认接受不符点,开证行再向国内银行确认,国内银行才将单据寄出收汇。如果买方不接受不符点,卖方要及时处理运输中的货物。

(2) 如果议付行不同意上述做法,卖方只能采用托收方式收款。

(二) 与买方或开证行的磋商办法

出现不符点时,卖方要头脑冷静,仔细分析市场动向,密切关注货物的下落,弄清拒付原因和理由,同时与买方取得联系,积极寻求解决办法,如说服对方接受单据,付款赎单,或适当降价,或寻求当地其他买主。在买方缴纳定金的条件下,也可以考虑把货运回。如确属我方失误,在与买方函电磋商时,则应当:

(1) 语气诚恳并具有说服力,求得对方的谅解。尽量强调产品质量优良,单据产生的不符点并未给对方造成实质性损失,必要时可做些让步。

(2) 可以从双方利益出发,提出一些具有可操作性的建议和想法,供对方参考。比如既要保证对方及时收到满意的货物,又要使我方不失去收汇的控制权。

(3) 回顾一下双方在该笔业务中一些令人愉快和难忘的事情,借此说明我方诚意和对方良好合作的情谊,鼓励对方不放弃我们这个贸易伙伴;同时明示对方不会再次出现单据不符点的毛病,放眼展望未来,还会有更多的合作机会和合作项目。

如果不是我方的失误,而是开证行对信用证理解有误,则我方应当与当地银行一道,向开证行阐明立场,说明缘由,并催促对方尽快付款,否则逾期收款的利息由开证行承担。语气坚定有力而不缺少委婉之词,达到解决问题的目的。

二、进口方面审核处理单据

(一) 开证行审单

开证行主要审核单据种类、份数是否与议付行寄单面函相符;汇票、发票金额是否一致,金额是否超证;单据的货物描述是否与证相符;单据的出单日期和内容是否与证相符;提单及保险单的背书是否有效。

如果审单无误，将单据交进口商复审，一般在3日内答复，同时准备付款。如有不符，开证行可直接拒付或征求买方意见。

(二) 买方审单

买方以商业发票为中心，将其他单据与之对照，审核单单是否一致。买方在银行规定期限内(3日内)提出异议，否则开证行即对外付款或承兑。

(三) 买方处理单证不符点

买方根据《跟单信用证统一惯例》600号规定，考虑不符点性质并作适当处理。

(1) 严重不符点处理：如金额超证，单据份数或种类不对，单据之间相同项目填写不一致，重要项目与证不符等，买方可以拒付全部货款。

(2) 轻微不符点处理：部分付款，部分拒付；验货合格后付款(先提货，后付款)；凭担保付款(卖方出具货物与合同一致的担保)；更正单据后付款。

有时买方会受市场行情的左右，做出一些保守处理，但应适度不可太过分，以免影响自身信誉和双方的关系。

三、电放提单做法

电放提单做法是指不用正本提单提货，只凭提单副本提货的一种提货方法，该副本提单上注有"surrendered"或"telex release"字样，这种提单被称为电放提单。具体做法如下：托运人向船公司提交保函，由船公司或其代理用电报方式通知目的港代理，收货人凭盖有收货人公章的电放提单即可提货。一般在路程较近、单据晚于货物到达时采用。

第三节 课中训练

一、开证行审单

20××年2月25日货物到达釜山港，客户收到到货通知单之后，马上催促出口商迅速交单。20××年3月3日开证行接到国外银行寄来的装运单据，审核发现单据有不符点，于是提交进口商确认是否拒付，并将付款通知书连同单据转交进口商，限其在规定时间内答复。付款通知书内容请在示例10-8中进行操作。

示例10-8　进口信用证付款/承兑通知书

进口信用证付款/承兑通知书(回单)											
申请人：							信用证号：				
							汇票金额：				
							汇票期限：				
							汇票到期日：				
寄单行：											
参考号：			日期：								
受益人：											
单据	汇票	发票	提单	空运单	货物收据	保险单	装箱单	重量单	产地证	品质证书	装船通知	受益人证明
货物：												
不符点：熏蒸检验证书件数有误												

上述单据已到，现将影印单据提交贵司：
(　　)请审核并备妥票款于　　　　年　　　月　　　日 前来我行赎单。如不在上述期限来我行付款/承兑/确认迟期付款，即作为你司同意授权我行在你司存款账户内支出票款对寄单行付款/承兑/确认迟期付款。
(x)对于上述不符点，你司如不同意接受，请于20××年3月6日前书面通知我行，如不在上述期限来我行办理拒付，又不将单据退回我行，即作为你司接受不符点并授权我行在你司存款账户内支出票款对寄单行付款/承兑/确认迟期付款。

20××年3月3日

二、进口商让步付款

3月4日柳惠卿女士接到开证行转来的单据之后，对其进行了认真审核，发现熏蒸检验证书的件数有误，但是它不属于实质性不符点。虽然市场比较低迷，但是，对该货质量还是有信心的，同时经过几个月的磋商交流，柳惠卿女士认为出口商经营作风及产品质量还是不错的，遂答复可以付款，即于当日向开证行作对外付款的指示；另外，将单据不符点情况和付款事宜去函告知出口商。函告细节请在函电10-1中进行操作。

函电10-1　处理不符点单据函

主　题：	Document Discrepancies
发件人：	HGJZ@PEM.NET.KOR(韩国机械制造公司)
日　期：	20××-03-04　13:15:31
收件人：	ZJKC@KEN.NET.CN(中吉五金矿产进出口公司)
发送状态：	

To: Zhongji Metals and Minerals Import and Export Corporation
Attn: Ms. Hong Xiao
DEAR SIRS,

三、出口商向进口商致谢

20××年3月7日肖红去电感谢柳惠卿女士的精诚合作，下一次交易中一定做出高姿态，报出更优惠的条件。处理单据函内容请在函电10-2中进行操作。

函电10-2　处理不符点单据函

主　题：	Discrepancy on Documents
发件人：	ZJKC@KEN.NET.CN(中吉五金矿产进出口公司)
日　期：	20××-03-07　06:55:31
收件人：	HGJZ@PEM.NET.KOR(韩国机械制造公司)
发送状态：	

To: Korea Machinery Manufacturing Company
Attn: Mrs. Huiqing Liu
Dear sirs,

课后作业

请同学们上网搜索两笔对不符点单据的处理办法，据此撰写一封单据处理函件。

第十一章
进口商付汇提货

实训任务：能够填写进口报关单、报检单等进口单据，掌握清关手续和索赔技术。

第一节 课前阅读——付汇提货

一、报关提货

由于单证出现不符点，只能先提货后付款。收到国外议付行的授权放单电后，波尔森先生即于20××年12月18日从开证行取得装运单据，到船公司换取提货单(Delivery Order)(如示例11-1所示)，同时登录单一窗口填写入境货物报检单信息，很快窗口给出电子底账号。海关商检监管部门到现场验货，进口商在单一窗口查到检验检疫合格后，即可填制进口货物报关信息(如示例11-2所示)，同时将电子底账号输入，提交报关。

示例11-1 进口集装箱货物提货单

No. 20101221

提货单

收货人：BLACKTHORN LTD.
VIA MILANO, 87 – 265683
GENVOA – ITALIA

收货人开户银行账号	St. Paul's United Bank of Italy 000789654123		
船名Kunlun	航次5201	起运港 DALIAN	目的港GENOVA
提单号HRIL101118	交付条款CY-CY	到付海运费 到付	合同号20××LY569802
卸货地点GENOVA	抵港日期 20××/12/27	进库场日期20××/12/29	第一程运输
货名	POCELAIN WARE	集装箱号/铅封号	
集装箱数	2×20' 2×40'		
件数	1540 cartons		
重量	41440		
体积	106.428		

(续表)

BLACKTHORN BK1043003 GENOVA C/NO.1-840			
BLACKTHORN BK1043003 GENOVA C/NO.1-700 标志			
请核对发货			
收货人章 1	海关章 2	 3	 4
  5	 6	 7	 8

船代公司重要提示：

(1) 本提货单中有关船、货内容按照提单的相关显示填制。

(2) 请当场核查本提货单内容错误之处，否则本公司不承担由此产生的责任和损失。(Error And Excepted)

(3) 本提货单仅为向承运人或承运人委托的雇佣人或替承运人保管货物、订立合同的人提货的凭证，不得买卖转让(Non-negotiable)。

(4) 在本提货单下，承运人、代理人及雇佣人的任何行为，均应被视为代表承运人的行为，均应享受承运人享有的免责、责任限制和其他任何抗辩理由(Himalaya Clause)。

(5) 货主不按时换单造成的损失，责任自负。

(6) 本提货单中的中文仅供参考。

　　　　外轮代理公司

　　　　(盖章有效)

　　年　月　日

注意事项：

1. 本提货单需盖有船代放货章和海关放行章后方始有效。凡属法定检验、检疫的进口商品，必须向检验检疫机构申报。

2. 提货人到码头公司办理提货手续时，应出示单位证明或经办人身份证明。提货人若非本提货单记名收货人时，还应当出示提货单记名收货人开具的证明，以表明其为有权提货的人。

货物超过港存期，码头公司可以按《港口货物疏运管理条例》的有关规定处理。在规定期间无人提取的货物，按《海关法》和国家有关规定处理。

示例 11-2 进口货物报关单

预录入编号:	457865601	海关编号:	8522326909897655678					页码/页数:	1/1
境内收货人	BLACKTHORN LTD. VIA MILANO, 87-265683 GENVOA - ITALIA	进境关别	GENOVA	进口日期20××-12-27		申报日期20××-12-29		备案号	
境外发货人	LONGYUAN I/E CORP. B98 QIANJIN STREET, CHAOYANG DISTRICT JILIN, CHINA	运输方式	By sea freight	运输工具名称及航次号 KUNLUN 5201		提运单号	HRIL101118	货物存放地点	
消费使用单位	BLACKTHORN LTD. VIA MILANO, 87-265683 GENVOA - ITALIA	监管方式	AB	征免性质		许可证号		启运港	Genova Dalian
合同协议号	20××LY569802	贸易国(地区)	China	启运国(地区)	China	经停港	H.K.	入境口岸	Genova
包装种类	CARTON	件数	1540	毛重(千克)	41440KG	净重(千克)	35280 KG		
				成交方式		运费		保费	杂费
随附单证									
随附单证:						INVOICE\PACKING LIST\B/L\CONTRACT Agency Customs Entrustment Agreement (Electronic)			
标记唛码及备注	BLACKTHORN BK1043003 GENOVA C/NO.1-840 BLACKTHORN BK1043003 GENOVA C/NO.1-700								

(续表)

项号	商品编号	商品名称及规格型号	数量及单位	单价/总价/币制	原产国(地区)	最终目的国(地区)	境内目的地	征免
1	6911101000	porcelain ware 24-pieces dinnerware	1680 sets	95.00 159600.00 USD	China	Italy	Milan, Italy	Tax according to the regulations
		Stripe bowl	25200 pieces	2.50 63000.00 USD				
2								
3								
4								
5								
6								

特殊关系确认：	No	价格影响确认：	No	支付特许权使用费确认：	No	自报自缴：	Yes

申报人员	兹申明对以上内容承担如实申报、依法纳税责任	海关批注及签章
申报人员证号	电话 09101862	
申报单位	(91210283661130268F) Italy Kaixuan International Logistics Co., Ltd.	申报单位(签章)

12月30日波尔森先生拿到进口关税专用缴款书和代征增值税专用缴款书(如示例11-3和示例11-4所示),到银行缴税。

示例11-3 海关进口关税专用缴款书

收入系统:Customs System　　填发日期:Dec. 30, 20××　　号码N0.:(20××)02147373

收款单位	收入机关	central golden storeroom			缴款单位（人）	名称	BLACKTHORN LTD.
	科目	IMPORT DUTY	预算级次	centre		账号	
	收款国库	B.M.B.				开户银行	St. Paul's United Bank of Italy
税号 1.6911101000		货物名称 porcelain ware	数量 1540		单位 carton	完税价格 USD222600.00	税率 5%	税款金额 USD11130.00
金额(大写)U.S.DOLLARS ELEVEN THOUSAND ONE HUNDRED AND THIRTY ONLY.						合计 USD11130.00		
	申请单位编号	5632147896	报关单编号	852232690989765678		填制单位	
	合同(批文)号	20××LY569802	运输工具(号)	5201		收款国库(银行)	
	缴款期限	JAN.14,20××	提/装货单号	HRIL101118		制单人 5243 复核人 HEYWARD	
	备注						

从填发缴款书之日起15日内缴纳(期末遇法定节假日顺延),逾期按日征收税款总额万分之五的滞纳金。

示例11-4 海关代征增值税专用缴款书

收入系统:Tax Affairs System　　填发日期:Dec. 30, 20××　　号码NO.:(20××)02364352

收款单位	收入机关	central golden storeroom			缴款单位（人）	名称	BLACKTHORN LTD.
	科目	import increment duty	预算级次	centre		账号	
	收款国库	B.M.B.				开户银行	St. Paul's United Bank of Italy
税号 1.6911101000		货物名称 porcelain ware	数量 1540		单位 CARTON	完税价格 USD222600.00	税率 17%	税款金额 USD39734.10
金额(大写)U.S.DOLLARS THIRTY NINE THOUSAND SEVEN HUNDRED THIRTY FOUR AND CENTS TEN ONLY.						合计 USD39734.10		

(续表)

申请单位编号	5632147896	报关单编号	8522326909897656 78	填制单位	
合同(批文)号	20××LY569802	运输工具(号)	5201		
缴款期限	JAN.14, 20××	提/装货单号	HRIL101118	收款国库(银行)	
备注				制单人5243复核人KHEYWARD	

　　从填发缴款书之日起15日内缴纳(期末遇法定节假日顺延),逾期按日征收税款总额万分之五的滞纳金。

　　海关查验货物并由买方缴纳税费后,海关通过电子签章放行(货运单据),意大利客户持提货单去港区仓库提货,同时向SGS检验公司申请检货,经仔细查验,货物品质符合合同规定,检验部门于20××年1月1日出具检验合格证书。

二、进口付汇

　　收到检验证书后,波尔森先生没有食言,于20××年1月3日向意大利银行付款,意大利银行发送贷记报单给中国银行,转账成功。

第二节　理论指导

一、办理付汇

　　付汇业务办理过程中,银行根据情况或从进口单位的现汇账户对外支付,或从进口单位人民币账户对外支付。后者需要用人民币购买外汇(银行售汇)之后再对外支付。

二、办理提货

(一)报检手续

　　进口货物到达港口卸货时,港务局要进行卸货核对。发现短缺,要填制短缺报告交船方签认,并向船方提出保留索赔权的书面证明。卸货发现残损,应存放海关仓库,待保险公司会同商检机构验货后做出处理。如果是法定检验商品,买方登录国际贸易单一窗口填写入境货物报检信息。具体报检信息如二维码所示。如果海关还需要相关单据,如到货通知单、提货单、国外发票、装箱单、进口报关单、合同等,可以上传其扫描件、单一窗口给出电子底账号，收取验货费，对来自疫区、可能有传染病、疫情、可能夹带有害物质的入境货物的交通工具或运输包装进行检疫、消毒处理后，在单一窗口可以看到检验检疫合格商品的信息，即可办理报关手续。

(二) 通关手续

进口报关是买方向海关交验报关单证，办理进口申报手续。海关重点审核进口货物的商品名称、商品编码、规格型号、价格、原产地、数量等。

FOB条件下，买方支付运费后换取提货单再去报关。登录单一窗口，录入报关信息，输入电子底账号，需要的话再提交有关单证的扫描件，例如：报关委托书、进口货物报关单、提货单、发票、装箱单、原产地证书、保险单。点击报关后，海关网上审核，买方缴纳关税和增值税，通过后即电子签章放行，买方可到指定码头提取货物。

(三) 拨交货物

办完报检报关手续后，用货单位在港口附近就近转交货物；如不在卸货地区，则委托货代转运内地交用货单位。进口关税和运往内地的费用，由货代向进口公司结算后，由进口公司再向用货单位结算。

三、进口索赔

(一) 索赔条款的规定

进口索赔对象主要是出口商、船公司、保险公司，买方应在规定的期限内提出索赔，过期不予受理。索赔起算时间要根据货物的具体情况来定，通常有以下几种方法。

(1) 货物到达目的港后××××天起算。
(2) 货物到达目的港卸离海轮后××××天起算。
(3) 货物到达营业处所或用户所在地后××××天起算。
(4) 货物经检验后××××天起算。

索赔需要的证件有提单、发票、磅码单、装箱单、保险单、商检的货损检验证明、承运人的短缺残损证明、索赔清单。

索赔注重法律依据(合同规定)和事实依据。进口卸货时如发现货损货差，应先取得承运人签发的事故证明。

(二) 货物损害的原因

(1) 制造的原因。
(2) 航运途中的原因。
(3) 搬运的原因。
(4) 其他原因：如偷盗、不可抗力。

(三) 索赔缘由

索赔通常与货物的品质、数量、包装、交货期、运输及付款有关系。

1. 常见的品质纠纷(见表11-1)

表11-1　品质纠纷

问题	说明
品质不佳、粗劣	混有劣等品或不符品、不纯品过多、水分过多、品质上的缺陷
品质规格不符	品质不符、规格不符、缺乏均一性
品质错误	误编误织、不同设计与错误设计
变质与变色	变质：气候变化引起； 变色：气候变化、偷工减料、发生水渍引起
破烂无价值	不堪使用的物品
颜色、花样色彩不符与染色错误	颜色不符、花色或染印不符、染色不同

2. 常见的数量纠纷(见表11-2)

表11-2　数量纠纷

问题	说明
到港数量不足或交货量不足	包装不完整、散失、途中被偷窃
重量不足	称量器具不灵、气候影响吃水计算不够精确、卖方不良制作、公证引起
违反规定的数量增减限度	如规定3%溢短装，但实际已达到5%
遗失或不到达	卖方已交货，只是在到港之前散失
尺寸不足、尺寸不符或尺寸过大	如需要剪裁的布匹宽度不够，要求的厚度不符要求，尺寸比要求的大，买方需要再雇人裁剪，产生费用和多余物品的损失
盗窃与偷货	货物整件被盗
计算错误	把呎误为码
数量单位的误解	卖方以公吨计算，买方认为以英吨计算
超过容许混入低级品的界限	合同订明：A级货允许混进B级货的比例最高为10%，但实际却超过了15%

3. 常见的包装纠纷(见表11-3)

表11-3　包装纠纷

问题	说明
包装不良、不满意的包装、不完全的包装	为节省包装材料，卖方使用旧包、旧箱，自然易发生破损；标签贴纸印刷不良
包装错误	包装箱原定绿色，用的却是黄色；火柴原定12个一包，改为10个一包
包皮撕裂、扯破、裂开	包皮破损，货物溢出流失
包装内物品损伤	包装破损使内部商品损伤
打包带带松落	包装箱的打包带开裂，使包装箱松散、货物受损
褪色	罐或包装纸褪色
包装修复费用	包装不良需要再包装所需费用
唛头漏记、错误或不符	漏掉了唛头、唛头不符、错误唛头、混合其他唛头、唛头消失、不充足唛头

4. 常见的交货延误与运输纠纷(见表11-4)

表11-4 运输纠纷

问题	说明
卖方过失	因为市价上涨、竞争激烈而勉强承诺,最后无法如期装运,忽视了配船因素,以致无法租到舱位;生产时间估计错误,无法按时交货
双方的因素	合同未定最晚开证时间、来证与合同规定不符,买方未立即要求改证,装期将近,买方迟迟不修改,原定船已开航,无法装运而发生延迟
不可抗力因素	天灾、战争、暴动、流行病、瘟疫、生产工人或港口工人罢工、火灾、禁止输出风险
运输作业不良	装卸及堆存不良(不同货物混装、重货压在轻货之上)、搬运不良、误装出口(错误装运)
装运短损	装运过失
运输方法变更	本不该转运但实际转运了,出航日变更了,发生退关
运费及费用	滞期费、速遣费订得不清楚,未约定运费上涨部分由谁承担,退回运回费用未作规定

5. 常见付款纠纷(见表11-5)

表11-5 付款纠纷

问题	说明
未定开证日期	买方可见机行事,拖延开证或不开证,引起纠纷
规定期限内未开证及延迟开证	引发卖方要求解约,而买方不同意,引发纠纷
不开证或不付价款	由于市价下跌买方不开证,卖方可能遭受转售的损失,制造上的损失,货物运到卸货港的损失,制造中途停产损失,取消预订舱位的未装运费损失。不付价款原因:开证行破产,托收方式中买方恶意破产或倒闭情形发生
不完全或不当信用证的开立	不完全是指与贸易合同不符;不当是指或是买方违反了契约,或是买方存在不小心、过失及恶意行为。出现上述情形,卖方一面想接受完全的信用证,另一面又观望犹豫,任凭买方摆布,最后反被提出迟缓装船,把商品下跌归罪于卖方,引发纠纷
不付还价款或费用	不结原已支款:付款条件"按装运地重量扣3%",买方开证支付,但货抵港后发现比出口量少,发生多付价款的退还纠纷 佣金:不支付代理商佣金

(四) 索赔对象的认定

对于质量问题通常向卖方提赔;少于提单数量或船方过失造成货损时向船公司提赔;对于自然灾害、意外事故、外来原因造成的保险损失向保险公司提赔。

一旦出现索赔情况,一定要查清事实,再定理赔与否或提出解决争议的办法。一般依次采取友好协商、第三者出面协调、仲裁、诉讼等方式。

(五) 索赔注意事项

(1) 遇到索赔案件,不要感情用事,注重实际,查明责任;根据检验证明,确定责任归属,以便索赔。

(2) 起草索赔函时要注意措辞。要引据合同条文，前后一致；解决办法要明确，切忌含糊其词，以免对方误解。索赔函如示例11-5、示例11-6、示例11-7所示。

(3) 按合同规定或根据实际损失(包括利润)确定索赔金额，提出索赔。

(4) 备齐索赔单证。如提单、发票、保险单、装箱单、磅码单、商检证书或短缺残损证明以及索赔清单。

(5) 按照合同规定办理。由约定检验机构出具证书，在索赔期限内提赔。在此期间，要催促检验机构抓紧执行，否则超期、违规检验的证明无效。

示例11-5　向船公司索赔通知函

DEF INTERNATIONAL TRADING CO.
G. street, H box 1234.California U.S.A. TEL: (001 212 782 5345)FAX: (001 212 789 1678)

Date: 2nd July, 2011
Dear sirs,

Notice of Damage
Ex.M/S "President Wilson"

Please be advised that shortage has found in connection with the following goods, for which we reserve the right to file a claim with you when the details are ascertained.

Ship name:M/S "President Wilson"　　　B/L No.:Y-S-3
Arrived at: New York,U.S.A　　　　　　Voy. No.:13-H
On: 2nd July, 2011　　　　　　　　　　Invoice No.: A401
Shipped from: Dalian　　　　　　　　　I/P No.: RB01987
On: 31nd May, 2011

Marks & Nos.	Description of Goods	No. of P KGS	Quantity
DEF INT TDING CO 01JCMA1234 NEWYORK C/NO.1-4200	working boots	4200 CTNS	50400pairs

You are kindly requested to acknowledge this notice and to inform us in writing of your candid opinion on this matter as soon as possible.

Yours truly,
DEF INTERNATIONAL TRADING CO.
....
Mr. Villard Henry
日期：2011年7月2日

敬启者，

损害通知
威尔逊总统号货轮

兹通知贵方，我方在处理以下货物中发现存在短量，一旦确定具体损失，我方将保留提出索赔的权利。

(续表)

运输工具名称:"威尔逊总统"号	提单号: Y-S-3
卸货港: 美国 纽约港	航次: 13-H
运抵时间: 2011年7月2日	商业发票号: A401
装运港: 大连港	保险单号: RB01987
装运日: 2011年5月31日	

唛头	货物描述	包装	数量
DEF INT TDING CO 01JCMA1234 NEWYORK C/NO.1-4200	工作靴	4200箱	50400双

请贵方对此问题引起注意,尽快阐明观点并及时通知我方。

DEF国际贸易公司

哈尼·卫拉德先生

示例11-6 向出口商索赔通知函

DEF INTERNATIONAL TRADING CO.
G. street, H box 1234.California U.S.A. TEL: (001 212 782 5345)FAX: (001 212 789 1678)

Date: 2 July, 2011
Our ref. No. 248

Dear sirs,

We received your consignment of working boots made in China this morning. However, on examining the contents we found that 26 cartons are broken and dozens of the working boots inside them are seriously damaged.

We have had the carton and contents examined by the insurance surveyor but, as you will see from the enclosed copy of this report, it maintains that the damage was due to insecure packing and not to unduly rough handling of the carton. So we have to lodge a claim against you for the loss of USD 6224.40 we have sustained.

We are looking forward to having your early reply to this matter.

Yours faithfully,
DEF INTERNATIONAL TRADING CO.
Mr. Villard Henry

日期: 2011年7月2日
我方参考号 248

敬启者：

我方已于今晨收到贵方中国产工作靴。但是，在验收的过程中，我方发现有26箱破损，里边的一些鞋靴遭到严重的损坏。

我们已请保险公司的保险员对纸箱和箱内货物进行了检查。从所附的检验报告的副本中，你可以看到，该破损是由于包装不牢固，而不是由于搬运不当造成的。因此我方对所遭受的6224.40美元的损失，向贵方提出索赔。

期待贵方对此事早日做出答复。

谨上

DEF 国际贸易公司
哈尼·卫拉德先生

示例11-7 向保险公司索赔通知函

Attn: The People's Insurance Company of China New York Office

Date: 2nd July, 2011
Dear sirs,
　　We hereby file a claim with you as mentioned under, and your prompt settlement of which will be greatly appreciated.

　　Loss and/or damage: 26 cartons of working boots broken
　　Ship's name: "President Wilson"
　　Insurance policy No.: RB01987
　　B/L No.: Y-S-3
　　Arrived at: New York, U.S.A
　　　　On: 2nd July, 2011
　　Shipped from: Dalian China
　　　　On: 31st May, 2011

　　Mark & Nos.
　　　　DEF INT TDING CO
　　　　01JCMA1234
　　　　NEWYORK
　　　　C/NO.1-4200

　　Descriptions: working boots
　　Quantity: 4200 CTNS /50400pairs
　　Insurance amount: USD1053360.00   claim amount: USD 6520.80

　　Yours truly,
　　DEF INTERNATIONAL TRADING CO.
　　Mr. Villard Henry

致：中国人民保险公司纽约办事处
　　2011年7月2日
敬启者，
　　我方将对以下货损提出索赔，望贵公司及时处理，不胜感激。

货损：26纸箱工作靴损坏
运输工具名称："威尔逊总统"号
保险单号：RB01987
提单号：Y-S-3
卸货港：美国纽约港
运抵时间：2011年7月2日
装运港：大连港
装运日：2011年5月31日
唛头：DEF INT TDING CO
　　　01JCMA1234
　　　NEWYORK
　　　C/NO.1-4200
货物描述：工作靴
数量：4200纸箱/50400双
保险金额：1053360.00美元
索赔金额：6520.80美元

DEF国际贸易公司

哈尼·卫拉德先生

第三节　课中训练

一、进口付汇报关

韩国机械制造公司3月7日指示银行照单付款。付款后赎取货运单据，用提单换取提货单(delivery order)(在示例11-8中进行操作)，之后办理报检报关手续。3月8日柳惠卿女士委托他人上网填写入境报检信息(在示例11-9中进行操作)、进口货物报关信息(在示例11-10中进行操作)、专用缴款书(在示例11-11和示例11-12中进行操作)，持提货单向海关申报纳税通关。

示例11-8 提货单
进口集装箱货物提货单

NO.00030102

港区场站　　　　船档号

收货人名称				收货人开户银行与账号	
船名		航次	起运港	目的港	到达日期
提单号		交付条款	卸货地点	进库场日期	第一程运输
标记与集装箱号		货名	集装箱数或件数	重量(kg)	体积(m³)
船代公司重要提示： (1) 本提货单中有关船、货内容按照提单的相关显示填制； (2) 请当场核查本提货单内容错误之处，否则本公司不承担由此产生的责任和损失；(Error And Excepted) (3) 本提货单仅为向承运人或承运人委托的雇佣人或替承运人保管货物、订立合同的人提货的凭证，不得买卖转让；(Non-negotiable) (4) 在本提货单下，承运人、代理人、及雇佣人的任何行为，均应被视为代表承运人的行为，均应享受承运人享有的免责、责任限制和其他任何抗辩理由；(Himalaya Clause) (5) 货主不按时换单造成的损失，责任自负； (6) 本提货单中的中文仅供参考。 外轮代理公司 (盖章有效) 年　月　日			收货人章 1 检验检疫章 3		海关章 2 4
注意事项： 1. 本提货单需盖有船代放货章和海关放行章后方始有效。凡属法定检验、检疫的进口商品，必须向检验检疫机构申报。 2. 提货人到码头公司办理提货手续时，应出示单位证明或经办人身份证明。提货人若非本提货单记名收货人时，还应当出示提货单记名收货人开具的证明，以表明其为有权提货的人。 3. 货物超过港存期，码头公司可以按《港口货物疏运管理条例》的有关规定处理。在规定期间无人提取的货物，按《海关法》和国家有关规定处理。			5		6

PSH/QF-116　ISSUE NO.: 1　ISSUE DATE: 01/10/2000

示例11-9 入境货物报检单

入境货物报检单

报检单位(加盖公章):				编号		
报检单位登记号:	联系人:	电话:	报检日期:	年 月 日		

收货人	(中文)			企业性质(划"对号")	合资 合作 外资
	(外文)				
发货人	(中文)				
	(外文)				
货物名称(中/外文)	H.S.编码	原产国(地区)	数/重量	货物总值	包装种类及数量

运输工具名称号码			合同号	
贸易方式		贸易国别(地区)	提单/运单号	
到货日期		启运国家(地区)	许可证/审批号	
卸货日期		启运口岸	入境口岸	
索赔有效期至		经停口岸	目的地	
集装箱规格、数量及号码				
合同订立的特殊条款以及其他要求			货物存放地点	
			用途	
随附单据(划"对号或补填")		标记及号码	*外商投资财产(划"对号")	是 否

合同 发票 提/运单 兽医卫生证书 植物检疫证书 动物检疫证书 卫生证书 原产地证 许可/审批文件	到货通知 装箱单 质保书 理货清单 磅码单 验收报告		*检验检疫费	
			总金额(本币)	
			计费人	
			收费人	

报检人郑重声明: 1. 本人被授权报检。 2. 上列填写内容正确属实。 签名:_____	领取证单	
	日期	
	签名	

示例11-10 进口货物报关单

预录入编号：　　　　海关编号：　　　　　　　　　　　　　　　页码/页数：　1/1

境内收货人	出境关别	进口日期	申报日期	备案号
境外发货人	运输方式	运输工具名称及航次号	提运单号	货物存放地点
消费使用单位	监管方式	征免性质	许可证号	启运港
合同协议号	贸易国(地区)	启运国(地区)	经停港	入境口岸
包装种类	件数	毛重(千克) 净重(千克)	成交方式 运费	保费 杂费

随附单证及编号

标记唛码及备注

项号	商品编号	商品名称及规格型号	数量及单位	单价/总价/币制	原产国(地区)	最终目的国(地区)	境内目的地	征免

特殊关系确认：	价格影响确认：	支付特许权使用费确认：	自报自缴：	
报关人员：	报关人员证号：	电话：	兹申明对以上内容承担如实申报、依法纳税之法律责任	
申报单位：			申报单位(签章)	

示例11-11 海关进口关税专用缴款书

收入系统：customs system　　　填发日期：　　　号码：

收款单位	收入机关		交款单位(人)	名称	
	科目	预算级别		账号	
	收款国库			开户银行	

税号	货物名称	数量	单位	完税价格	税率	税款金额

金额(大写)	合计

申请单位编号		报关单编号		填制单位		收款国库(银行)
合同(批文)号		运输工具(号)				
缴款期限		提/装货单号		制单人 复核人		
备注						

从填发缴款书次日起，限7日内(星期日和法定假日除外)缴纳，逾期按日征收税款总额千分之一的滞纳金。

示例11-12　海关代征增值税专用缴款书

收入系统：tax affairs system　　填发日期：　　号码：

收款单位	收入机关				缴款单位（人）	名称	
	科目		预算级次			账号	
	收款国库					开户银行	

税号	货物名称	数量	单位	完税价格	税率(%)	税款金额

金额(大写)		合计	
申请单位编号		报关单编号		填制单位	收款国库(银行)
合同(批文)号		运输工具(号)			
缴款期限		提/装货单号			
备注				制单人	

二、办理提货手续

20××年3月8日海关在网上电子签章放行货物。

20××年3月9日由SGS检验公司负责检货，出具检验证书(如单据11-1所示)。

单据11-1　检验证书

SGS Inspection Certificate

Date:

　　Fax: 4+41612714049

　　Certificate No.

　　Buyer:

　　Seller:

　　L/C No.

Goods:

Contract No.

Import permit No.

Services required: final inspection

　　This is to certify that at the request of buyer and based on their application submitted to us, we have inspected the following goods:

　　　　　　　　　　　　　　　　　　　　　SGS supervise s.a.
　　　　　　　　　　　　　　　　　　　　　Korea Office

柳惠卿女士顺利提取货物，很快运往韩国国内市场批发销售。20××年3月10日柳惠卿女士准备付汇单证，向有关部门提交，接受外汇部门付汇监管。

课后作业

根据到货通知书(如示例11-13所示)填写进口报关报检信息。具体如报关示例11-14和报检示例11-15所示。

示例11-13 到货通知书

到货通知书
To: LONGYUAN IMPORT AND EXPORT COMPANY
B98, Chaoyang District Qianjin Street Jilin China
TEL:0432-6565×××× FAX: 0432-6532××××
E-mail: www.ranaisance/kul.com

Date:Nov.18, 2018　　　　我司收费标准为：代理费，CNY 580.00/票　　提单号码：HRIL108158
抬头：大连外运代理公司
发货人：BIACKTHORN LTD.　　账号：2019000789654123(人民币)
船名/航次：KUNLUN 5201　　银行：中国银行吉林分行
装货港/卸货港：GENOVA/DALIAN
预抵日：Nov. 22, 2018
请填好下列内容并回传0411-8192××××，谢谢！
进口仓单收货公司名(中文)：龙源进出口公司(电话：0432-6565××××)
进口货物名称(中文)：玩具娃娃(毛绒)
收货人地址(中文)：吉林市朝阳区前进大街B98号
靠泊码头：大连龙帆码头

运费：预付(√)到付( )**到付运费详见附页**

贵司上述货物即将到港，请准备好进口报关资料及提货文件，尽快安排进口清关及提货，如有疑问，请联系本公司操作部。

Tel: +860411 8192××××　　Contact Person:夏女士(Mrs. Xia)
Fax: +860411 8195××××　　Email: nong@wen.net.cn
多谢合作！　　　　　　　　ADD：大连市中山区黄河路22号

注意事项：
一、收到本通知后，如仍未收到正本提单，请及时向发货人索取或来电查询是否电放。
二、本通知所提供的到港日期，不作为船舶申报进境之日，如有不清楚，可向有关部门查询。
三、根据中华人民共和国海关法规定，海运进口货物之收货人必须在船舶申报进境日14日内向海关申报，逾期海关将征收滞报金，如货物在三个月内无人提取，海关将视其为无主货物处理。

业务数据：
S/C NO.YDL20170605.
Quantity:200cartons/4000pcs
CIF DALIAN USD 15.00/PC
G.W./N.W:11kg/10kg
Shipping Marks:
 LYIECO/ YDL20170605/DALIAN/C/NO.1-200
HS: 9503002100

征免性质：一般纳税
发货人：意大利贸易公司
收货人：龙源进出口公司 吉林市朝阳区前进大街B98号

示例11-14 进口报关单

中华人民共和国海关进口货物报关单

预录入编号：		编号：		页码/页数：	
境内收货人	出境关别	进口日期		申报日期	备案号
境外发货人	运输方式	运输工具名称及航次号		提运单号	货物存放地点
消费使用单位	监管方式	征免性质		许可证号	启运港
合同协议号	贸易国(地区)	启运国(地区)		经停港	入境口岸
包装种类	件数	毛重(千克)	净重(千克)	成交方式	运费	保费	杂费
随附单证及编号：								
标记唛码及备注								

项号 商品编号 商品名称及规格型号 数量及单位 单价/总价/币制 原产国(地区) 最终目的国(地区) 境内目的地 征免

特殊关系确认：	价格影响确认：	支付特许权使用费确认：	自报自缴：
报关人员： 申报单位：	报关人员证号：	电话：	兹申明对以上内容承担如实申报、依法纳税之法律责任 申报单位(签章)

示例11-15 入境货物报检单

报检单位(加盖公章)：			编号：	
报检单位登记号：	联系人：	电话：	报检日期：	年　月　日
收货人	(中文)	企业性质(划"√")	□合资 □合作 □外资	
	(外文)			
发货人	(中文)			
	(外文)			

(续表)

货物名称(中/外文)	H.S.编码	原产国(地区)	数/重量	货物总值	包装种类及数量

运输工具名称号码			合同号		
贸易方式		贸易国别(地区)		提单/运单号	
到货日期		启运国家(地区)		许可证/审批号	
卸货日期		启运口岸		入境口岸	
索赔有效期至		经停口岸		目的地	
集装箱规格、数量及号码					
合同订立的特殊条款以及其他要求			货物存放地点 用途		
随附单据(划"√"或补填)		标记及号码	外商投资财产(划"√")	□是 □否	
□合同 □发票 □提/运单 □兽医卫生证书 □动物检疫证书 □卫生证书 □原产地证 □许可/审批文件	□到货通知 □装箱单 □质保书 □理货清单 □磅码单 □验收报告 □ □ □		*检验检疫费		
			总金额(人民币元)		
			计费人		
			计费人		
报检人郑重声明: 1.本人被授权报检。 2.上列填写内容正确属实。 签字:_____			日期		
			签名		

第十二章 出口退税

实训任务：按业务流程办理出口退税，备齐退税单证。

第一节 课前阅读——出口退税

一、收到出口收汇凭证

龙源公司于20××年1月21日收到从吉林中行转来的收汇凭证(见示例12-1和示例12-2)。

示例12-1　出口收汇凭证

中国银行
BANK OF CHINA

出口收汇凭证

致：Longyuan Import & Export Corporation

日期：20××.01.21
径启者：
发票号 JLTC2010301　　　　　　　　　　　　　金额USD155720.00
我行编号BP20101230　　　　　　　　　　　　　信用证号YY20××0827

上述业务项下实际收汇额USD155631.50，扣除你司应负担的下列款项后，我行即日将人民币1013971.74元贷记贵司5689322214587963账户，特此通知。

押汇利率：0.000%　　天数：0　　　打包利率：5.10%　　　天数：3个月
押汇金额：USD0.00　　　　　　　　　打包罚息利率：0.000%　天数：0
押汇利息：RMB0.00　　　　　　　　　打包金额：120万元
　　　　　　　　　　　　　　　　　　打包利息：15300.00元

其他扣款：USD0.00
预先通知费：RMB0.00
通知/保兑费：RMB0.00
修改费：RMB0.00
议付/承兑/付款费：1288.93元
电报费：RMB0.00
邮费：RMB0.00
兑换手续费：USD0.00
汇费：USD0.00
国外银行费用：USD34.50
扣除样品费(委托银行)：USD54.00

汇率：1：6.6218
核销单号码：236548741
柜员号：KEJ7
申报号：2203487101020508B042

中国银行吉林分行结算业务处

示例12-2　出口收汇凭证

中国银行
BANK OF CHINA

出口收汇凭证

致：Longyuan Import & Export Corporation

日期：20××.8.02
径启者：
发票号JLTC20100730　　　　　金额USD66880.00
我行编号BP20100802　　　　　信用证号

上述业务项下实际收汇额USD66880.00，扣除你司应负担的下列款项后，我行于即日将人民币456139.26元贷记贵司5689322214587963账户，特此通知。

国外银行费用：USD83.60

汇率：1∶6.8288
核销单号码：236548741
柜员号：KEJ7
申报号：2203487101020508B035

中国银行吉林分行结算业务处

20××年1月28日龙源公司登录国际贸易单一窗口输入收汇信息，外汇管理部门根据银行提供的收汇信息，对收到的外汇进行跟踪监管。

二、出口退税

出口收汇后，杨子墨登录国际贸易单一窗口办理退税或将发票(如单据12-1所示)、增值税专用发票(如示例12-3所示)及其他退税单证一并交国税局退税。

单据12-1　商业发票

EXPORTER/SELLER/BENEFICIARY LONGYUAN I/E CORP. B98 QIANJIN STREET, CHAOYANG DISTRICT JILIN,CHINA	龙源进出口公司 中国 吉林 前进大街乙98号	
TO:MESSRS BLACKTHORN LTD. VIA MILANO, 87 – 265683 GENVOA – ITALIA	**商业发票** COMMERCIAL INVOICE	
SHIPMENT FROM DALIAN PORT,CHINA	INVOICE NO. JLTC2010301	DATE 16-NOV-20××
TO GENOVA	DOCUMENTARY CREDIT NO. YY20××0827	

(续表)

BY VESSEL	CONTRACT NO./SALES CONFIRMATION NO.
VESSEL/FLIGHT/VEHICLE NO. KUNLUN 5201	20××LY569802
B/L NO. HRIL101118	TERMS OF DELIVERY AND PAYMENT CIF GENOVA BY T/T AND BY L/C

SHIPPING MARKS	DESCRIPTION(NOS. & KIND OF PKGS)	QUANTITY	UNIT PRICE	AMOUNT
	Porcelain ware			
BLACKTHORN BK1043003 GENOVA C/NO.1-840	24-pieces dinnerware	1680 sets	USD95.00	USD159600.00
BLACKTHORN BK1043003 GENOVA C/NO.1-700	stripe bowl	25200 pieces	USD2.50	USD63000.00
				USD222600.00
AS PER S/C NO. 2010LY569802 DATED 13-JULY-2010 About 30% of the invoiced amount (USD66880.00) customers have payed in advance by T/T				

LONGYUAN I/E CORP.
B98 QIANJIN STREET,
CHAOYANG DISTRICT
JILIN,CHINA
盖章

_____
STAMP OR SIGNATURE

REF. NO. DL20101116   236548741

示例12-3 吉林增值税专用发票

吉林增值税专用发票

2200062170　　　　　　　　　　　　　　　　　　　　　　No 20××5823

抵扣联　　　　　开票日期：20××年11月11日

购买方	名　称：龙源进出口公司 纳税人识别号：220102897856321 地址、电话：吉林市前进大街B98号 0432-6565××× 开户行及账号： 吉林中行5689322214587963	密码区	2>++8< >24645710* >5*74　加密版本：01 3*/< 7761//80< 9/2793-7　34207062170 *< 095760/11 </37 </+*18 +> >6+/9-98-5*5/82 > >/9 10234567

货物或应税劳务、服务名称	规模型号	单位	数量	单价	金额	税率	税额
24头餐具	JTCJ24	套	1680	517.44	869299.20	17%	147780.864
条纹碗	JMWB028	只	25200	11.76	296352.00		50379.84
合计					1165651.20		198160.704

价税合计	（小写）￥1363811.904
（大写）	壹佰叁拾陆万叁仟捌佰壹拾壹元玖角整

销售方	名　称：星火陶瓷厂 纳税人识别号：220109568974123 地址、电话：吉林市牡丹街119号 0432-6546×××× 开户行及账号： 吉林市工商银行5624389741587632	备注	（星火陶瓷厂 发票专用章）

收款人：　　　　　复核：　　　　　开票人：　　　　　销售方：（章）

至此，杨子墨与波尔森先生进行的国际货物买卖全部结束。

第二节　理论指导

生产企业或其他单位在出口货物后，应在货物报关出口之日次月起至次年4月30日前的申报期内收齐有关凭证，向主管税务机关申报办理出口货物增值税免抵退税及消费税退税。2019年1月1日开始实行无纸化退税申报(一、二类出口企业全覆盖)，可在税务局办税服务厅或电子税务局办理。办税服务热线12366。

一、出口退税所需凭证

出口货物退(免)税申报电子数据1份；
免抵退税申报汇总表3份；
免抵退税申报汇总表附表3份；
生产企业出口货物免抵退税申报明细表1份；
免抵退税申报资料情况表1份；
出口商业发票和销售明细账1份；
增值税发票(税额抵扣联)；
出口货物报关单信息。
出口退税后，可以真正核算出此笔交易的盈亏情况。

二、外管局事后监管

外管局将海关提供的报关信息数据与银行的收汇数据核对无误后，归档备查。一旦发现银行收付款与报关信息不符或相差甚远，即出面进行追踪调查。

第三节 课中训练

一、备齐单据

20××年4月10日肖红将发票、报关单、增值税发票、银行收汇凭证(如示例12-4和示例12-5所示)等所需单据备好，以便退税。

示例12-4 收汇凭证

| 中国银行 |
| BANK OF CHINA |

出口收汇凭证

致：Zhongji Metals and Minerals Import and Export Corporation

日期：20××.04.10
径启者：
发票号：   金额USD129930.00
我行编号BP23586947   信用证号：LC20101206

　　上述业务项下实际收汇额USD129721.50，扣除你司应负担的下列款项后，我行已于即日将人民币824688.84元贷记贵司 0258014703690147 89 账户，特此通知。

贷款利息：RMB22865.85
预先通知费：RMB0.00
通知/保兑费：RMB0.00

修改费：RMB0.00
议付/承兑/付款费：RMB2186.00
电报费：RMB0.00
邮费：RMB0.00
兑换手续费：USD0.00
汇费：USD0.00
国外银行费：USD58.50
样品费扣除(委托银行)：USD150.00

汇率：1∶6.5505
柜员号：EJE7
申报号：2200000105487258X013

中国银行吉林分行结算业务处

示例12-5 收汇凭证

中国银行
BANK OF CHINA

出口收汇凭证

致：Zhongji Metals and Minerals Import and Export Corporation

日期：20××.04.10
径启者：
发票号：　　　　　　　　　　金额USD129930.00
我行编号BP23586948　　　　　合同号码：

　　上述业务项下实际收汇额USD129871.50，扣除你司应负担的下列款项后，我行已于即日将人民币848537.26元贷记贵司025801470369014789账户，特此通知。

预先通知费：RMB0.00
通知/保兑费：RMB0.00
修改费：RMB0.00
议付/承兑/付款费：RMB2186.00
电报费：RMB0.00
邮费：RMB0.00
兑换手续费：USD0.00
汇费：USD0.00
国外银行费：USD58.50

汇率：1∶6.5505
柜员号：EJE7
申报号：2200000105487258X013

中国银行吉林分行结算业务处

二、办理出口退税

20××年4月20日登录国际贸易单一窗口办理出口退税。

课后作业

1. 简述出口退税流程及所需单据。
2. 利用出口收汇凭证中的收汇数据，测算一下全书课前阅读案例中赵诗坤在该笔业务中实际盈亏情况，包括实际盈亏额、盈亏率和换汇成本。
3. 根据课中训练案例撰写一封业务善后函。

附录
国际贸易综合技能实训操作指南

第一部分 操作页面简介

一、首页

现在您已经登录成功，进入了操作系统的首页，如图1所示。

图1 操作系统首页

公司名称：第一次进入系统，显示"没有注册公司"。请点击"没有注册公司"字样，打开公司资料页面，逐项填写。完成注册后，公司名称将显示在首页上。这里系统给出业务提示和操作建议。

二、My World(世界地图)

图2为主页面上方的各个功能按钮。

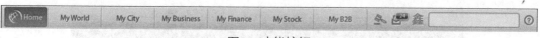

图2　功能按钮

点击"My World",打开世界地图页面。

世界地图页面有10个国家可点击进入,并查看其信息,这10个国家是中国、美国、英国、日本、德国、俄罗斯、巴西、南非、古巴和澳大利亚。请学生根据系统分配的国家注册贸易公司。

三、My City(城市地图)

点击"My City",打开城市地图页面,如图3所示。

图3　城市地图页面

在城市地图页面我们可以看到许多建筑物,每个建筑物代表一个机构,如银行、海关、船公司等,鼠标放到建筑物上即可显示名称。所有与机构相关的业务都需要到这里来办理。例如,点击银行建筑物图标(每个国家对应的银行名称不同),如图4所示。

图4　银行建筑物图标

打开银行办事页面,如图5所示。

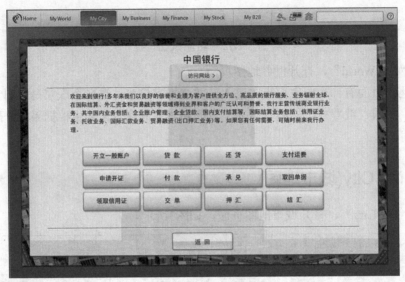

图5　银行办事页面

在此页面中可以看到银行的业务种类，银行网站相当于帮助中心，可以查看新闻动态、操作流程、单据填写方法及样本、业务费用及相关资料等，还可以学习有关知识或法规。另外，每个网站会不定期发布通知，如价格调整、费用调整等，请及时查看。

四、My Business(业务中心)

点击"My Business"，打开业务中心画面，如图6所示。

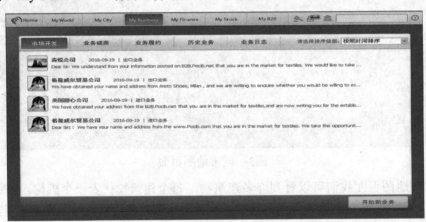

图6　业务中心页面

这里是系统的业务中心。业务中心包括市场开发、业务磋商、业务履约、历史业务和业务日志5个部分。其中市场开发阶段——刚建立的新业务，可以删除；业务磋商阶段——新业务中已有2封往来邮件后，即被转移至此；业务履约阶段——签订合同之后转入执行阶段；历史业务——所有步骤完成，表明业务已经结束。业务日志——查看操作记录。每笔业务都是由进出口双方其中一方首先使用"开始新业务"建立起来的，每笔业务在列表中都将显示成一条记录，如图7所示。

森悦公司　2016-09-19 ｜ 出口业务
Dear Sir: We understand from your information posted on B2B.Pocib.net that you are in the market for textiles. We would like to take ...

图7　业务记录列表

鼠标移到该条目上会出现"进入"按钮，点击进入具体的业务页面，我们以一笔已经完成的业务为例来介绍一下具体业务页面，首先看到的是基本情况页面，如图8所示。

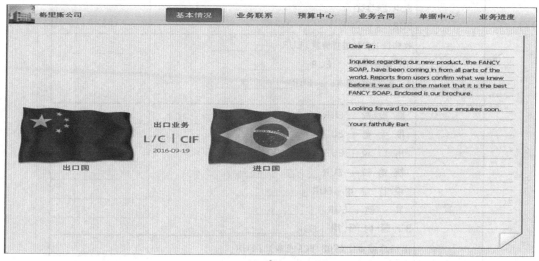

图8　基本情况页面

点击第二个按钮"业务联系"，如图9所示。

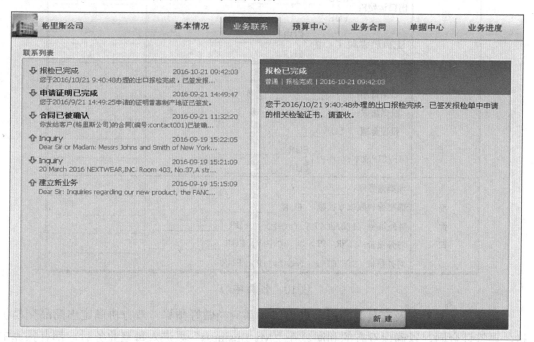

图9　业务联系页面

图9是一个消息中心，业务过程中所有的往来函电以及系统自动发送的一些通知消息都记录在这里。同时，图9也是双方进行业务商谈的主要界面，可以点击"新建"给对方

发送邮件。

再来看"预算中心",如图10所示。

出 口 成 本 预 算 表

有关项目	预算费用(EUR)	实际发生金额
汇率	EUR 1=USD _____ EUR 1= EUR _____	
成本栏	收购价(含税进货价款)EUR_____ 出口退税收入: EUR_____ A. 实际采购成本: EUR_____	
费用	商 检 费: EUR_____ 报 关 费: EUR_____ 出 口 税: EUR_____ 核 销 费: EUR_____ 银 行 费用: EUR_____ 其 他: EUR_____ B. 国内费用: EUR_____ 出口总成本C(FOB/FCA成本): EUR_____ C=A+B EUR_____	
	出口运费F: USD_____ 　　　　　　EUR_____ CFR/CPT成本: (=C+F) EUR_____ 　　　　　　　　　　　EUR_____	
	出口保费I: EUR_____ 总保费率: _____% 投保加成: _____% 投保金额: EUR_____ CIF/CIP成本: (=C+F+I) EUR_____ 　　　　　　　　　　　　EUR_____	
报价栏	预期盈亏率: _____% 预期盈利额或亏损额: EUR_____ 对外报价(FOB/FCA): (=C+P) EUR_____ 对外报价(CFR/CPT): (=C+F+P) EUR_____ 对外报价(CIF/CIP): (=C+F+I+P) EUR_____	

图10　预算中心

确定好交易对象及交易商品后,进出口商都应当做好预算,双方协商定出商品交易价格,再签订合同,以确保双方的利润。在"My Business"里进入每笔业务后,都有预算中心页面,双方可分别进行价格核算(具体计算方法见百科网址: http://www.pocib.com/baike/POCIB%E7%99%BE%E7%A7%91%E9%A6%96%E9%A1%B5.html)。预算在签订合同之前进行,合同确认后,双方的预算表就不能更改了。在之后的业务过程中,当某项费用实际发生以后,也将显示在预算表"实际发生金额"之中。

"预算中心"右边是"业务合同"页面,业务合同示例如图11所示。

AIGE IMPORT & EXPORT COMPANY
ROOM 2501, JIAFA MANSION, BEIJING WEST ROAD, SHANGHAI 200001, P.R.CHINA

SALES CONFIRMATION

Messrs:	RIQING EXPORT AND IMPORT COMPANY	No.	contract01
	P.O.BOX 1589, NAGOYA, JAPAN	Date:	2016-08-29

Dear Sirs,

We are pleased to confirm our sale of the following goods on the terms and conditions set forth below:

Choice	Product No.	Description	Quantity	Unit	Unit Price	Amount
			[FOB]		[Shanghai,China]	
○	01006	CANNED LITCHIS 850Gx24TINS/CTN	1000	CARTONS	JPY 1200	JPY1200000
		Total:	1000	CARTONS	[JPY]	[1200000]

Say Total: JPY ONE MILLION TWO HUNDRED THOUSAND ONLY

Payment: L/C   AT SIGHT

Packing: 850Gx24TINS/CTN

Port of Shipment: Shanghai,China

Port of Destination: Nagoya,Japan

Shipment: Shipment in   [September]   [By vessel]
20' CONTAINER × [1]

Shipping Mark:
CANNED LITCHIS
JAPAN
C/NO.1-1000
MADE IN CHINA

Quality: AS PER SAMPLE SUBMITTED BY SELLER.

Insurance: TO BE COVERED BY THE BUYER.

Documents:
1. Signed commercial invoice in 1 original and 3 copies.
2. Full set of clean on board Bills of Lading made out to order and blank endorsed, marked "freight to collect".
3. Packing List Memo in 1 original and 3 copies indicating quantity, gross and weights of each package.
4. Certificate of Quantity/Weight in 1 original and 3 copies.
5. Certificate of Quality in 1 original and 3 copies.
6. Certificate of phytosanitary in 1 original and 3 copies.
7. Health Certificate in 1 original and 3 copies.
8. Certificate of Origin Form A in 1 original and 3 copies.

BUYERS	SELLERS
日清进出口贸易公司	艾格进出口贸易公司
RIQING EXPORT AND IMPORT COMPANY	AIGE IMPORT & EXPORT COMPANY
CHUANBEN	**AIGE ZHANG**
(Manager Signature)	(Manager Signature)

图11 业务合同

合同通常由出口商起草，填写完成后发送进口商，一旦确认合同即不能修改，双方由此进入履约阶段。合同填写说明请参考百科网址。

接下来再看单据中心页面，如图12所示。

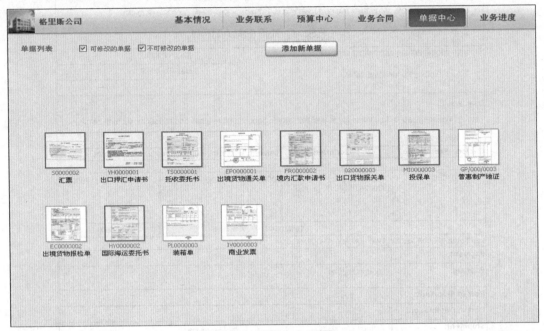

图12　单据中心页面

图12中的单据大部分是由双方自行添加并填写的，用以办理报检报关等各项业务，也有业务过程中系统自动生成的。单据分为可修改(绿色)与不可修改两种状态，凡是使用过的单据，都不能再修改。最后一项是业务进度页面，如图13所示。

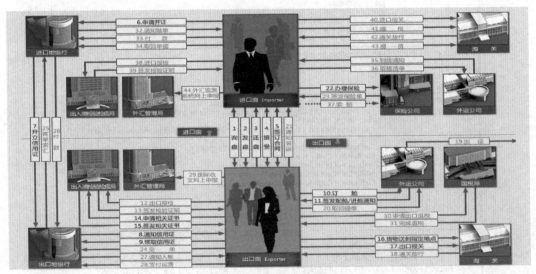

图13　业务进度页面

业务进度页面实际上是一张完整的流程图，根据合同确定的贸易术语和支付方式的不同有所差异。业务进行中可随时查看这张图来了解业务进度。各个步骤字体分为蓝、黑、灰三色。其中，蓝色字体表示业务目前可以操作，黑色字体表示已经完成操作，灰色字体表示业务未完成步骤。操作时可以查看各个机构网站。

五、My Finance(财务中心)

回到系统主页面，点击"My Finance"，页面如图14所示。

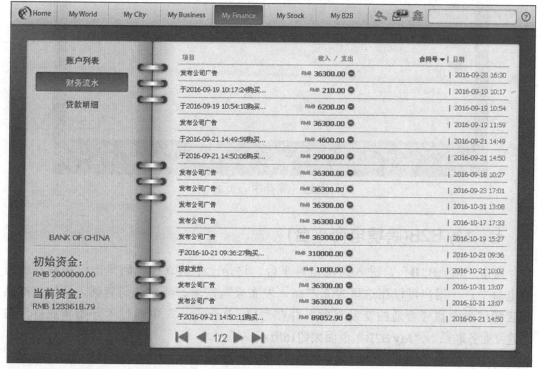

图14 财务中心页面

这里相当于公司的财务中心，可以查看账户列表、财务流水与贷款明细三项内容。"账户列表"项目可以查看各币别账户的资金状况(每个国家都有对应的币别，如需外币账户应先在银行开立)；"财务流水"项目可以查看业务往来中的收入和支出；"贷款明细"项目可以查看所有贷款和还款项目。初始资金是注册后系统分配的资金，当前资金是账户列表里每个账户资金的总和(系统自动换算成本币)和未偿还的贷款总额。公司的盈利=当前资金-未偿还的贷款总额-初始资金。

六、My Stock(库存中心)

点击"My Stock"，页面如图15所示。

这里相当于公司的库存中心。货物分为国内生产与国外进口两种，随着业务的开展，系统将根据进货后库存量增加、销货后库存量减少的原则自动统计出来。

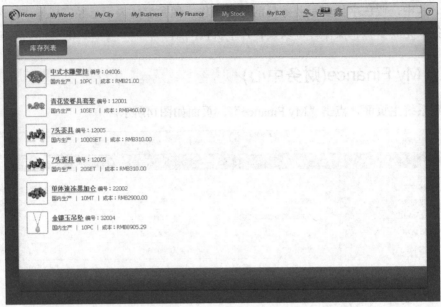

图15　库存中心页面

七、My B2B(跨境电商平台)

点击"My B2B",进入跨境电商平台,这是一个仿真模拟阿里巴巴国际站的跨境电商平台。用户可以在这里发布产品、发布采购需求、经营公司店铺,从这些产品与店铺信息中找寻合适的交易对象,并在"My Business"中通过"开始新业务"与之建立业务联系。"My B2B"页面如图16所示。

图16　跨境电商平台

八、仲裁

在主页右上方,有一个较小的仲裁键,交易中如果遇到对方恶意违约,且协商无果,受损失一方可以申请仲裁。点击进入仲裁委员会申请仲裁,维护合法权益,具体页面如图17所示。

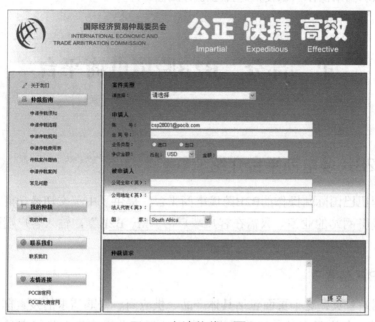

图17　申请仲裁页面

九、消息

显示红色时,点击即可查看具体的消息内容。

十、百科

点击按钮(？)即可打开百科,百科页面如图18所示。

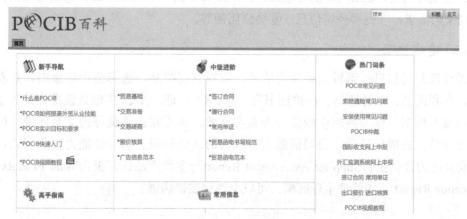

图18　百科页面

百科页面不仅包括详细的使用帮助，还有国际贸易理论知识。系统提供了CIF(CIP)、CFR(CPT)、FOB(FCA)六种国际贸易术语及L/C、D/P、D/A、全款T/T、前T/T+后T/T5种支付方式可供交易时选择，此外还分海运和空运两种运输方式，操作流程也有所不同。百科中提供了6种不同方式组合的操作示例，里面有详细的操作步骤以及单据样本，建议初次使用时依照示例来操作，以便快速熟悉业务流程。

第二部分　B2B跨境电商平台

一、B2B跨境电商平台介绍

仿真阿里巴巴国际站操作的B2B跨境电商平台，提供了中英文切换功能，可以实际操作跨境电子商务网站的业务。只需在客户端点击"My B2B"，输入客户端账号及密码即可登录。

(一) B2B网站首页

①B2B网站首页：这个页面包括具体产品、供应商、采购需求的搜索框、热门大类产品的促销活动、各大类产品、采购需求、所有公司、公司广告、热门产品、各国公司信息等。②所有大类产品页面：列出所有产品大类以及各大类包含的具体产品，点击具体的产品可直接查看该产品的搜索结果。③Top Companies页面：展示发布公司广告的供应商，可查看公司广告详情。④All Companies页面：展示所有供应商，可查看供应商店铺。⑤Markets(B2B Source)页面：展示所有采购需求，可查看采购需求详情。⑥各国供应商页面：可按照国家查看供应商。

(二) MY B2B(后台操作)

在这里可以进行B2B网站的各项操作：①发布产品；②管理产品；③发布采购需求；④管理采购需求；⑤完善公司信息；⑥装修店铺等。

(三) 建站管理

①管理公司信息：可以完善公司信息，填写主营产品，选择公司形象图，查看营业执照、专利证书、荣誉证书、商检证书等。②A&V认证：A&V实地认证操作是为了完善供应商准入机制，保障网站供应商身份真实有效，为买家提供良好的交易环境，确保买家放心交易，完成认证后，公司信息前有醒目的认证标识。③管理能力评估报告：可以查看企业能力评估报告Supplier Assessment Report与主营产品认证报告Main Product Lines Verification Report。④管理全球旺铺：可以个性化装修店铺。

(四) 采购需求

①发布采购需求：可以填写产品关键词、需求数量、需求详细内容、贸易术语、期望单价、目的港、支付方式等信息。②查看采购需求：可以查看采购需求详情。③管理采购需求：可以查看、编辑、关闭已发布的采购需求。④搜索采购需求：可以搜索查看进口商采购需求，快速找到交易对象。

(五) 产品管理

①发布产品：选择产品大类后再填写详情(产品名称、产品关键词、产品图片、产品属性、交易信息、物流信息、产品详细信息等)，各大类产品均有相对应的编辑页面。②查看产品详情：可以查看产品详情。③搜索产品：可以按产品名称、关键词搜索产品，便于进口商查看产品详情，找到适合的产品。④管理产品：可以查看、编辑、下架已发布的产品。⑤管理认证产品：可以将产品设置为认证产品且可排序，产品标题前有醒目的"Main"标识，店铺内有醒目的认证产品展位供展示。⑥管理橱窗产品：可以将产品设置为橱窗产品且可排序，店铺内有醒目的橱窗产品展位供展示。⑦产品分组与排序：可以自定义设置产品分组及排序规则，在店铺内可以按照设置的分组与排序查看产品。⑧图片银行：展示所有产品的主图、附图、公司形象图、公司头像标识以及店铺横幅。

(六) 我的店铺

①店铺首页：可以查看店铺资料、认证产品、橱窗产品、最新产品等。②店铺产品大类：可以按照设置的分组与排序规则查看店铺内产品。③店铺资料：可以查看店铺的公司名称、国家、主营产品、其他产品、法人姓名、账号等信息，方便进口商联系。④搜索店铺：可以搜索店铺，进入他人店铺查看信息。

(七) 我的外贸服务

金品诚企：加入金品诚企后，可在B2B网站获得10个主营产品认证(独特标识)、40个橱窗产品展示机会，查看企业能力评估报告Supplier Assessment Report与主营产品认证报告Main Product Lines Verification Report等，获得进口商关注。

(八) 收藏夹

收藏感兴趣的产品与店铺。

二、采购需求

(一) 发布采购需求

进口商可以在B2B平台(见图19)上发布想要购买的产品信息，以介绍产品为主，方便供应商了解需求，及时取得联系。方法：登录B2B平台→My B2B→采购需求B2B Source→发布采购需求Post Buying Request，填写相关信息。

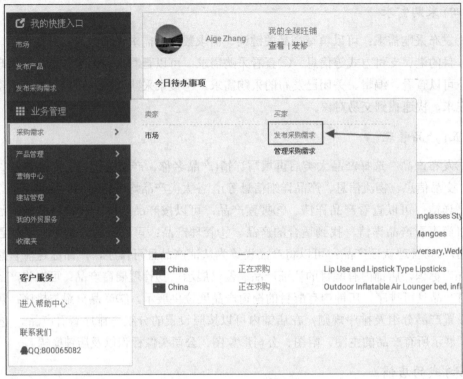

图19 B2B平台

发布采购需求页面示例如图20所示。

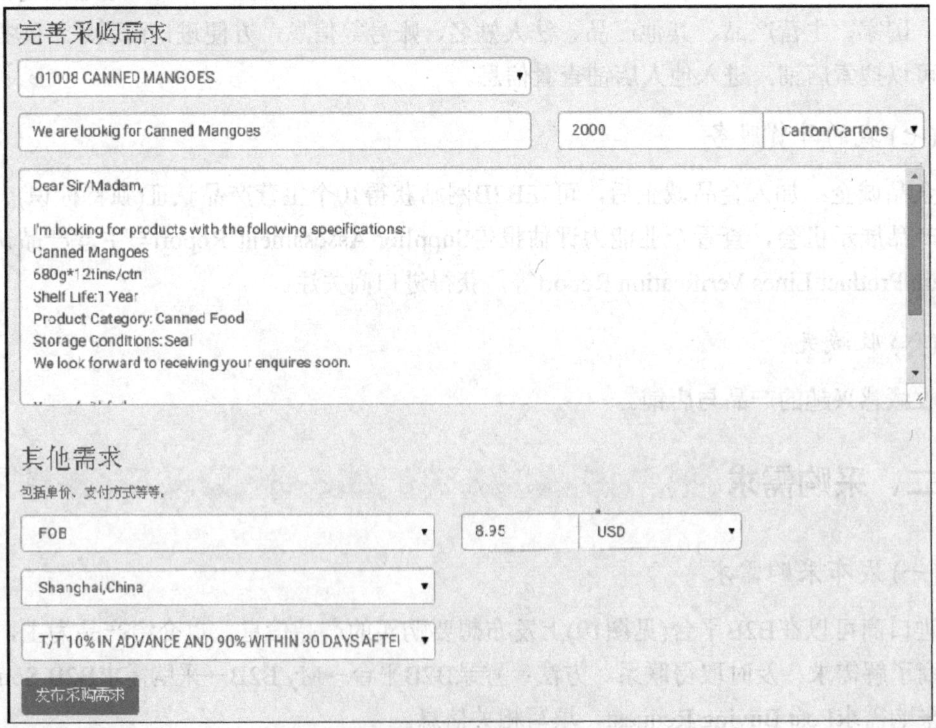

图20 发布采购需求页面

(二) 查看采购需求

发布的采购需求可以在B2B网站被搜索查看到，出口商可以通过采购需求里面的账号与进口商建立业务关系，查看采购需求页面如图21所示。

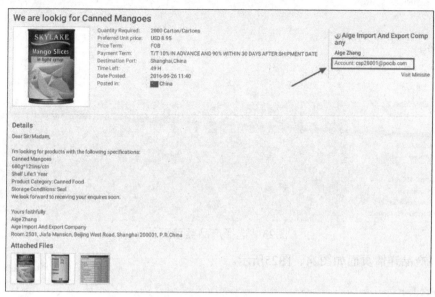

图21　查看采购需求页面

三、发布产品

(一) 发布产品方法

登录B2B跨境电商平台→My B2B→产品管理Products→发布产品Display a New Product，填写相关信息，发布产品页面如图22所示。

图22　发布产品页面

选择产品类目页面如图23所示。

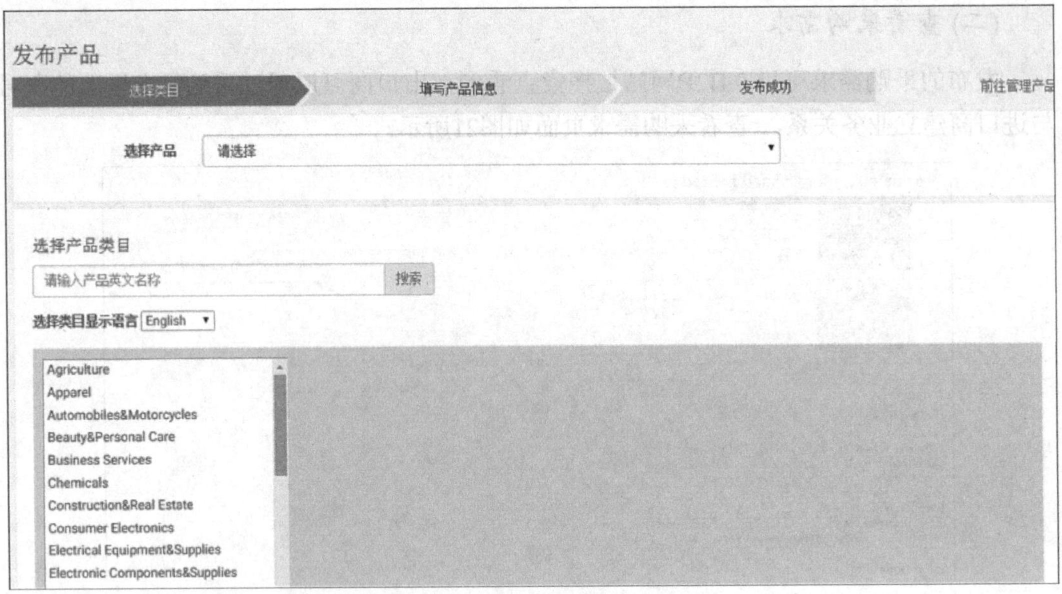

图23 选择产品类目页面

填写产品详情页面如图24、图25所示。

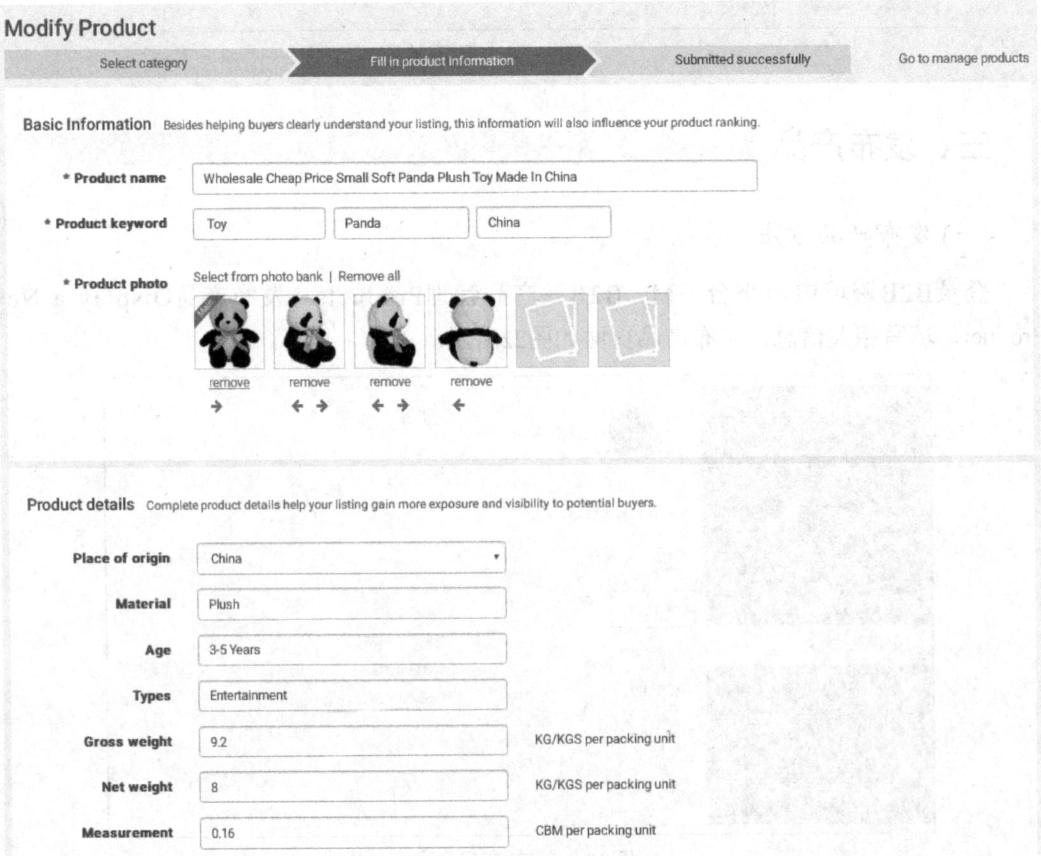

图24 填写产品详情页面(1)

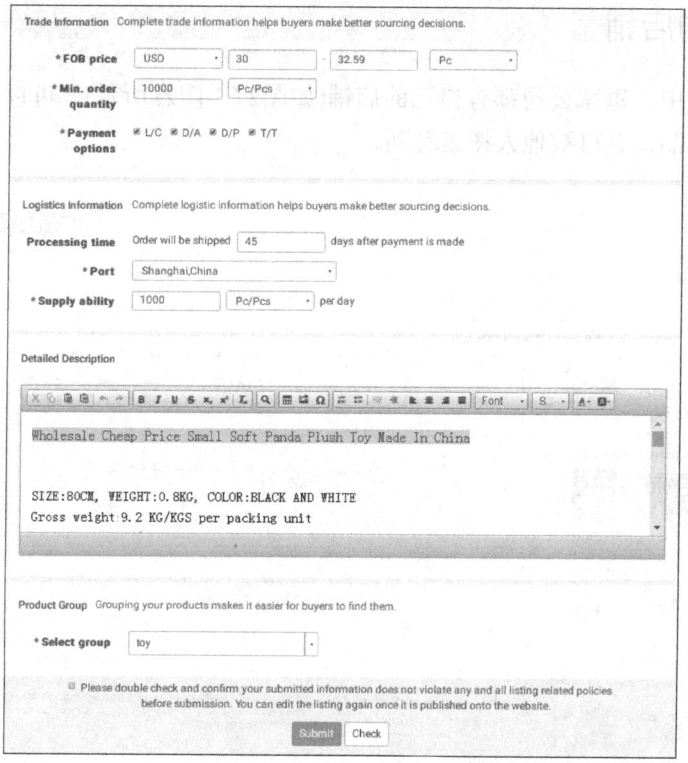

图25 填写产品详情页面(2)

(二) 查看产品

发布完的产品可在B2B网站被搜索到,进口商可通过产品详情里的账号与出口商建立业务关系,查看产品页面如图26所示。

图26 查看产品页面

四、我的店铺

在B2B平台中,每家公司都有自己的店铺(如图27、图28所示),可以在自己的店铺里展示已发布的产品,且可被他人搜索看到。

图27 我的店铺页面(1)

图28 我的店铺页面(2)

第三部分 操作示例

一、交易准备阶段

下面以L/C+FOB海运为例，介绍操作流程。

(1) 系统客户端下载安装完成后运行，学生输入老师分配的账号与密码(密码可修改)，点"登录"，进入系统。

(2) 创建公司。同学们登录后首先需要创建公司资料，系统中每个公司都可以从事进口或出口业务。第一次登录时，可以看到创建公司页面，如图29所示。

图29 创建公司页面

点击"请注册公司"字样，可打开公司资料页面，逐项填写。以下公司资料在本笔业务中作为出口商。账号为：dst02@desun.com。学生根据系统分配的国家注册贸易公司(不同国家才可交易)。公司全称(中)：艾格进出口贸易公司。公司全称(英)：AIGE IMPORT & EXPORT COMPANY。公司简称(中)：艾格公司。公司简称(英)：AIGE COMPANY。法人代表(中)：张艾格。法人代表(英)：AIGE ZHANG。公司地址(中)：中国上海市北京西路嘉发大厦2501室。邮政编码：200001。公司地址(英)：ROOM 2501, JIAFA MANSION, BEIJING WEST ROAD, SHANGHAI 200001, P.R.CHINA。电话：86-21-23501213。传真：86-21-23500638。公司介绍(中)：我公司从事国际商品贸易已经有二十余年的历史，信誉卓著，客户遍及世界各国。如果你有需要，请随时和我们联系! 公司介绍(英)：ENJOYING A HIGH REPUTATION, WE KEEP DEALING WITH COMMODITY TRADES WITH MANY BUSINESS PARTNERS FROM ALL OVER THE WORLD FOR MORE THAN TWENTY YEARS. PLEASE CONTACT WITH US FOR YOUR NEED.

以下公司资料在本笔业务中作为进口商。账号为：dst03@desun.com。学生根据系统分配的国家注册贸易公司(不同国家才可交易)。公司全称(中)：日清进出口贸易公司。公司全称(英)：RIQING EXPORT AND IMPORT COMPANY。公司简称(中)：日清贸易。公司简称(英)：RIQING EIC。法人代表(中)：川本一郎。法人代表(英)：CHUANBEN。公司地址(中)：日本名古屋1589邮箱。公司地址(英)：P.O.BOX 1589, NAGOYA, JAPAN。电话：81-3-932-3588。传真：81-3-932-3589。邮政编码：197-0804。公司介绍(中)：我公司从事国际商品贸易已经有二十余年的历史，信誉卓著，客户遍及世界各国。如果你有需要，请随时和我们联系! 公司介绍(英)：ENJOYING A HIGH REPUTATION, WE KEEP DEALING WITH COMMODITY TRADES WITH MANY BUSINESS PARTNERS FROM ALL OVER THE WORLD FOR MORE THAN TWENTY YEARS. PLEASE CONTACT WITH

US FOR YOUR NEED.

资料输入完毕，先点"保存"，确认无误后，点击"完成注册"(不能修改了)。关闭窗口，回到主页面，公司资料页面如图30所示。

图30　公司资料页面

以后若要查看此公司资料，点击图标上的公司名称简称即可。

(3) 出口商(艾格公司)发布公司广告。点"My City"→"广告公司"建筑物图标→"发布公司广告"，逐项填写如下。输入标题："A Great Trading Company!"　输入内容："A Great Trading Company enjoying great reputation, please contact with us!" User ID: dst02@desun.com。填写完毕点"发布"，成功发布广告，公司广告显示在B2B平台"Top Companies"列表中。

(4) 出口商(艾格公司)查看本国可交易商品。点"My City"→"国内工厂"建筑物图标→"购买商品"，即可看到本国可生产的商品列表，点击商品编号或名称可查看商品信息(不同国家可生产的商品不同，可生产的商品才可出口，所有的商品都可进口)。在这笔业务中我们选择01006荔枝罐头进行交易。

(5) 出口商(艾格公司)发布产品。登录B2B平台→进入"My B2B"操作后台→发布产品，选择CANNED LITCHIS及相应的产品类目，按要求填入产品信息。填写完毕点"提交"，成功发布产品，产品信息显示在B2B电商平台上。

(6) 进口商(日清贸易)查看产品信息。登录B2B平台，搜索产品关键词"CANNED LITCHIS"，在众多产品中找到出口商(艾格公司)发布的CANNED LITCHIS的信息，在产品信息左下方的发布者资料里，找到出口商的客户账号Account：dst02@desun.com，与他取得联系。

二、交易磋商阶段

(1) 进口商(日清贸易)与出口商(艾格公司)建立业务关系(邮件可由出口商发送，也可由进口商发送)。进口商回到业务主页面，点"My Business"→进入市场开发页面→点右下方"开始新业务"→选择业务类型：进口业务→输入客户账号：dst02@desun.com(这里应输入客户登录用户名)→输入业务请求：AIGE IMPORT & EXPORT COMPANY ROOM 2501, JIAFA MANSION, BEIJING WEST ROAD, SHANGHAI 200001, P.R.CHINA.
Dear AIGE ZHANG,

　　Seeing your advertisement on B2B.net, I got some information about your CANNED LITCHIS. It is very kind of you to give us some details about your products and trading conditions, so that we can open the path to further cooperation. Look forward to your early reply.

Yours faithfully,
CHUANBEN RIQING EXPORT AND IMPORT COMPANY P.O.BOX 1589, NAGOYA, JAPAN

> 艾格进出口公司 嘉发大厦2501室，北京西路，上海200001，中华人民共和国
> 亲爱的张艾格，
> 　　看到你们在B2B.net上的广告，了解了一些你们的荔枝罐头的信息。如果你能为我们提供一些贵公司产品和贸易条件的详细信息，我们将感激不尽，希望我们能建立进一步的合作关系。盼早日回复。
> 　　此致
> 敬礼
> 　　　　　　　　　　　　　　　　　　　　　　　　　　　川本
> 　日本 名古屋日清进出口公司1589邮政信箱

填写完毕点击"确认"。

(2) 出口商(艾格公司)收到进口商发来的业务请求，点画面右上方的消息按钮(如图31所示)，可查到消息具体内容。

图31　消息按钮

看完消息后，出口商进入"My Business"的市场开发页面，即可看到与进口商日清贸易的该笔业务条目，点击"进入"按钮(鼠标移到该条目上方可显示按钮)，在弹出画面中点击"业务联系"，再点"写消息"，回复邮件给进口商。

输入标题：Introduce。选择业务种类：其他。输入内容：
RIQING EXPORT AND IMPORT COMPANY P.O.BOX 1589, NAGOYA, JAPAN
Dear CHUANBEN,
　　We are glad to receive your inquiry. We take this opportunity to write to you with a view to set up friendly business relations with you. This is a state-owned company dealing specially with the export of CANNED LITCHIS. We are in a position to accept orders according to customer's samples. In the customer's samples, request about the type, specification and package of the needed goods can be indicated particularly. In order to give you a general idea of various kinds of the CANNED LITCHIS we are handling, we are airmailing you under separate cover our latest catalogue for your reference. Please let us know immediately if you are interested in our products. We will send you our price list and sample to you as soon as we receive your specific inquiry. Looking forward to your early reply. Yours truly,
　　AIGE ZHANG AIGE IMPORT & EXPORT COMPANY ROOM 2501, JIAFA MANSION, BEIJING WEST ROAD, SHANGHAI 200001, P.R.CHINA

日本 名古屋日清进出口公司1589邮政信箱

你好川本，

  很高兴收到你的询盘。我们借此机会写信给你，希望与你建立友好的业务关系。我们是一家国有企业，专门经营罐头荔枝出口。我们根据客户的样品接受订单。在客户的样品中，需要特别注明所需货物的各种型号、规格和包装要求。为了使贵方对我们经营的各种荔枝罐头有一个大致的了解，我们现将最新目录另行邮寄给你方，以供参考。如果您对我们的产品感兴趣，请立即通知我们。一旦接到你方具体询价，我们将立即寄送价目表和样品给贵方。期待早日答复。

  张艾格

  艾格进出口公司 嘉发大厦2501室，北京西路，上海200001，中华人民共和国

  填写完毕点"发送消息"。

  (3) 进口商(日清贸易)收到出口商的回复，点画面右上方的消息按钮，看完消息后，进口商首先需确认本国进口港与对方出口港。进入"My City"，点击"国际货运有限公司"的建筑物图标→点"访问网站"→点"常用查询"→查看"航程及运费查询"，得知日本的港口为NAGOYA(名古屋)，中国的港口为Shanghai(上海)。然后再进入"My Business"的市场开发页面，即可看到与出口商艾格公司的该笔业务条目，点击"进入"(鼠标移到该条目上)→点击"业务联系"→再点"写消息"，回复出口商向其询价。 输入标题：Inquiry。选择业务种类：询盘。输入内容： AIGE IMPORT & EXPORT COMPANY ROOM 2501, JIAFA MANSION, BEIJING WEST ROAD, SHANGHAI 200001, P.R.CHINA

Dear AIGE ZHANG,

  We are very interested in your CANNED LITCHIS. We are going to purchase about 1000 cases. Please quote us your best price, FOB Shanghai, and let us know the relevant offer information.

  Your early reply will be highly appreciated.

  Yours faithfully,

  CHUANBEN RIQING EXPORT AND IMPORT COMPANY P.O.BOX 1589, NAGOYA, JAPAN

艾格进出口公司2501室嘉发大厦，北京西路，上海200001，中华人民共和国

亲爱的张艾格，

  我们对贵司供应的荔枝罐头很感兴趣，我们准备采购1000箱左右，现请报给我方最优惠价格，FOB上海，并告知相关的报盘信息。

  盼复

  您真诚的，

  川本

  日本 名古屋日清进出口公司1589邮政信箱

填写完毕后，点"发送消息"。

(4) 出口商(艾格公司)收到进口商的询盘，点右上方消息按钮，看完后进入"My City"→点"国内工厂"建筑物图标→点"购买商品"，即可看到本国工厂商品列表，查看01006荔枝罐头的商品生产价格。

(5) 出口商(艾格公司)进入"My Business"的预算中心，根据生产价格，核算成本与利润(参考百科首页"报价核算"中的"出口报价")，然后进入"My Business"的"业务磋商"页面(此时业务已从市场开发转到业务磋商)中该笔业务的条目，在"业务联系"中点"写消息"，回复报价给进口商。输入标题：Quotation。选择业务种类：发盘。输入内容： RIQING EXPORT AND IMPORT COMPANY P.O.BOX 1589, NAGOYA, JAPAN

Dear CHUANBEN,

Thank you for your inquiry of September 21, 2011. We are glad to receiving it and to learn of the inquiries you have had for our CANNED LITCHIS. Our CANNED LITCHIS is sweet and pleasant for everyone and during the past year we have supplied them to dealers in several tropical countries. From many of them we have already had repeat orders, in some cases more than one. For the quantities you mentioned we are pleased to quote as follows: Product No.: 01006; Product: CANNED LITCHIS; Description: 850g×24tins/ctn; Unit price: JPY 1200 per carton FOB SHANGHAI CHINA; Quantity:1000 cartons; Amount:JPY1200000; Quality: As per sample submitted by seller; Payment: L/C at sight.

Packing: 1 carton/carton; Means of transport: By sea; Shipping mark: CANNED LITCHIS JAPAN C/NO.1-1000 MADE IN CHINA; Shipment: Immediate shipment; Port of shipment: SHANGHAI CHINA; Port of destination: NAGOYA, JAPAN; Insurance: To be covered by the buyer. This quotation is valid for 10 days. We feel you may be interested in some of our other products and enclose descriptive booklets for use with your customer. We are looking forward to receiving your order.

Yours truly,

AIGE ZHANG AIGE IMPORT & EXPORT COMPANY ROOM 2501, JIAFA MANSION, BEIJING WEST ROAD, SHANGHAI 200001, P.R.CHINA

日清进出口公司 日本名古屋1589邮政邮箱

你好川本，感谢你在2011.9.21的询盘，我方已经收到并了解你方对我方荔枝罐头需求的询盘，我方的荔枝罐头香甜怡人而且在近几年内我方为一些热带地区国家的经销商供应了我们的产品，其中的许多经销商是我们的老客户了，我们不止一次接到过他们重复的订单对于你方提到的数量，我方很高兴报价如下：

产品：编号01006荔枝罐头

产品描述：850g×24tins/ctn

单价：每纸箱1200日元，FOB，中国上海

数量：1000箱

金额：120万日元

质量：以卖方提交的样品为准
付款方式：即期信用证
包装：1盒/箱
运输方式：海运
唛头：罐装荔枝日本C / No.1-1000中国制造
装运：即刻装运
装运港：中国上海港
目的港：日本名古屋港
保险：由买方投保

此报价有效期为10天。我们认为您可能对我们的其他产品感兴趣，并附上说明小册子供您的客户使用。我们期待收到你方订单。
此致
张艾格

艾格进出口公司 嘉发大厦2501室，北京西路，上海200001，中华人民共和国

填写完毕点"发送消息"。

（6）进口商（日清贸易）收到发盘后，点击消息按钮，看完消息后，进入"My City"，点"国内市场"建筑物，点"售出商品"，即可看到市场售价。根据荔枝罐头的市场售价，核算成本与利润(参考百科首页 "报价核算"中的"进口核算"），决定是否接受报价(本例直接接受报价，实际中，双方往往会有议价过程)。然后再进入"My Business"的"业务磋商"页面(此时业务已从市场开发转到业务磋商)中该笔业务的条目，在"业务联系"中点"写消息"，回复接受给出口商。输入标题：Acceptance。选择业务种类：接受。

输入内容：AIGE IMPORT & EXPORT COMPANY ROOM 2501, JIAFA MANSION, BEIJING WEST ROAD, SHANGHAI 200001, P.R.CHINA

Dear AIGE ZHANG,

Thank you for your letter of September the 22nd. We have accepted your offer on the terms suggested.

For the quantities you mentioned we are pleased to quote as follows: Product No.: 01006; Product: CANNED LITCHIS; Description:850g×24tins/ctn; Unit price:JPY 1200 per carton FOB SHANGHAI CHINA; Quantity:1000 Cartons; Amount:JPY1200000; Quality: As per sample submitted by seller. Payment: L/C at sight; Packing: 1 carton/carton; Means of transport: By sea; Shipping mark: CANNED LITCHIS JAPAN C/NO.1-1000 MADE IN CHINA; Shipment: Immediate shipment; Port of shipment: SHANGHAI CHINA; Port of destination: NAGOYA,JAPAN; Insurance: To be covered by the buyer. Please sent us your contract and thank you for your cooperation.

　　Yours faithfully,
CHUANBEN RIQING EXPORT AND IMPORT COMPANY P.O.BOX 1589, NAGOYA,

JAPAN

中华人民共和国 上海200001北京西路嘉发大厦 艾格进出口公司2501室
亲爱的张艾格，
　　感谢您9月22日的来函。我方已接受你方报盘。对于你方提到的数量，我方很高兴报价如下：
　　产品编号：01006
　　产品：荔枝罐头
　　产品说明：850g×24tins/ctn
　　单价：每箱1200日元FOB中国上海
　　数量：1000箱
　　总价：1200000日元
　　质量：以卖方提交的样品为准
　　付款方式：即期信用证
　　包装：1纸箱/纸箱
　　运输方式：海运
　　运输标志：日本C/No.1-1000荔枝罐头 中国制造
　　装运：立即装运
　　装运港：中国上海港
　　目的港：名古屋，日本
　　保险：由买方投保
　　请把贵司的合同寄给我们，谢谢你们的合作。
　　谨上，
　　川本
　　日本 名古屋 日清进出口公司 邮政信箱1589

填写完毕点"发送消息"。

(7) 出口商(艾格公司)收取进口商接受发盘的通知。

三、签订合同阶段

(1) 出口商(艾格公司)和进口商(日清贸易)这笔合同使用JPY作为交易币别，由于两国默认账户只有本币账户和美元账户，JPY为进口商(所选国家为日本)本币，因此出口商需先开立JPY账户。出口商(艾格公司)进入"My City"→点击"银行"建筑物图标→点"开立一般账户"，选择JPY日元，点"开户"按钮，开立账户。

(2) 出口商(艾格公司)起草外销合同。进入"My Business"的"业务磋商"页面→进入该笔业务→点"业务合同"→点"起草合同"，按要求填写(参考百科首页"常用单证"中的"合同"，表单样本参考附表1，扫描二维码)。注：合同只能由出口商起草,可随时"检查合同"(检查次数和填写时间都是考核要点),确认填写无误后点"保存合同"。

(3) 出口商(艾格公司)发送合同。回到"业务合同"中,点"发送合同",将合同发给进口商。

(4) 进口商(日清贸易)收取出口商发送合同的通知,查看后进入"My Business"的"业务磋商"页面→再进入该笔业务→点"业务合同"→查看合同无误后点合同下方"盖章"→点"确认合同"(如有错误,也可"拒绝合同",让对方改后重发)。

(5) 出口商(艾格公司)收取进口商确认合同的通知。合同完成后即可查看"业务进度",按照步骤履行合同(灰色——不能做,蓝色——可以做,黑色——已经做完)。

四、履行合同阶段

(1) 进口商(日清贸易)填写信用证开证申请书。点"单据中心"→点"添加新单据"→点击其中的"不可撤销信用证开证申请书"对应的"添加"按钮(鼠标移到条目上显示按钮),然后回到单据中心,点击开证申请书进行填写。填写说明详见"My City"中"银行"的相关网站,或百科首页"常用单证"中的"信用证开证申请书",表单样本请参考

二维码中的附表2。

(2) 进口商(日清贸易)申请开证。进入"My City"点击"银行"建筑物图标→点"申请开证"→选择合同为该笔合同→添加单据(外销合同、信用证申请书)→点击"办理",完成开证申请。等待一段时间后,出口商(艾格公司)将收到银行发来的信用证到达通知,在单据中心可看到"信用证通知书"。

(3) 出口商(艾格公司)接受信用证。进入"My City"图标→点击"银行"建筑物图标→点击"领取信用证",选择合同为该笔合同,添加单据(信用证通知书),然后点击"办理",完成信用证领取。再进入单据中心,可点击查看信用证内容(如有疑义,可要求进口商修改,方法与申请开证类似,具体访问"My City"中"银行"的相关网站)。

(4) 进口商(日清贸易)指定外运公司。进入"My Business"的"业务履约"页面中该笔业务条目,在"业务联系"中点"写消息",发送指定运输公司的邮件给出口商(标题内容自定,选择业务种类为"指定运输公司")。

(5) 出口商(艾格公司)备货。进入"My City"→点"国内工厂"建筑物图标→点"购买商品"→点击进入商品01006荔枝罐头的详细资料画面,在下方输入交易数量1000,然后点击"购买",完成商品订购。等待一段时间后(时间长短依赖于商品日产量),将收到国内工厂发来生产完成的通知,在"My Stock"里可看到商品已存库中。

(6) 出口商(艾格公司)填写商业发票与装箱单。在单据中心添加"商业发票"和"装箱单",再按要求填写。填写说明详见"My City"中"国际货运有限公司(海运部)"的相关网站,或参考百科首页"常用单证"中的"商业发票"和"装箱单",表单样本请参考二

维码中的附表3和附表4。

(7) 出口商(艾格公司)填写国际海运委托书。在单据中心添加"国际海运委托书"，按要求填写。填写说明详见"My City"中"国际货运有限公司(海运部)"的相关网站，或参考百科首页"常用单证"中的"国际海运委托书"，表单样本请参考二维码中的附表5。

(8) 出口商(艾格公司)订舱。单据填写完成后，在"My City"里点"国际货运有限公司(海运部)"→点击"订舱"，选择合同为该笔合同，添加单据(国际海运委托书、商业发票、装箱单)，然后点击"办理"，完成订舱申请。等待一段时间后，将收到货运公司发来的已成功订舱通知，在单据中心里可看到"配舱回单"。

(9) 出口商(艾格公司)出口报检。在单据中心添加"出境货物报检单"，按要求填写。填写说明详见"My City"中"出入境检验检疫局"的相关网站，或参考百科首页"常用单证"中的"出境货物报检单"，表单样本请参考二维码中的附表6。单据填写完成后，在"My City"里点"出入境检验检疫局"，再点"出口报检"，选择合同为该笔合同，添加单据(出境货物报检单、商业发票、装箱单、合同、信用证)，然后点击"办理"，完成出口报检申请。等待一段时间后，将收到出入境检验检疫局发来的已完成检验的通知，在单据中心里可看到"出境货物通关单"及其他报检单上勾选申请的检验证书。

(10) 出口商(艾格公司)申请产地证。在单据中心添加"普惠制产地证"，按要求填写。填写说明详见"My City"中"出入境检验检疫局"的相关网站，或参考百科首页"常用单证"中的"普惠制产地证"，表单样本请参考二维码中的附表7。单据填写完成后，在"My City"里点"出入境检验检疫局"→点击"申请证明"，选择合同为该笔合同，添加单据(普惠制产地证、商业发票、装箱单)，然后点击"办理"，完成证书申请。等待一段时间后，将收到证书申请已完成的通知，在单据中心里可看到"普惠制产地证"。

(11) 出口商(艾格公司)送货。货物生产完成后，在"My City"里点"海关"→点"送货"，选择合同为该笔合同，添加单据(除化学药品需要提交货物运输条件鉴定书外，对于其他商品此处不需提交单据)，然后点击"办理"，完成送货。

(12) 出口商(艾格公司)出口报关。在单据中心添加"出口货物报关单"，按要求填写。填写说明详见"My City"中"海关"的相关网站，或参考百科首页"常用单证"中的"出口货物报关单",表单样本请参考二维码中的附表8。单据填写完成后,在"My City"里点"海关"→点"出口报关",选择合同为该笔合同,添加单据(出口货物报关单、商业发票、装箱单、出境货物通关单),然后点击"办理",完成报关申请。等待一段时间后,将陆续收到海关发来的已通关的通知以及货物自动出运的通知。

(13) 出口商(艾格公司)取提单(空运方式中提单为自动发放,不需再取提单)。收到货物出运通知后,在"My City"里点"国际货运有限公司(海运部)"→点"取提单",选择合同为该笔合同,添加单据(配舱回单),然后点击"办理",取回提单。

(14) 出口商(艾格公司)通知装运。到"My Business"→进入该笔业务的业务联系画面→点"写消息",选择业务种类为"通知装运",输入标题与内容(船名、航次、开船日期、预计到达日期等内容),然后点击"发送消息",完成通知装运。

(15) 进口商(日清贸易)办理保险(FOB方式进口商投保需在出口商订舱后、货物运抵进口港前办理,以免发生意外无法索赔)。在单据中心添加"投保单",按要求填写。填写说明详见"My City"中"保险公司"的相关网站,或参考百科首页"常用单证"中的

"货物运输投保单",表单样本请参考二维码中的附表9。单据填写完成后,在"My City"里点"保险公司"→点"投保",选择合同为该笔合同,添加单据(投保单),然后点击"办理",完成保险申请。等待一段时间后,将收到保险办理完成的通知,在单据中心里可看到"货物运输保险单"。

(16) 出口商(艾格公司)填写汇票。在单据中心添加"汇票",按要求填写。填写说明详写"My City"中"银行"的相关网站,或参考百科首页"常用单证"中的"汇票",

表单样本请参考二维码中的附表10。

(17) 出口商(艾格公司)交单。在"My City"里点"银行"→再点"交单",选择合同为该笔合同,添加单据(商业发票、装箱单、海运提单、汇票、信用证、普惠制产地证明书、商检证书、品质证书、健康证书、数量/重量证书、植物检疫证书,后面五张证书本例中有申请,因此需要提交,如果没有申请此处可不提交),然后点击"办理",完成交单。等待一段时间后,进口商(日清贸易)将收到银行发来的赎单通知。

(18) 进口商(日清贸易)付款(对于即期证付款后赎单,对于远期证承兑就能赎单,在汇票到期日前付款即可)。收到赎单通知后,在"My City"里点"银行"→点"付款",选择合同为该笔合同,添加单据(对外付款/承兑通知书),然后点击"办理",完成付款。

(19) 进口商(日清贸易)取回单据。付款后,在"My City"里点"银行"→点"取回单据",选择合同为该笔合同,然后点击"办理",取回单据。

(20) 出口商(艾格公司)收取银行发来的进口商已付款的入账通知。

(21) 出口商(艾格公司)办理国际收支网上申报。在"My City"里点"外汇管理局"→

点"国际收支申报",关于申报信息录入页面请查看百科的填写说明。等待一段时间后,将收到国际收支网上申报已通过审核的消息。

(22) 出口商(艾格公司)办理出口退税。在"My City"里点"税务局"→点"申请出口退税",选择合同为该笔合同,添加单据(商业发票、增值税专用发票、报关单(出口退税联),报关单在通关后签发,具体时间请查看系统帮助里"各机构业务办理时间一览表"),然后点击"办理",完成退税申请。等待一段时间后,将收到已完成退税的通知。

(23) 出口商(艾格公司)结汇(并非一定要结汇,可根据自己的账户资金状况决定是否结汇,将外币账户内的资金转入本币账户)。收到货款后,在"My City"里点"银行"→点"结汇",选择要结汇的外币账户,然后在下方输入要结汇的金额(不能超过该外币账户现有金额),点击"办理",完成结汇。

(24) 进口商(日清贸易)收取出口商发来的装运通知。货物抵达进口港时,进口商将收到货物到达通知,同时国际货运有限公司将签发"国际货物运输代理业专用发票"。

(25) 进口商(日清贸易)支付运费(FOB方式由进口商支付)。在单据中心添加"境内汇款申请书",按要求填写。填写说明详见"My City"中"银行"的相关网站,或参考百科首页"常用单证"中的"境内汇款申请书",表单样本请参考二维码中的附表11。单据填写完成后,在"My City"里点"银行"→点击"支付运费",选择合同为该笔合同,添加单据(境内汇款申请书、国际货物运输代理业专用发票),然后点击"办理",完成运费支付。

(26) 进口商(日清贸易)换取提货单。在"My City"里点"国际货运有限公司"(海运部)→点"取提货单",选择合同为该笔合同,添加单据(海运提单),然后点击"办理",换取提货单。

(27) 进口商(日清贸易)进口报检。在单据中心添加"入境货物报检单",按要求填写。填写说明详见"My City"中"出入境检验检疫局"的相关网站,或参考百科首页

"常用单证"中的"入境货物报检单",表单样本请参考二维码中的附表12。

单据填写完成后,在"My City"里点"出入境检验检疫局"→点"进口报检",选择合同为该笔合同,添加单据(入境货物报检单、商业发票、装箱单、合同、提货单、普惠制产地证明书、商检证书-品质证书、健康证书、数量/重量证书、植物检疫证书,后面五张证书本例中有申请,因此需要提交,如果没有此处可不提交),然后点击"办理",完成进口报检申请。等待一段时间后,将收到已完成检验的通知,在单据中心里可看到"入境货物通关单"。

(28) 进口商(日清贸易)进口报关。在单据中心添加"进口货物报关单",按要求填写。填写说明详见"My City"中"海关"的相关网站,或参考百科首页"常用单证"中

的"进口货物报关单",表单样本请参考二维码中的附表13。单据填写完成后,在"My City"里点"海关"→点"进口报关",选择合同为该笔合同,添加单据(进口货物报关单、提货单、合同、商业发票、装箱单、入境货物通关单),然后点击"办理",完成报关申请。等待一段时间后,将收到要求缴纳税费的通知,在单据中心里可以看到海关进口关税专用缴款书、海关进口增值税专用缴款书和海关进口消费税专用缴款书(本例中没有消费税,因此没有这张单据)。

(29) 进口商(日清贸易)缴税。在"My City"里点"海关"→点"进口缴税",选择合同为该笔合同,添加单据(海关进口关税专用缴款书、海关进口增值税专用缴款书、海关进口消费税专用缴款书(本例商品没有进口消费税,因此没有这张单据,其他商品会有),然后点击"办理",缴纳税费。等待一段时间后,将收到海关发来的已通关的通知,在单据中心里可以看到"进口报关单(付汇证明联)"。

(30) 进口商(日清贸易)提货。在"My City"里点"海关"→点"提货",选择合同为该笔合同,添加单据(提货单),然后点击"办理",提领货物。

(31) 进口商(日清贸易)办理外汇监测系统网上申报。在"My City"里点"外汇管理局"→点"外汇监测系统网上申报",信息录入时参考百科首页的填写说明。

(32) 进口商(日清贸易)销货。进口货物后,在"My City"里点"市场"→点"售出商品"→点击进入商品01006荔枝罐头的详细资料画面,在下方输入交易数量1000,然后点击"售出",完成商品销售,回收资金。一笔交易到此全部结束。

参考文献

[1] 黎孝先. 国际贸易实务[M]. 北京：对外经济贸易大学出版社，2000.

[2] 吴百幅. 进出口贸易实务教程[M]. 上海：上海人民出版社，2000.

[3] 张晓明. 国际贸易实务与操作[M]. 北京：高等教育出版社，2008.

[4] 张晓明，刘文广. 国际贸易实训[M]. 北京：高等教育出版社，2009.

[5] 张坚. 国际商务实用手册[M]. 北京：中国纺织出版社，2010.

[6] 谢国娥. 海关报关实务[M]. 2版. 上海：华东理工大学出版社，2001.

[7] 马军功，王智强，罗来仪. 国际船舶代理业务与国际集装箱货代业务[M]. 北京：对外经济贸易大学出版社，2003.

[8] 中国国际贸易单一窗口，https://www.singlewindow.cn/.

参考文献

[1] 刘艳春. 地方高校学生[M]. 北京: 中国社会科学出版社, 2009.
[2] 王蓉. 出国留学热潮中学生[M]. 上海: 上海人民出版社, 2009.
[3] 张开焱. 民族想象与国家认同[M]. 北京: 北京大学出版社, 2008.
[4] 程思远. 文化交流, 国际教育与人材[M]. 成都: 四川教育出版社, 2009.
[5] 薛涌. 国际教育与中国[M]. 北京: 中国大百科全书出版社, 2010.
[6] 胡锦涛. 高举中国特色社会主义[M]. 北京: 中央文献出版社, 2010.
[7] 陈向明, 王富伟. 教育研究的社会科学视角[M]. 北京: 教育科学出版社, 2012.

[8] 中国出国留学网. 留学[EB/OL]. https://www.sugl.eweduchina.com/.